詹凤兰 张翔◎主编

赣鄱护童成长记

江西省困境儿童救助保护案例汇编

上海社会科学院出版社
SHANGHAI ACADEMY OF SOCIAL SCIENCES PRESS

序　言

未成年人保护工作关系未成年人健康成长，关系国家和民族未来，是党中央关心、全社会关注的重大民生问题。习近平总书记指出："孩子们成长得更好，是我们最大的心愿。"新修订的《中华人民共和国未成年人保护法》要求，按照最有利于未成年人的原则，给予未成年人特殊、优先保护，对困境儿童实施分类保障，采取措施满足其生活、教育、安全、医疗康复、住房等方面的基本需要。

困境儿童有的因家庭贫困导致生活、就医、就学等困难，有的因自身残疾导致康复、照料、护理和社会融入等困难，有的因家庭监护缺失或者监护不当遭受虐待、遗弃、意外伤害、不法侵害等，还有其他原因导致基本生存、发展等困难，亟须救助。一直以来，江西省各级党委、政府高度重视未成年人保护和困境儿童保障工作。2020 年 7 月，民政部儿童福利司与联合国儿童基金会驻华办事处合作开展"护童成长"——儿童关爱服务体系建设试点项目伊始，将江西省确定为全国试点省份之一。开展试点以来，江西省儿童关爱服务体系不断完善，困境儿童的保障不断健全，孩子们的获得感、幸福感、安全感不断增强。2021 年，江西省民政厅印发通知，在全省开展困境儿童关爱保护优秀案例评选活动，阶段性总结试点工作成效，共征集个案 180 个，经委托专家组评审，从征集案例中评选出典型案例 61 个。

现将 61 个典型案例汇编成册，按照服务对象困境类型分成未保热线危机干预、多部门联动、儿童自身困境、监护不当/监护侵害、监护缺失、监护无力、社会化等七类。每个案例都含有个案的基本情况、干预过程、干预成效、儿童工作者的专业反思以及专家对案例的点评等内容，为读者全面、细致地还原了特定困境儿童问题的基本情况及处置过程与成效。供广大未保工作者在处理类似个案时学习借鉴,也可以作为社会工作相关专业同学的参考资料。

特别感谢中国儿童福利和收养中心、联合国儿童基金会的大力支持。感谢“护童成长”项目江西省级督导专家及所有参与本书编辑的老师、工作人员的辛勤劳动。

由于时间紧、能力有限等,书中定有许多不足之处,敬请广大读者给我们反馈、指正,共同携手不断改进和提升未成年人保护工作水平。

江西省未成年人保护工作委员会办公室

江西省民政厅

2022 年 7 月

目　录

第一章

未保热线危机干预

“问题”女孩的回归之路

——个案管理方法在青少年危机干预个案中的运用

一、基本情况

1. 案例来源

江西省未成年人保护热线来电，反映南昌市青云谱区有一名女孩疑似遭受家庭暴力，希望寻求帮助。区未保委接到案子第一时间安排社工和儿童督导员上户，并转介青云谱区专业社工机构开展危机介入。

2. 服务对象基本信息

小佳(化名)，女，15 岁，中考失利，有抑郁倾向。2021 年 7 月 5 日，小佳从安徽父亲家回到南昌，希望复读或者读职高，母亲不同意，双方发生口角冲突，小佳被赶出家门，拨打省未保热线寻求救助。

3. 服务对象家庭情况及成长经历

家庭情况：服务对象 5 岁时父母离婚，其抚养权归母亲，父亲支付了 5 万元抚养费。父亲安徽阜阳人，已再婚且有 3 个小孩；母亲河南人，在自己家办托管班，收入不稳定。小佳内心很在意父亲的缺失，甚至向母亲表示希望她再婚组建家庭。

成长经历：十年间，服务对象多次因为单亲家庭被同学及同学家长嘲笑、欺凌和不公平对待。而母亲由于缺乏正确的教育理念和技巧，对服务对象的成长和未来给予非常高的期望，但是母亲的管教方式主要是打骂。自服务对象上初中后，母女关系更加紧张，双方对彼此都有过伤害行为，母亲曾多次把服务对象赶出家门，服务对象也多次以自残方式要挟母亲满足她的需要。服务对象的家庭经济条件较差，但母亲面对服务对象提出的学习上的需求(报补习班、买学习资料等)都会给予满足。服务对象中考失利后，母亲非常失望，对服务对象彻底失去信心。

二、干预过程

（一）多角度困境分析

1. 心理困境

服务对象表示自己有抑郁，且有自残行为。经省精神病院医生诊断，服务对象患有双相情感障碍，需要接受治疗，同时服务对象存在自杀想法且已经上升至躯体化——已经发生过3次自残行为。

2. 家庭关系困境

父母离异后服务对象与母亲一起生活，但服务对象与家人关系都比较紧张，与妈妈、外公和小姨都曾发生过肢体冲突。服务对象认为全家人都没有把她当一家人，如小姨曾在吃饭的时候当着全家人的面讲“凭什么一家姓A的要照顾一个姓B的”，更加让服务对象记忆深刻，对家庭失去安全感。因服务对象成长环境糟糕，与家人之间有较深的误解，缺少家庭的支持和关心，服务对象长期遭受太多的否定和不公平并且自身无法消化和接纳之前的经历，一直用隐忍和忽视的方式对待自己。而母亲也对服务对象失去信心，希望由父亲来继续抚养小孩。

3. 学业困境

服务对象从小受到母亲严厉的教育，母亲一直向其灌输“女孩子一定要读书，要学习才能改变自己的命运”。因此，在服务对象的认知中，读书和好成绩是自己获得母亲和家庭成员认可的一件大事。服务对象刚参加完中考，成绩不理想，只能读私立高中或者职业中专。因家庭经济困难，难以支撑私立高中高昂的学费，母亲不支持服务对象继续读高中，由此更进一步加深母女矛盾。

（二）干预思路与目标

1. 干预理论

个案管理，是一种综合性的个案工作方法，它是指由专业社会工作者评估服务对象及其家庭的需求，安排、协调、监督、评估和倡导一套包含多种层次和内容的服务，以满足服务对象特定的复杂需求。该模式强调在服务中注重协调各类资源以帮助服务对象，联结不同体系以满足其不同的需求。在服务中，社工全面评估服务对象的需求和可利用的资源，协调不同资源为其开展帮扶服务，结案后开展服务效果评估，多维度综合评估服务对象的需求满足情况。

2. 干预目标

① 联动政府资源，为服务对象提供临时安置服务，保障其生命安全；联动医院，为其开展疾病治疗及心理调适。

② 协助服务对象接纳自己没有考取普通高中的事实，接纳自己并澄清其非理性信念，与服务对象明确可行的介入目标。

③ 与父亲取得联系，重新构建服务对象的社会支持网络，协助服务对象获得父母双方正向、积极的支持。

④ 联动学校和教育资源，协助其重返校园。

⑤ 长期坚持修复母女关系，重建母女之间的情感链接，协助服务对象重新回归到正常的家庭。

（三）保护与服务过程

1. 第一阶段：开展危机介入，准确评估需求

在接到求助电话后，区民政局社工和社区儿童主任迅速反应和紧急处置，将服务对象从危险和困境中解救出来，送往南昌市救助管理站（市未保中心）以确保服务对象的生命安全。同时，社工开展家庭探访，并向社区干部、民警了解到，因为手机问题引起服务对象自残，服务对象的母亲曾多次拨打电话报警。邻居也反映，多次听到母亲喊救命。母亲曾提出希望通过法律程序把服务对象的抚养权变更为孩子的父亲，并愿意承担服务对象的抚养费。

在深入了解和评估服务对象所处的困境和需求后，社工与服务对象围绕现阶段急需解决的几个重点问题进行了澄清和排序。一是生命安全需求。服务对象不愿意回家居住，害怕在家会被母亲和阿姨再次殴打。为保障服务对象生命安全，社工将服务对象送到南昌市救助管理站（市未保中心）进行临时庇护和生活照料。二是心理支持需求。原生家庭的破裂，被母亲寄予过高期望，家庭成员的不接纳等，使得服务对象对母亲有较强烈的怨恨甚至是报复心理。这种非理性的认知让服务对象的性格比同龄儿童更细腻敏感，缺乏安全感。三是就学的需求。服务对象不能正视自己没有考上高中的事实，因为服务对象的读书态度和学习能力的表现以及初中的学习过程（其间有早恋），母亲只愿意支持其在普通高中读书。明确需求后，社工与服务对象一起制订了帮扶计划，约定了每次服务的时间、内容等。

2. 第二阶段：部门联动协作，开展个案管理

市未保委召集市、区两级民政、教育、妇联、公安、检察院等未保委成员单位以

及街道、社区等属地部门，启动多部门、多层级个案协商会，就服务对象当前主要问题进行协商、联动工作。区未保委也再次召集部分成员单位召开个案协商会，由民政部门负责临时照料和关爱陪伴；卫健部门将服务对象送至专业医院进行心理诊疗，并安排专车接送，为其进行每周2—3次的心理康复治疗；教育部门负责联系高中、中职学校，帮助解决上学问题；公安和检察院上门对其母亲及家人进行教育和训诫，督促母亲履行监护职责；妇联帮助服务对象的母亲链接就业资源，并做好家庭教育指导工作。

3. 第三阶段：挖掘自身潜能，修复家庭关系

在救助站庇护期间，社工定期到救助站探望，从服务对象的兴趣爱好和校园生活出发，逐步与服务对象建立信任的专业关系。情绪方面，社工通过角色互换、共情等技巧，帮助服务对象认识和表达不同情绪，学会倾诉和表达自己的想法，发现自己的优点和长处，让服务对象认识到，中考的失利并不代表她的人生就失败了，服务对象也表示希望能继续读高中，也有信心考上大学。社工通过回溯成长故事的方法，帮助服务对象回顾成长中快乐温暖的时刻，理性看待和母亲的关系，认识到其母亲多年来独自哺育其成长的艰辛，以及对其学习要求严厉的原因。同时，帮助服务对象母亲链接江西聆心的心理咨询师，帮助服务对象母亲聚焦问题矛盾和问题缘由，理清解决问题的思路。在调解过程中，服务对象在社工的引导下给母亲写了一封道歉信，表达了对自己错误行为的认识和歉意，希望母亲能够原谅她，并支持其继续学习。服务对象母亲对此表示接受，并主动帮助服务对象寻找学校。

4. 第四阶段：巩固服务成效，增强社会支持网络

① 增强非正式社会支持网络，主要包括服务对象的父亲、外公和小姨。服务对象自小与父亲失去联系，缺少父爱，为了巩固服务成效，社工与服务对象父亲取得联系，建议其每月固定联系服务对象，帮助其应对学习和生活上的困难，服务对象父亲表示可以做到。同时，社工多次与不定期来南昌居住的服务对象阿姨和外公沟通，请其包容和理解服务对象的情绪，理性看待服务对象的行为，尽力调和服务对象和母亲的关系，也获得他们二人的支持。

② 增强正式社会支持网络，主要包括学校、社区和社工机构服务。由于服务对象情况特殊，考虑到服务对象在步入校园和回归家庭期间可能会与其母亲发生冲突，社工决定在服务对象回归家庭的一个月内观察服务对象与母亲的生活情况。经观察，服务对象与母亲的关系得到改善。为进一步了解服务对象的学习生活情况，社工开展了跟踪服务，定期与服务对象及其母亲交流，了解服务对象学习生活

状况，经过一个月时间的跟踪服务，构建家庭—学校—社区相互融合的有效机制，服务对象母亲告知社工服务对象成绩有了进步。

三、干预成效

经过3个月的努力，最终达成了干预目标。第一，经南昌市未保中心、江西聆心心理咨询师以及江西省精神病医院的周期性治疗，服务对象焦虑、痛苦的情绪得到缓解，精神状况得到好转。第二，服务对象的家庭关系得到改善，基本生活得到保障。服务对象也明白了单亲妈妈抚养自己的艰辛；社工教给服务对象母亲一些有效的亲子沟通方法，服务对象母亲则表示自己很爱服务对象，以后会和女儿好好沟通。第三，经青云谱区民政局多方协调，解决了服务对象的就读高中的问题，并为服务对象链接到8 000元助学金，减轻了家庭部分经济负担。当前，服务对象在一所私立高中就读，在校情况良好，师生关系和谐。

四、社工反思

① 建立专业工作关系。青少年个案中专业关系建立是非常重要的，关系建立得好，个案就会事半功倍，反之则事倍功半。在与青少年的交往中，不能一味说教，更重要的是要运用同理心和倾听的技巧，了解青少年的成长特性，多称赞和鼓励，让服务对象感觉到心理支持。但也需要把握支持力度，明确专业的工作方式，如果服务对象过于依赖社工，也不利于社工理智处理问题。

② 准确评估问题所在。家长在诉说问题时，易把问题和责任归咎于孩子。没有经验的社工，很容易被牵着鼻子走，花大量的时间去做孩子的工作，结果个案毫无进展。在评估问题时，一定要把青少年放在情景当中，青少年的问题不是自发产生，还会受外界的影响，特别是家庭。所以在前期收集资料的时候，必须多方位了解，重点了解家庭情况，做出准确的判断与介入。

南昌市青云谱区民政局　易星　吴雪琴

点亮心窗　助力前行

专业点评：在本次服务过程中，社会工作者通过同时运用危机介入模式与个案管理模式，在第一时间确保服务对象的人身安全，以服务对象的利益为出发点和落脚点，保障案主利益不受侵害。根据“人在情境中”的理论可知，解决服务对象当前遭遇的多重困境，不仅需要从服务对象自身角度出发，还需要联结微观系统（家庭）、中观系统（学校）和宏观系统（社会）的资源，进而构建家庭到社会的社会支持网络，为服务对象提供物质帮助、心理疏导和情感支持服务。由于服务对象的生理、年龄和心理的特殊性，根据埃里克森人生八阶段理论和儿童社会工作理论等专业知识，案主会面临自我同一性和角色混乱冲突的矛盾。对此，社工需要特别注重专业关系的建立，在适当的时机对案主给予支持和鼓励，增强服务对象的自我效能感。（詹凤兰）

热线链接资源　重塑花样年华

——抑郁症女孩危机介入个案案例

一、基本情况

1. 案例来源

小树(化名),女,2007 年出生,南昌市某区人。2021 年 10 月初因吞服过量药物自杀至医院洗胃后,父亲主动拨打江西省未成年人保护热线求助,后转至所在地民政部门。

2. 服务对象家庭情况及成长经历

服务对象父亲,59 岁,无业,1990 年与前妻育有一子,1998 年离婚,法院判决儿子跟随父亲,但实际抚养人是祖母。2008 年,与服务对象母亲相识并共同生活,未婚生育了 3 个儿女,大女儿小树(服务对象),2007 年出生;二儿子,2011 年出生;小儿子,2014 年出生。2016 年,服务对象母亲带着二儿子回到广东老家便再也没有回南昌。服务对象父亲一人抚养 2 个小孩,因要照顾小孩未出去工作,长期靠服务对象奶奶一个月 3 000 多元的退休金和亲戚资助。服务对象的家庭成员见图 1。

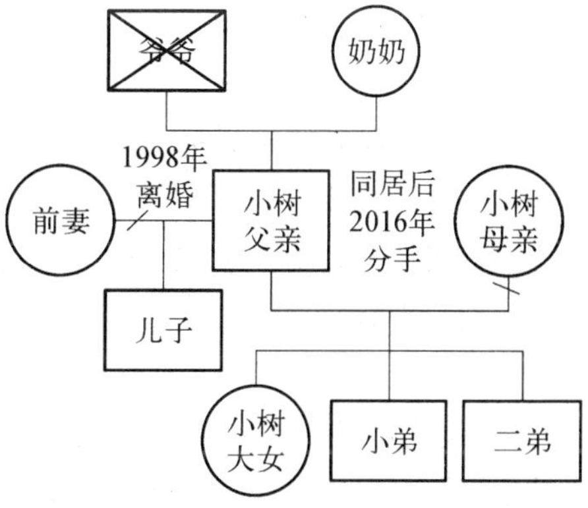

图 1　服务对象的家庭结构图

小树和小弟弟从小跟随父亲生活在南昌,现就读于南昌某中学。父亲一直游手好闲没有工作,靠奶奶的退休金及姑姑们救济。父亲对小树从小实行棍棒教育,小树前期还很听父亲话,但随着年龄的增长,自我意识不断发展,小树越来越"叛逆"。父女间的矛盾不断增加且加深,直到现在小树完全无法与父亲正常沟通。父亲也意识到小树可能身心不健康。在其吞服过量药物及时入院治疗时，为其做了心理咨询和诊断，结果均为重度抑郁及重度躁狂症。小树不喜沟通，卫生意识淡漠，收养了一只猫，且无论父亲如何沟通，都不愿放弃收养小猫的想法，小猫卫生及自己的卫生状况都不容乐观，这也是导致父女矛盾加剧的重要原因之一。

二、干预过程

（一）多角度困境分析

1. 心理困境

社工通过走访了解到，服务对象有过多次自杀、自残行为，在家庭方面父亲对其较为忽视，同时母亲的直接离开，导致服务对象基本上不会与家里或学校其他成员有进一步沟通，社工上门探访，服务对象表现多是坐在一旁，不参与任何沟通。

2. 家庭关系困境

社工与服务对象父亲沟通了解到，母亲的突然离家，对于父亲来说，失去可以照顾孩子的人，对于服务对象来说，缺失了母亲的关爱及照顾。由于父亲需要照顾弟弟，且服务对象性格内向，不愿与家人沟通，卫生意识、安全意识较差，奶奶将服务对象父亲及其弟弟一同“赶”走，不允许继续一起居住。

3. 学业困境

服务对象 14 岁，初二，社工通过前往学校与老师沟通了解到，服务对象在校期间，没有任何学习兴趣，上课时间不遵守课堂纪律，时常会有逃课的现象。班上也没有交往较好的同学，同时有过一些偏激行为，最严重的是在学校自杀、自残，幸亏老师及时发现并制止。

（二）干预思路与目标

1. 干预思路

系统性家庭治疗理论主要是把焦点放在家庭成员之间的人际交往上，其主要出发点是把家庭看作一个私人性的特殊“群体”，从组织结构、交流、扮演角色、联盟等观念出发来了解服务对象及其家庭系统。需要以系统论的观点去分析家庭系统内所发生的各种现象和行为，减少服务对象与其家属之间的负面影响，协助实现“健全”的家庭功能。对于服务对象家庭来说是一个较为缓慢持久的过程，实务过程中社工通过系统性家庭治疗部分限制了亲子沟通中的负向行为，有助于整个家庭结构在服务期间趋于稳定。

"增能"又可作"充权"或"赋权"，意思是让人有更大、更多的责任感，有能力去做自己应该做的事。增能是个人在与他人及环境的积极互动过程中，获得更大的对生活空间的掌控能力和自信心，促进对环境资源和机会的运用，以进一步帮助个人获得更多能力的过程。

服务对象现存在没有生活目标，与家人沟通困难，同辈群体融入困难以及厌学等问题，通过赋权增能理论，改变环境对服务对象的影响，同时通过资源链接等方式改善服务对象生活环境，为其重新树立生活方向，相信服务对象通过行为或心态的改变可以重新融入正常生活。

2. 干预目标

① 建立政社多元联动机制。建立"关于服务对象的临时沟通群"，链接政府、社会、企业等多种资源，多方联动快速响应及时进行危机化解，一定程度上缓解服务对象家庭在物资上匮乏的危机。

② 联动社区居委会主任、儿童主任、街道等力量，通过专业服务逐渐改善服务对象离家出走、旷课等不良行为，并且逐步改善服务对象学习能力差、学习成绩差的现状。

③ 帮助服务对象和家庭改善家庭互动模式，促进家庭关系的正向发展，给予服务对象及其重要关系人心理上的支持。

④ 提升服务对象照护者的亲职能力。

（三）保护与服务过程

1. 第一阶段：了解服务需求，建立专业关系

服务对象父亲是通过省厅救助热线进行求助的，社工在接到求助信息后，在民政的协同下，同步前往服务对象所在学校、家庭，通过学校老师、服务对象父亲及其本人了解服务对象日常生活表现情况，同时社工通过面对面与服务对象沟通，运用倾听、澄清情感反应技巧等初步与服务对象建立接纳、认同的关系，确定专业服务关系。

2. 第二阶段：巩固服务关系，制定服务计划

通过第一阶段接触，服务对象及其监护人基本认同接受服务。社工结合服务对象现阶段的学习情况、心理健康情况以及日常生活情况，了解到服务对象现阶段基本没有上学，父亲因照顾孩子基本没有工作，但父亲本身有绘画的技能，希望能够通过绘画养家。社工了解基本需求后与服务对象及其监护人确定，先从服务对

象心理健康、家庭教养方式、社会资源链接等方面展开服务。

3. 第三阶段：多方资源链接，改善家庭生活环境

社工通过与服务对象父亲沟通了解到，服务对象现生活的环境存在“脏、乱、差”，同时基本生活物资较为缺乏，社工通过链接江西聆心、瑜伽树爱心公益等社会力量，为服务对象家庭提供洗衣机、热水器、基本衣物等生活物资，同时为使服务对象上学得到基本保障，链接南青基金为其筹集 2 000 元的助学金。

4. 第四阶段：专业与帮扶共同进行，构建沟通平台

通过社工观察及服务对象家人、学校老师反馈，了解到服务对象有过多次的自杀、自残行为，身上有明显的自残痕迹。社工与服务对象可以建立基本的服务关系，但是通过评估，服务对象可能有严重的抑郁情况。通过链接专业心理咨询机构及医院，在服务对象及其监护人知情同意的基础上，社工陪同服务对象接受专业心理咨询服务及心理情况评估。经过诊断，服务对象确实存在抑郁症症状，医院予以诊断并开了相关药物。在服务期间，服务对象本人超量服用抗抑郁药，服务对象父亲及时发现并第一时间送其至医院洗胃。后期社工持续陪伴服务对象接受专业心理咨询，同时社工学习心理和相关药物管理方面的知识，并向其家人普及相关知识，特别是注意药物用量和避免藏药。

5. 第五阶段：持续跟踪，巩固社会支持网络阶段

经过前面的服务，社工从多方面进行资源链接，持续跟进服务对象的情况。针对服务对象目前不想上初中，想直接去上技校并学习酒店管理的想法，社工引导服务对象认识到，完成基础初中学习是达成服务对象学习目标的必要途径。同时与服务对象父亲、学校沟通，为服务对象重归学校做好准备。并且着重就本人一直不放弃养猫的行为，进行正面引导，为服务对象的生活、学习环境建立社会支持系统，促进服务对象回归正常生活。

6. 第六阶段：评估服务成效，结束服务关系。

社工通过链接社企资源，服务对象的家庭生活条件得到基本改善，父亲也开始重拾绘画，并且在街道享有免费办公场地，承诺免费为社区老人、儿童进行书法绘画授课。服务对象本人经过持续接受心理咨询服务，心理健康情况也得到了改善。在父女关系上，父亲也认识到自己的不足及问题，表示会更多地关注服务对象的成长。服务对象也开始回到学校正常就学。社工与心理咨询师在服务期间对其自杀风险进行了持续评估，经专业心理咨询和测评得知，服务对象自杀行为及意识已经明显降低。社工与服务对象结束服务关系，并告知后期将持续跟进，有需求可及时咨询社工。

三、干预成效

经过3个多月的努力，小树的家庭关系得到改善，自我认同感增强。在民政、社会组织及企业的联合下，首先为服务对象的家庭提供了一些经济、物资的支持，家庭环境得到改善，同时通过民政、街道协助，为服务对象父亲链接到新工作，服务对象本人在服务期间持续接受专业心理咨询服务，经过评估，抑郁情绪与自杀行为及意识已经得到缓解，现已重新回归学校。父亲对于后期持续监护教育服务对象重新有了一个责任意识。

四、社工反思

社工在该个案中主要运用增能赋权理论，相信服务对象有改变的可能，可以重新回归生活。辅导过程中，对服务对象提供无条件支持和关怀，为其创造了一个和谐、信任、宽松的辅导环境。社工结合小树的家庭情况，从其个人层面、家庭层面、社会层面多方进行干预治理，充分运用多方资源链接的方式，在服务对象的心理及生活环境方面给予足够的支持。

本案例服务的目标基本达到，但每个人的改变都不是一蹴而就的，服务对象现阶段产生的问题，不仅仅来自服务对象本身，作为未成年人，服务对象的自我独立意识、三观等还没有完全成型，家庭、学校、社会环境对其有着极大的影响。本次服务，无论是服务对象还是其父亲的思维模式有了一定的改变，但有效改变仍然需要持续下去，社工后期需要再进一步跟进，了解关注该家庭的情况。

江西省未成年人保护中心　童声成

热线链接资源　重塑花样年华

专业点评：在本案例中，未成年人保护热线在危机干预中发挥了巨大作用。接线员统一接听诉求来电，分类处埋、及时回复，不仅能在线上及时发现高风险情形并立刻进行危机干预，还能根据实际需要，链接多方资源，及时开展走访探视、生活帮扶、救助保护等线下个案处置服务，构建立体化服务网络，有效解决困境儿童帮扶诉求难、报告难、干预难、联动难、监督难的问题。此外，本案例对服务对象父亲和弟弟的支持力度还有待加强。（詹凤兰）

走出阴影 “苗”绘美好

——遭受语言暴力儿童保护案例

一、基本情况

1. 案例来源

2021年2月7日,“阳光暖童之声”(江西省未成年人保护热线的前身)接到服务对象小叔的电话,在电话里,服务对象小叔一直在骂服务对象,情绪激动。社工担心服务对象遭受家暴,立刻联系其所在镇民政所长和村儿童主任一起前往服务对象家中了解情况。该个案由社工采取危机干预流程主动介入。

2. 服务对象基本信息

苗苗(化名),女,接案时17岁,父母、爷爷奶奶均因病去世,由二叔作为监护人,家庭贫困,享受低保和孤儿补助。

3. 服务对象家庭情况及成长经历

服务对象经常遭受小叔的“废物”“没用”等语言暴力,因长期处于此类环境中,故其觉得什么都无所谓。根据服务对象填写的调查问卷及访谈,其长期处于遭受语言暴力的家庭氛围里,已经出现自闭、失眠等症状。根据社工前往服务对象的学校了解的情况,其平时在班里属于“闷葫芦”,只和同寝室的几个同学关系较好,但是最近闹矛盾,被孤立,其还表示无所谓。

二、干预过程

(一)多角度困境分析

1. 心理困境

服务对象经常遭受监护人的语言暴力,导致形成了严重的消极心理状态,对于很多事情都抱着“无所谓”的态度。

2. 家庭关系困境

服务对象的小叔对于语言暴力的认识、对服务对象的教育观念均存在偏差，需要社工和政府部门一起介入，对服务对象的小叔进行思想教育。

（二）干预思路与目标

1. 干预思路

任务中心介入模式把焦点放在问题上，强调运用任务和有限的时间去解决或减轻服务对象所认定的问题。在本案中，服务对象知道自己遭受语言暴力这个问题的存在，并且愿意处理这个问题，在社工的帮助下有能力处理。社工设定的任务是有明确计划的，同时考虑了服务对象的问题、服务对象解决问题的期望和服务对象解决问题的能力。

良好的社会支持网络对个体的成长具有十分重要的作用，尤其是对弱势群体而言，当他们遭遇危机时，良好的社会支持网络能够起到缓冲的作用，帮助他们抵御风险。社会支持是通过亲属、朋友、政府和社会组织等的支持与帮助，以减轻心理应激反应，帮助释放紧张的精神状态，进而提升个人的社会适应能力。

在本案中，社工的服务策略主要有：

① 向武山镇民政所长和村儿童主任报告此事，并对服务对象的监护人进行思想教育。

② 链接服务对象的二叔、老师、宿管员来帮助服务对象。

③ 采用任务中心介入模式，协助服务对象走出阴影。

2. 干预目标

(1) 短期目标

危机介入，确保服务对象不再遭受语言暴力伤害。

(2) 中期目标

帮助服务对象建立社会支持关系。

(3) 长期目标

抚慰服务对象受伤的心灵，通过不断地向服务对象表达关心，引导服务对象感受周围人的支持和关爱，缓解曾经的经历给服务对象造成的伤害。

（三）保护与服务过程

1. 第一阶段

2021 年 2 月 7 日，湖口县未成年人保护社会工作站的“阳光暖童之声”热线接到服务对象小叔的电话，在电话里，服务对象小叔一直在骂服务对象，情绪激动。社工担心服务对象遭受家暴，立即向联系武山镇民政所报告了此事，民政所长、村儿童主任和社工一起前往服务对象家中了解情况。

服务对象的小叔一见面就一直数落服务对象，服务对象蹲在家门口不肯进去。于是一名社工与武山镇民政所长、村儿童主任和服务对象二叔一起与其小叔沟通，另一名社工安抚服务对象。经过长达半小时的沟通，服务对象小叔和政府工作人员、社工初步达成共识，暂时不会去骂她，但是服务对象要做到每天早上 8 点就要起床，吃完饭主动洗碗。社工与服务对象沟通后，服务对象答应了。因担心社工离开后，服务对象还会继续遭受语言暴力，社工与儿童主任沟通，每两天来家访一次。由于服务对象目前情绪激动，不适合进一步沟通，社工于是安抚服务对象，并加了服务对象的微信，留下了联系方式，进一步跟进。

本次紧急危机介入，首先安抚服务对象，给她一个宣泄的通道。同时在与服务对象小叔的沟通中，社工运用对质、对焦、澄清等技巧，了解服务对象与其小叔的相处方式以及小叔对家庭暴力的看法，发现服务对象小叔没有意识到自己的语言暴力行为给服务对象带来的影响，并且一直将其定性为“教育方式问题”。社工及时向服务对象小叔进行澄清，让其认识到语言暴力也是一种违法行为。在与服务对象小叔初步达成共识后，社工为了防止服务对象后续继续遭受语言暴力，与儿童主任沟通，定期前来查看服务对象的情况。待服务对象情绪平复后，社工继续做跟进。

2. **第二阶段**

上次探访结束后，社工经常在微信上与服务对象沟通，了解到她最近并没有遭受语言暴力。新年期间，社工还在微信上收到了服务对象的新年祝福。新年过后，社工和服务对象约定了时间，上门走访。社工发现了服务对象的口头禅“无所谓”，不断引导服务对象说出自己的想法和感受，和服务对象达成共识，与服务对象签订了个案协议书，并跟其约定下次去学校里看她。

社工运用调查问卷和访谈，了解了服务对象的需求。采用澄清、对质等技巧，引导服务对象说出想改变，也了解了服务对象经常失眠的原因。最后社工与服务对象列出了个案服务的目的，签订了个案协议书。

3. **第三阶段**

社工给服务对象的二叔打电话，准备说服他们在服务对象放假回家的时候，去串串门，让服务对象感到亲情温暖的同时，也能监督服务对象小叔。

服务对象二叔：自从她爸爸妈妈去世后，我就经常去看她，还喊她来我家吃饭，但是这个孩子有点让人心寒。

社工：她有做什么事情让你们感到心寒吗？

服务对象二叔：我家在她家旁边，有时候碰到她放假回家，她都不叫；喊她来吃饭也是吃完就走，之前我儿子女儿带她去九江、杭州玩，逛街买衣服，她也是那种很冷淡的。

社工：苗苗内心很渴望得到家人亲友的爱，只是她处在的环境让她成了现在这种性格，下意识地抗拒一切关爱。她内心也很矛盾，上次跟她谈的时候，她跟我说意识到了自己性格不太行，想改变。所以我们希望你们能继续给她关爱，慢慢地打开她的心扉。

社工与服务对象的二叔达成了共识，他们将在服务对象放假回家的时候，让服务对象感受来自亲友的温暖。社工则在服务对象在学校的时间段，给她来自社会的温暖。

4. 第四阶段

社工在放学期间给服务对象打电话，想去学校里看看她，听到服务对象有些犹豫，于是邀请服务对象来社工站参观，服务对象答应了。社工见到服务对象后，先带她去买午饭。在社工站，社工和服务对象边吃边聊。社工跟服务对象聊了一些学校里的事情，服务对象说寝室里有个女生经常骂人，她有一次学习的时候被打扰了，就说了一句你能不说脏话吗？然后两人就形同陌路，社工表示不要为这些小事就心里不愉快，多想想开心的事情。之后社工和服务对象聊了一下最近有听谁的歌，发现都喜欢听周杰伦，于是社工开玩笑说，好难得我一个90后跟00后都喜欢听周杰伦。社工还带服务对象参观了未保中心的活动中心、图书室。在图书室，社工发现服务对象很喜欢沈从文的《边城》，于是将这本书送给了她，还送了她一些文具用品，服务对象小声地跟社工说谢谢。

5. 第五阶段

由于服务对象已经高二了，前段时间忙于考试，到最近才有时间接受服务。社工继续邀请服务对象前来社工站。社工询问服务对象最近过得怎么样，服务对象说最近二叔对她格外关心，她觉得很温暖。社工询问有没有对二叔表达一下自己的爱，服务对象说有说谢谢。

社工和服务对象像朋友一样聊了一下学校的事情，社工以前也就读于这所高中，所以跟服务对象分享了很多以前学校的趣事。随后，社工邀请服务对象参加拍摄建党100周年的视频，演唱《唱支山歌给党听》，服务对象同意了，社工将歌曲发到服务对象的微信上,让她有空就听,多练练,但是不要耽误学习。

6. 第六阶段

这次邀请服务对象前来拍摄建党100周年视频。社工在跟进个案的同时,也在积极跟服务对象的二叔和乡镇儿童督导员了解服务对象的情况,在我们进行危机介入后,服务对象就没有受到来自小叔的语言暴力了,但是服务对象的小叔现在更多的是放养。在跟服务对象沟通后,服务对象觉得无所谓,现在二叔会关心自己,而且马上就要高三了,也成年了,应该把更多的精力放到学习上。社工表示尊重服务对象的意愿,准备结案,但是后期会长期跟踪回访,确保服务对象不会再次受到伤害。服务对象将在2021年11月满18岁,将无法继续享受孤儿生活补助,孤儿助学金需要服务对象考上大学才能享受。在2021年11月至2022年7月的空档期内,社工积极为服务对象链接资源,确保服务对象的日常生活不受影响。

三、干预成效

在危机介入后,社工长期与服务对象二叔、乡镇儿童主任保持联系,了解到服务对象小叔没有再对服务对象进行语言暴力了。同时链接了服务对象的二叔请他多给予服务对象关爱,成功重新建立了社会关系链接。服务对象的消极心理有了很大改善,并表示会把更多的精力放在学习上,不再是无所谓的态度了。

四、社工反思

社会工作具有很强的价值关怀特性,强调以"接纳"和"非批判"的原则对待服务对象,但同时,社会工作又具有很强的实践性,社工在实践中难免会出现自己的价值观念与服务对象价值观相冲突的时候。在本次个案中,监护人对孩子的教育观念、甚至家庭暴力行为都存在很大的认知偏差,与社工自身的价值观存在很大的冲突。另外,监护人起初对社工的介入也表示出很强的敌意,几度出现访谈难以继续的局面。这就要求社会工作者具有很强的专业素养,才能在社工的价值观受到严重冲击时,继续秉持社会工作"接纳"和"非批判"的价值理念介入。

九江市湖口县民政局　殷泽峰

走出阴影 “苗”绘美好

专业点评：此案例具有典型性和代表性，在人言可畏的当今社会，遭受语言暴力的儿童案例是比较常见的。社工在服务过程中能够很好地运用社工沟通技巧，客观记录事实，引导服务对象说出自己的想法和感受，采用任务中心介入模式，协助服务对象走出阴影，本案例的服务经验值得推广。（况文静）

深山学子坎坷复学路

——困境儿童保护服务

一、基本情况

1. 案例来源

江西省未成年人保护热线接到求助，由当地民政局转介到志愿者协会，随后对服务对象开展实地调查，了解到服务对象的情况及需求，社工介入开展个案管理服务。

2. 服务对象基本信息

小林(化名)，男，出生于 2003 年 6 月，接案时 17 岁，高二。2 岁时因家庭贫困，加上生母身体不好，于 2004 年将服务对象送养，自此后服务对象一直在养父母家生活。

3. 服务对象家庭情况及成长经历

服务对象生父母家中育有 5 个兄弟姐妹，服务对象排行老四。由于当时执行较严厉的计划生育政策，服务对象无法上户口。经亲友介绍，送养到养父母家中。

养父一家无固定经济收入，靠做点木工手艺和低保金生活。早年因成年的独生子车祸离世，领养了服务对象，对其在生活上照料有加，但因养父母缺乏科学的育儿理念，与服务对象沟通不够，特别是进入青春期之后，遇到很多问题都没有得到理解与回应，致使服务对象性格内向，不善言辞，在人际交往中处于被动状态。但其天资较高，学习成绩较好，以优异的成绩考入重点高中。在高二上学期 10 月份因患鼻窦炎及脑血管痉挛请假 1 个月，当时病情还未痊愈，养父母担心其落下学业，耽误了前程，督促他尽快返回学校继续读书，但随即而来的学习压力让其感受身心疲惫，没有好的方法去应对压力，最终独自离开学校，在街头游荡，看到一辆摩托车钥匙没取出，就直接骑走了，车主报案后很快找到服务对象。经检察院鉴定，认为情节轻微，不予追究，但因在走法律流程期间，监护人没有及时与学校沟通，未申请办理请假或者休学手续，最终停学7个月，导致复学困难，要重读高二更是难上加难。

二、干预过程

（一）多角度困境分析

1. 心理困境

服务对象渴望被肯定和认可，但养父母与服务对象没有太多的情感交流，同时在日常生活中养父母也缺乏用正面积极的语言与孩子交流。堂兄、养母的关心也因为方式方法不对，让其感觉听不进去，当大家坐下来交流时，他感受到的是亲人们在攻击他，用他自己的话说是开启了自我保护模式，应付一下或者直接不说话，也让他越来越不愿对外界敞开心扉，将自己真实想法隐藏在内心，学习之余会在虚拟的游戏世界中去释放压力。幼时被生父母弃养也在其幼小的心灵上留下了不易觉察的创伤，让服务对象缺乏安全感，时而陷入迷茫。在社工介入之后，了解到这些成长经历对服务对象成长产生了较大的影响。

2. 家庭关系困境

养父母观念比较传统守旧，也缺乏科学的育儿方法，疏于与孩子建立情感和交流。养父母都已经70岁了，服务对象担心成年后万一养父母离开这个世界，自己更加孤独。

养父母对服务对象的学习、生活等方方面面关注较多，但是在服务对象看来是一种过度的关注，让他觉得心情烦躁，不喜欢听到养母唠叨，因此，服务对象有事情也不会主动与养父母沟通，认为自己的感受是不被理解的。

3. 学业困境

服务对象高二只上了2个月时间就离开了学校，提交了复学申请之后，学校一直以学位不够，拒绝了服务对象的复学重读高二申请，只接受其跟着学籍直接读高三。这意味着服务对象将来要面对巨大学习压力，高二的课程没上，直接上高三又很难跟上进度，将来能否顺利考上大学成为问题。

4. 人际关系困境

服务对象自考入重点高中后因其他同学都非常优秀，顿时变得没有自信，原本就不太主动去交朋友，现在性格变得更是内向。虽然与同学相处无冲突，老师对服务对象也很关心，但服务对象表示只是处于礼貌，并没有心灵的交流，感觉正常的人际交往变成一种负担。

服务对象与生父联系很少，大姐因出嫁与服务对象甚少往来，大哥对服务对象很关心，但是碍于小弟被收养这层关系，也不便于过度关心。服务对象也不会主动求助于亲哥。

(二) 干预思路与目标

1. 干预思路

了解到服务对象一系列行为背后的原因，从外部(家庭和成长经历)、内部(个体的心理分析)的角度去分析，重点聚焦于服务对象心理健康问题，给予真诚的交流和帮助。每周一次定期进行访谈，并及时记录他的内心微妙变化过程，确保服务对象有饱满的精神状态去迎接新的学习与生活。根据服务对象心理状况的需求，再计划是否需要专业的心理咨询师介入进行心理咨询。根据其复学要求，对接司法、公安及教育系统等单位，必要时启动个案会商联席会议。

2. 干预目标

① 了解服务对象的心理健康状况，及时进行心理疏导，进行心理分析，面对压力和困难建立理性思维模式。

② 从家庭方面，给予养父母支持与理解，讲解、对接相关政策，落实帮扶措施。

③ 多方资源链接，与检察院、教育局、民政局及学校等多方沟通，推进服务对象复学的进度。

(三) 保护与服务过程

1. 第一阶段：收集资料，了解服务对象的成长经历，建立信任关系

为了对服务对象家庭情况有更加直观的了解，民政局局长带领志愿者协会社工一起对服务对象的情况进行家庭实地走访。社工了解到服务对象养父家住在一个交通不便、较为偏僻的村落。学习上服务对象很用功，看到他用的书桌是用几块木板钉的，桌面磨得发亮，蛇皮袋当作窗帘，在如此艰苦的环境下还能以优异成绩被县重点高中录取，足以证明服务对象具备较强的学习能力。在家访过程中，服务对象本人表明出了强烈的复学渴求。他认识到了自己的问题，坚信只有读书才能改变命运，希望能够尽早回到学校，考上理想大学，改变自己的命运。

2. 第二阶段：当事人中心阶段

明确服务对象本人想复学的需求，社工引导其订立服务目标，交流在复学前需要做的准备信息，逐渐与服务对象建立信任关系。通过询问、理解、确认的方式，服务对象逐步说出内心最真实的感受。为帮助服务对象找到适合自己释放压力的方

式，进行了结构式访谈，服务对象自己总结平常照顾家里的小狗、整理自己的房间、看看门前屋后的风景都能让他情绪变得比较平稳。社工用专业的知识引导服务对象内在的渴望改变现状力量，用自身的吃苦优势和学习能力去应对生活、学习、社交等各方面的压力，适时学做一些放松训练来舒缓情绪。

3. 第三阶段：心理治疗的阶段

对服务对象原生家庭和养父母家庭家访之后，为解决服务对象心理根源问题，社工对接心理健康志愿者协会国家二级心理咨询师、县妇幼保健院心理科医生红玉老师，为服务对象做了临床心理咨询与测评，测评结果是有轻微的抑郁倾向。给出建议，可通过自我调节得以缓解，回归集体、重拾课业对他会有帮助。心理老师表示后续根据需求，可以为服务对象提供定期的心理辅导服务，帮助其尽快回归正常的学习生活。

4. 第五阶段：巩固社会支持网络阶段

自 6 月份联席会议之后，为服务对象复学做好准备；8 月中旬，开始根据学校的要求提交复学所需的文件。从复学申请书开始，教育局领导高度重视服务对象的复学情况，学校因为学位问题一直不能确定服务对象的班级，最后确定到遂中联合理科班。虽然没有回到遂中本校，能在联合班复学对服务对象来说，也是莫大的鼓励，得到了学校的接纳，服务对象开始新的高中学习生活。社工充分发挥专业优势，整合资源，在大家共同努力下，达成服务目标。

三、干预成效

经过 4 个多月的努力，见证了服务对象从内到外的改变，其决心回到课堂潜心学习。通过个案会商联席会议就服务对象的具体情况与检察院、教育局、民政局多方协商，最终教育部门同意服务对象复学重读高二的申请。9 月 1 日，通过各方的不懈努力，确定服务对象在遂中与燕山高中的高二联合理科班就读，顺利回归校园。根据民政局和检察院的要求，社工还将持续跟踪服务，定期了解服务对象复学后心理与学习情况。

四、社工反思

青少年成长问题一直都是社会重点关注的热点，处于这个时期的孩子们情绪敏感脆弱，易冲动，社会上这一群体有行为问题的检出率并不低。显而易见，青少年的心理健康状况需要获得足够的关注，希望更多像服务对象一样的孩子们都能够找到正确的舒缓心理问题的方式，回归集体，被社会所接纳。服务对象由于家庭等原因导致了一些心理情感障碍，继而出现行为上的偏差，是能够通过社工开展专业服务，挖掘身处困境中儿童潜在的自我力量，积极地走向生活的正轨。通过这个个案也让社工走进了这样一位少年的内心世界，了解其内心深处需求、感受到他成长渴望。

吉安市遂川县民政局　王晖

深山学子坎坷复学路

专业点评：该个案因为童年的经历和与养父母家的隔阂，进而造成身心上的问题引起了行为失当导致失学。如何走出人生困境，在资源和资讯相对匮乏的山村依靠自己和家庭的力量是难以解决的，一个简单的热线可以对接丰富的民政民生资源。接案的社工开展了充分的调研，服务对象的身心、原生家庭、收养家庭以及相关政策和县级终极儿童保护力量（个案会商联席会议）都有涉及。复学看起来简单，执行起来却有着诸多的壁垒，打破它有的时候就可能改变一个少年的人生轨迹。浪子回头、社会接纳、个案会商、以人为本、专业服务是本案的关键词。（张翔）

第二章

多部门联动

纵横联动　少年圆梦

——多部门协力解烦忧

一、基本情况

（一）案例来源

广丰区于2021年3月成立区未成年人保护工作委员会(简称“区未保委”),未保办公室设在区民政局。由于个案情况特殊,区检察院将个案提交至区未保委,执行个案会商程序,希望能够在区未保委的指导下,发挥相关单位之间的联动作用,探索建立个案会商联动机制。区检察院与民政部门指导社工从2021年7月起对服务对象开展个案服务工作。

（二）服务对象基本信息

纪大伟(化名),男,2005年5月出生,江西省上饶市广丰区某镇人,2021年4月辍学在家。2021年5月16日,服务对象(未满16周岁)因偷盗被公安机关拘留,同时案件移交检察院;2021年6月再次偷盗,因年满16岁未满18周岁,检察院在分析案情后,予以服务对象“相对不起诉”。

（三）服务对象家庭情况及成长经历

父亲纪辉国(化名),46岁,2020年12月被确诊为肝胆瘤癌症晚期,一直在南昌某医院进行治疗,无收入来源,平均每次治疗花费在1.5万元左右。生病之前,一直在南昌打工,是一名建筑工人。服务对象母亲在他4岁时离开家,一直没有联系。姐姐纪小妹(化名),18岁,2019年2月回到广丰就读,目前在广丰某高中读高三,姐弟俩关系一般。服务对象的家庭结构见图1。

父母分开后,服务对象和姐姐一直跟随父亲在南昌生活,并就读南昌某公立学校。10岁那年,服务对象的父亲由于工作繁忙,无暇顾及儿子的教育问题,便将服务对象送回广丰的一所民办寄宿制学校就读，放假时服务对象跟随年迈的奶奶一起生活。由于祖辈教育能力的欠缺以及缺少父母的关心，服务对象逐渐沉迷于虚拟的游戏世界，流连网吧，服务对象目前已退学在家。同时，一直是班级前几名的纪小妹，在 2021 年 2 月得知父亲生病后成绩也有所下降。

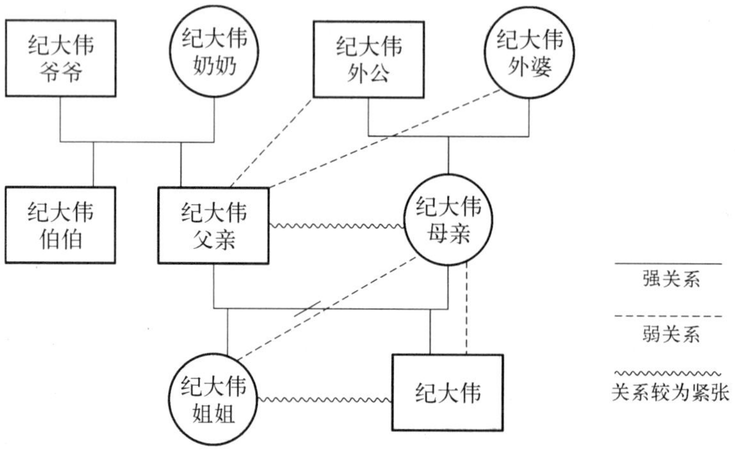

图 1 家庭结构图

二、干预过程

（一）多角度困境分析

1. 生理及心理困境

服务对象身体健康，无明显疾病，但身材瘦小，目前正处于青春期。

服务对象性格内向、自卑。在得知父亲生病需要高昂的医药费时，非常希望能够帮助父亲，但现实状况是自己无法帮助家里，内心出现内疚感和无力感，不能正确面对现实生活中的压力，无法遏制对金钱的渴望，所以选择偷盗的方式获得金钱帮助父亲。

2. 家庭关系困境

服务对象家庭环境及经济条件较差，父亲的治疗费用高，收入较低且不稳定；母亲在服务对象较小年龄时离开服务对象家庭，缺乏母亲的陪伴与关爱，亲子之间沟通少。

服务对象从小与父母关系破裂，没有得到父母足够的关爱和教育，属于放任型家庭教养模式。在父亲生病前家庭经济情况一般,服务对象对于金钱没有很明确的概念。母亲离开后,姐弟关系紧张、沟通少,有时还会恶语相向,家庭氛围比较紧张。社工对其家庭进行了需求评估,当下最紧迫的是改善亲子之间的关系,营造良好的家庭氛围,使服务对象获得来自家庭的支持与帮助(不仅是被动接受帮助,而且还引导服务对象主动向家庭寻求帮助)。

3. 人际关系困境

服务对象在上学期间成绩不太好;闲暇时经常与同辈出入网吧等场所。

服务对象性格有些内向,不愿意过多表达内心的感受与想法,缺乏主动沟通的积极性;由于之前一直在南昌读书,转回广丰后,面对陌生的同学和环境,加上后期父亲患病,自我施压,内心压力大,缺乏同辈群体的支持,从而导致压力无法正常释放。服务对象的家庭生态见图 2。

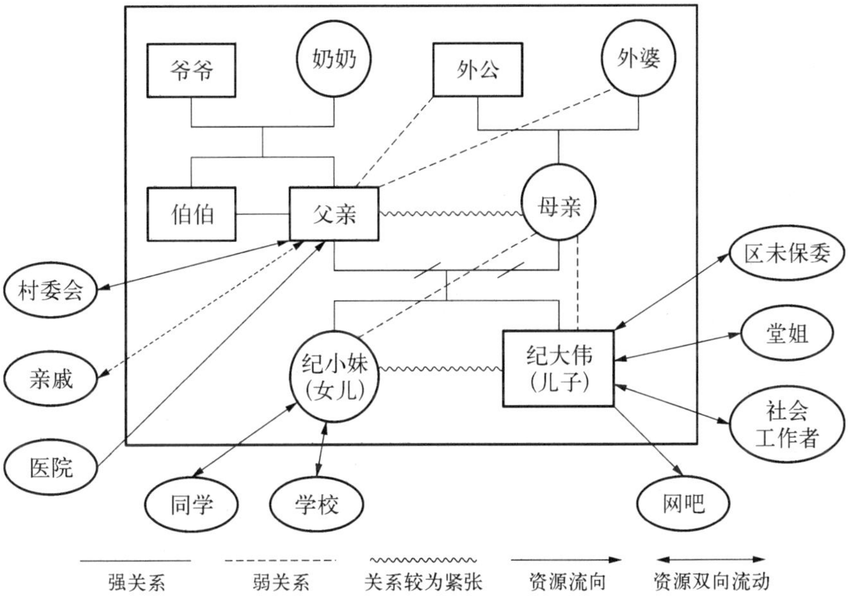

图 2　家庭生态图

(二) 干预思路与目标

1. 干预思路

根据马斯洛的需求层次理论,服务对象的家庭能够为其提供生存需要,但是在安全需要层面,家庭无法满足。家庭经济遭受冲击,服务对象便选择错误的方式满足生存的需要。

社工根据班杜拉的社会学习理论，相信服务对象能够通过学习获得改变，通过不断学习改变服务对象的错误认知，提升服务对象的法律意识，并且对家庭进行干预，从而为服务对象提供一个相对和谐的家庭环境。

社工根据萨提亚的家庭治疗理论，认为服务对象的家庭成员之间的互动方式存在问题，且无法发挥家庭的作用和发掘家庭现有的资源。因此，社工在服务期间内，通过欣赏服务对象、鼓励服务对象，改变其对家庭困难的认知，改善家庭成员之间的沟通方式，发掘服务对象家庭的潜能和资源，来帮助服务对象的家庭解决问题。

社工将优势视角运用于个案工作中，对服务对象家庭的优势和资源进行聚焦，从而挖掘和培养服务对象潜在的能力，最终达到助人自助的目的。调动服务对象的能动性，积极应对所面临的困境，从个人、家庭、社区等方面提出针对性策略。

2. 干预目标

以个案管理的方法介入，遵循“服务对象自决”的原则并充分听取其意见，努力为服务对象的健康成长创造有利环境和条件。提升服务对象的法律意识，帮助其顺利融入社会。具体服务计划见表 1。

表 1 服务计划表

个人方面	家庭方面	社会方面
1. 提供心理疏导。 2. 普及法律法规知识。 3. 提供职业技能学习机会。	1. 缓解家庭经济困难。为父亲争取大病补助；为姐姐链接教育基金会资源，申请助学金，保障学习。 2. 改善家庭氛围。增进家人间的沟通交流。	1. 链接相关部门，联合多部门开展工作，如未保委、乡镇、村委会、检察院、社会工作机构、学校等。 2. 链接市教育基金会对纪小妹进行长期的教育费用资助。 3. 民政部门购买的第三方社会服务机构——市鼎力社会组织服务中心专业社工、志愿者的介入及督导专家的指导。

（三）保护与服务过程

1. 第一阶段

（1）建立关系和收集信息

与服务对象及其家庭建立良好的专业关系，了解服务对象的基本情况（包含家庭情况、服务对象的成长史等）。

(2) 实施过程

社工第一次与服务对象父亲进行会谈时运用专注、倾听、同理心、鼓励等会谈技巧并建立良好的专业关系，收集了服务对象的基本信息及家庭目前的需求，并对服务对象及家庭的问题进行预估。在第二次与服务对象以及其父亲进行会谈时，社会工作者运用聚焦、倾听、澄清、摘要等会谈技巧与服务对象讨论预估问题，使服务对象更加清晰地意识到所处困境，从当下最急迫、最希望解决的问题着手，明确服务对象及家庭希望达到的目标。

2. 第二阶段

通过对服务对象当下问题和需求的预估和分析后，社工向区未保办汇报，并组建了个案微信协调小组，小组成员有民政局和检察院的负责同志以及社工和心理咨询师。同时，也邀请了教育基金会的负责人加入。小组成员通过微信群对服务对象问题进行会商时，需要遵守小组的规定，聚焦服务对象的需求与问题，讨论当下能够链接的资源和解决问题的方法。

(1) 心理援助

根据会谈发现的问题与服务对象一同制订目标与计划，服务对象担心自己的行为会对今后的生活产生较大影响，以及“标签化”对其心理造成困扰。心理咨询师与服务对象深度访谈，释放服务对象情绪。社工给予服务对象社会性支持，在服务对象遇到困难时提供支持帮助，提高服务对象应对生活的能力和自信心。

(2) 资源链接

① 落实社会保障政策。社工链接服务对象所在的镇政府及村委会，了解服务对象及其家庭情况，帮助其父亲申请低保。

② 落实事实无人抚养儿童政策。社工链接未保委，通过未保办链接区民政局，将服务对象及其姐姐纳入事实无人抚养儿童保障。

③ 协助链接基金会的教育补助。社工在会谈时了解到，当下姐姐的学费是家庭遇到的第二大难题，由于父亲生病几乎花光了家里的所有积蓄，家里没有劳动力。9月份姐姐的学费以及生活费是服务对象父亲担心的事情之一。因此，社工链接了上饶市教育基金会，将服务对象家庭的基本情况和经济状况向基金会转达。经过协调与沟通，基金会给予服务对象的姐姐一万元的教育资助。同时，姐姐直至大学的教育费用，基金会也会持续提供资助。

④ 个案服务——职业规划。社工在与服务对象会谈时，了解到服务对象已在堂姐夫的店内当学徒，学习室内设计，不愿意回到学校。社工尊重服务对象的意愿，并与服务对象讨论学习室内设计可能会遇到的困难以及如何应对。社工在服

务过程中逐渐从服务提供者转变为支持者的角色。服务对象从被动接受支持转变为自主地获取信息、主动学习专业知识，提升自我的专业能力；从对学习室内设计的担忧，到现在对自我学习能力的认可以及表现出的自信，社工看到了服务对象在成长过程中学会面对困难，克服困难。同时，社工协助服务对象挖掘自身环境具有的优势，帮助服务对象发现自身的亮点，促成其对自我的认可。

⑤ 行为矫正——普法懂法。在介入过程中，社工、检察官与服务对象一同制定了学习法律、法规以及矫正的计划，提升服务对象的法律意识，增加法律知识、强化法规学习。

3. 第三阶段

(1) 情感支持

服务对象成长过程中母亲角色的缺失，父亲角色的弱化，父母角色的缺位导致形成疏离型家庭。服务对象不愿意与家人分享自己的情感，父亲也羞于向服务对象表达关心。社工一方面鼓励父亲积极面对自身的病情，擅于发现服务对象的优点，给予姐弟俩父亲的关爱，改善姐弟俩的关系；另一方面鼓励亲子之间多互动，学会将想法坦诚说出来，引导服务对象主动向家庭寻求情感支持。与此同时，社工也积极引导堂姐、堂姐夫等其他家人的家庭支持作用，持续帮助服务对象重新塑造自我。

(2) 个案后期跟进

经过未保办、民政局、检察院与社工的共同努力，在结案阶段，社工与服务对象一起回顾其成长，肯定了服务对象的改变，服务对象已经能够融入社会，开启自己的人生。同时，也与检察院确定了跟踪计划，及时向未保委和检察院反馈服务对象后期的改变。

三、干预成效

1. 服务对象的参与度

在个案服务期间内，服务对象从一开始缺席会谈，到后来按计划参与会谈。服务对象及其家庭的积极配合是目标达成的基本保证。

2. 服务对象的满意度

在社工介入后，服务对象尝试与父亲沟通，父子之间的关系也有所缓和，家庭氛围明显改善。服务对象也能够主动学习专业知识，努力工作。在面对父亲的病情时，也从一开始无助迷茫到有目标，替父亲分担压力，体现了作为家庭一分子的责任感，面对与姐姐的关系也主动提出解决办法。服务对象对自己曾经的盗窃行为也清楚认识到错误，愿意为自己的错误负责任，承诺以后会遵纪守法，好好工作、照顾父亲。

3. 服务目标已达成

在未保委多部门的联动和社会力量的积极参与下，服务对象在个案服务期间内有了明显改变，能够自主获取信息，主动学习。其家庭当下最急、最迫切的问题已得到解决。

四、社工反思

此个案反映出家庭教育对未成年人的成长极为重要。但如今，很多家长在面对工作和生活压力时，忽略与孩子的沟通，忽视家庭教育的重要性。

同时，该个案也折射出未成年人具备法律意识的重要性，如三观没有被正确引导，容易误入迷途，触犯法律底线。社会工作者能够对未成年人犯罪问题进行研究，发挥专业力量，以司法社工的角色，协助未成年人顺利地回归社会、融入社会，健康成长。

本个案中还存在有待完善之处，如对患癌症的服务对象父亲的关怀以及对高三的姐姐的社会支持等。对于服务对象所处社会环境的介入也有所欠缺。

上饶市广丰区民政局　钱慧　卢昕奕

纵横联动　少年圆梦

专业点评：在本案例中，从服务接案开始到结案结束直至后期跟进服务，社工始终遵循“助人自助、以人为本”的价值理念，秉持利他主义的价值观，坚持“服务对象自决”的原则，尊重服务对象自主决定和自主选择的权利，协助其由被动接受服务转变为拥有自主选择的机会，帮助服务对象摆脱困境。除了向服务对象提供直接的救助服务以外，社会工作者还综合运用社会工作专业知识，在区未保委、检察院和镇政府等多方力量的大力支持下，协助服务对象学习法律知识和技巧，并为其家庭链接可持续供给的资源。可改进的是，该案例在服务过程中，对于服务对象其他家庭成员的支持力度还有待加强。（詹凤兰）

以人为本　多方助力

——服刑人员家庭困境儿童保护服务案例

一、基本情况

1. 案例来源

石城县和仁公益社会工作服务中心社工接到共青团石城县委的个案转介。

2. 服务对象基本信息

小明(化名),男,5 周岁时颅内出血压迫到脑神经,父母带着服务对象辗转多地医治却未能好转,经厦门某医院基因鉴定确认是遗传性血友病。接案时服务对象13 岁,就读六年级,性格内向。2015 年起,服务对象一家入住廉租房,由于服务对象长期患病,医疗费开支大,家庭经济陷入困境。

3. 服务对象家庭情况及成长经历

服务对象是家里唯一的孩子,备受父母宠爱。年幼时家庭条件较好,5 岁时被确认患有遗传性血友病。血友病患者的白细胞比正常人少,这意味着服务对象身体内外一旦出血很难自愈,必须定期往身体里注入凝血因子。

当时治疗血友病的药品不在医保报销目录范围内,为及时治疗服务对象,爸爸变卖家中资产,家中负债累累。妈妈一直在家照看、保证服务对象安全,照顾服务对象饮食起居,防止出现意外。后来爸爸铤而走险诈骗医保走上了违法的道路,并于 2016 年 9 月被判刑 11 年。

根据服务对象的身体状况,医生建议每周给服务对象注射 2 支凝血因子,因经济拮据,妈妈只能在服务对象大量出血后送医院注入凝血因子。没有固定的收入来源却要不断支出医药费,这让妈妈心力交瘁,时常催债的债主更让妈妈精神高度紧张,整日愁眉苦脸,见谁都想诉苦。

身患疾病的服务对象无法像正常孩子一样玩耍,他时常独自待在家里看书或者玩一些小玩具,不爱与他人打交道,爸爸入狱后他更不愿出门忍受他人异样的眼光。服务对象也很不喜欢妈妈总是在他人面前哭诉自己的苦和穷,他觉得这样很难看,但自己又无力改变。

二、干预过程

(一) 多角度困境分析

1. 生理及心理困境

服务对象身患疾病,身体时常出血,还要忍受病痛的折磨,面临死亡的威胁,心理压力大;爸爸入狱,也使服务对象内心更加自卑。

2. 家庭关系困境

当前妈妈的神经一直处于紧绷的状态,影响亲子关系和家庭氛围的同时,也时刻影响着服务对象的身心健康。

3. 学业困境

因身体原因,服务对象经常请假治病,这让服务对象的学业比同学落后许多。由于服务对象的身体原因,父母对服务对象的学业没有过多的要求。

4. 人际关系困境

服务对象对自己身患血友病感到自卑的同时,自尊心极强,不愿意让同学知道自己患病,甚至不让妈妈告诉老师。由于时常生病住院,加之自卑心理,服务对象没有玩得要好的朋友。爸爸入狱后他更不愿意交朋友了,总觉得别人会看不起自己。

5. 经济困境

① 以目前的医疗技术,血友病无法痊愈,只能依靠注射凝血因子维持正常生活,还要时刻注意不能碰伤,有外伤还需进行治疗,这需要持续不断的资金投入。但妈妈要照看服务对象,难以找到合适、稳定的工作,家中没有稳定的经济来源。

② 民政部门已将服务对象母子俩纳入低保,医疗救助对于血友病病种能够报销 90%。然而,这对没有稳定收入来源的服务对象一家来说,也只够维持基本生活。

③ 服务对象妈妈需要一份合适的工作,既能照顾服务对象,又有比较稳定的收入,让这个家庭更好的维持日常生活。然而服务对象爸爸尚未犯罪时,妈妈一直在家照看服务对象,工作技能少。

④ 由于给服务对象看病,家中已欠下大量外债,服务对象爸爸入狱后,一些亲戚对他们有意疏远,外部支持力量薄弱。

（二）干预思路与目标

1. 干预思路

社工坚持“以人为本”的工作思路和“助人自助”的工作理念，坚持“任务中心模式”的工作模式，将服务需求聚焦在服务对象想要解决的问题，关注服务对象的自主能动性，通过及时、有效的沟通，帮助服务对象缓解压力、克服困难，恢复其正常生活，促进其潜能的发挥，增强其面对困难的能力，从而更好地面对困难和困境。

2. 干预目标

帮助服务对象一家正确、勇敢地面对环境改变后的挑战，提高其适应、利用环境的能力，从服务对象家庭系统入手，提高系统间的交流频率，帮助服务对象一家改善生存环境。

① 链接现有政策资源，进行资金救助，暂缓服务对象一家的经济压力，让服务对象在短时间内有一笔固定的治疗费，保障服务对象的生命安全和基本生活，缓解服务对象及其母亲的焦虑情绪。

② 提升服务对象妈妈对参与就业的信心和能力，去除环境障碍，增进服务对象妈妈的社会功能，提升其内在动力，提供就业援助，解决生计问题。

③ 增强服务对象的环境适应能力，帮助服务对象正确面对家庭经济危机，解决由此带来的心理困扰。

④ 建构社会支持网络，帮助服务对象一家挖掘各方资源。

（三）保护与服务过程

1. 第一阶段：非指导性治疗阶段

接案后，机构安排社工第一时间前往服务对象家中走访，了解其家庭经济情况和服务对象的医疗救助及身心状态等情况。社工根据其反应的需求与他们共同制定了服务目标和方案，运用倾听、鼓励、同理心等技巧和服务对象及其家庭建立一种宽容、接纳和融洽的专业关系。

2. 第二阶段：当事人中心治疗阶段

在取得服务对象及监护人的同意后，社工立即整理相关资料，通过机构在腾讯公益平台上线筹款项目，并链接民政、团县委、妇联、城管等部门及志愿者组织线下募捐，募得善款共计 8 千余元。

3. 第三阶段：治疗的条件阶段

每月定期发放的资金补助让服务对象在短时间内有了一笔固定的用药费，暂时缓解了服务对象一家的经济压力，让服务对象妈妈能够较为安心地思考和寻找合适的就业渠道。

4. 第四阶段：以人为中心治疗的阶段

在对服务对象一家提供帮助时，社工秉承“助人自助”价值理念，认为人是有潜能的，通过向服务对象一家提供服务和帮助来促进其潜能的发挥，协助服务对象妈妈寻找合适的工作，让家庭有稳定的收入。

关于就业，服务对象妈妈也有自己的想法。服务对象爸爸入狱后，服务对象妈妈有时会做一些小吃在小区周边售卖，却由于时间、人力等方面的因素常常不得其法。

社工与服务对象妈妈一起分析售卖小吃的品种及适合的顾客人群，为增加家庭收入，服务对象妈妈花费一周的时间到县城各个集市，详细了解顾客对小吃品种的喜好和客流量，同时参加了人社部门的免费技能培训，最后决定在离家不远的工业园周边做早点和小吃。

服务对象妈妈每天天不亮就骑着小三轮车外出卖早点，傍晚卖烧烤小吃，晚上回家后准备第二天需要的食材，日子过得很充实。放假期间服务对象也能帮助妈妈做一些力所能及的事。

社工与服务对象一家保持稳定、常态化的联系，与服务对象也建立了较好的信任关系。目前服务对象处在青少年期的自我同一性的发展阶段，根据这一发展特点，社工通过真诚沟通、日常陪伴等方式提供儿童支持服务，为服务对象提供及时有效的情绪疏导和支持，帮助身体情况趋于稳定的服务对象建立正确的认知，预防可能出现的更加严重的问题。

同时，邀请服务对象参与娱乐和休闲活动等团体服务，让服务对象的情绪得到放松和调试，改善服务对象的人际关系，增强服务对象的社交技能。服务对象的自信心明显提升，以往只愿意待在家里或者去外公家和表弟表妹们玩。在新学期，他结交了两三个好友，偶尔会结伴出门玩耍。但是自尊心强的服务对象依旧不愿意让他人知道自己患有疾病。

5. 第五阶段：持续跟踪，巩固社会支持网络阶段

在监狱服刑的爸爸对服务对象也极为关心，每月都会通过电话与妈妈和服务对象联系，了解家中近况。暑假期间，妈妈也会带着服务对象去监狱探望爸爸，增进父子之间的感情。

随着筹款资金补贴即将停止，社工与服务对象维持近一年的服务也即将结束，这让服务对象妈妈有些“分离焦虑”。社工与服务对象及其母亲回顾一年的服务内容和家庭情况的变化，肯定了服务对象和妈妈在这一年的努力和改变，并帮助服务对象一家做好结案准备，减少对社工的依赖。

三、干预成效

服务对象面临的困境得到妥善解决：

① 社工和儿童主任相互配合，积极链接政府部门、基金会等资源，进行资金救助、就业技能培训，在短时间内缓解了服务对象一家的经济压力。根据服务对象的家庭状况，儿童主任在2018年帮助其申请纳入了城镇脱贫解困保障范围，由县住建局一名干部开展结对帮扶工作，从医疗、就业、就学等方面给予了极大的政策保障；考虑到服务对象的特殊家庭情况，儿童主任主动层层对接，帮助其申请纳入最低生活保障，现人均每月750元；社工帮助服务对象一家于2020年和2021年向民政部门申请了临时救助各获得了5000元临时救助金。

② 通过发挥儿童主任的自身优势和职责，定期上户开展巡访服务，主动帮助服务对象解决一些生活困难，并及时将服务对象的情况报告给儿童督导员，争取为服务对象家庭链接更多的资源和帮助。

③ 在社工的支持和鼓励下，服务对象妈妈就业信心增强，内在动力充足，她积极发挥能动作用，通过社会调研、学习就业技能等，有了合适的工作和稳定的收入，家庭生活质量得到改善，家庭应对风险的能力增强。

④ 社工为服务对象提供了及时、有效的情绪疏导和支持服务，帮助服务对象建立正确的认知。同时，通过各类团体服务让服务对象在参与活动的过程中，获得同伴认同，得到自我实现，有效提升了服务对象的自信心。

⑤ 社工从服务对象家庭系统入手，帮助服务对象建构社会支持网络，挖掘身边可利用的资源，如服务对象的外公外婆、邻居、老师、同学等等，增强服务对象与他人的互动频率，改善服务对象的生存环境，提高了服务对象家庭与社会协调的能力。

四、社工反思

① 社会工作“助人自助”的专业理念得到有效地贯彻。当服务对象及其家庭遇到了严重影响正常生活的困难，应付和解决问题的能力有限，需要帮助时，社工为他们寻找资源，帮助他们走出危难。提供物质支持的同时，社工也发挥了专业特长，对服务对象及其母亲给予心理支持，缓解他们的压力、使他们恢复了正常生活。

面对困境家庭，让家庭成员自立自强，远比给予钱财物资更有意义。服务对象一家因为疾病返贫，甚至走上歧途。政府兜底，社会救助“拉一把”，就业政策扶持

"扶上马走一程",服务对象一家发挥自己的潜能,自立自强,改善自己面临的不良境遇,在未来对困境儿童及其家庭的帮扶过程中,具有典型和示范的意义。

② 在本案例中,服务对象及其母亲的潜能被全面激发出来。社工在提供服务时坚持"助人自助"的理念,充分挖掘服务对象家庭的潜能,帮助服务对象增强自身社会功能,来解决服务对象本身面对的困难。

社工在改善服务对象个人生活环境的同时,也在解决和预防社会问题,消除社会的不稳定因素,促进社会公平公正,进一步弘扬了以人为本的当代人道主义精神,为建设和谐社会增添了一分力量。

赣州市石城县民政局　李含　熊非

以人为本　多方助力

专业点评: 该案例中的服务对象属于困境儿童分类里面的重病儿童,个体的生理性困境与家庭的困境共同形成了多重困境,这种困境叠加的情况对困境儿童及家庭的生存环境更为不利。父亲入狱服刑使服务对象丧失了父亲的监护,导致服务对象在成长过程中的有效监护严重缺失,很容易因为各种风险和危机事件的影响再次陷入困境。社会工作者在介入此类有自身生理困境的儿童及家庭时,除了让他们获得正式的社会保障资源,如低保、大病救助等形式的物质救济,满足困境儿童的多元需求以外,更多的是给他们赋能,挖掘困境儿童的内在优势和潜力,使其学会正确地、积极地面对现实生活。(詹凤兰)

多方联动，为“黑户”儿童温情帮扶

——结构式家庭治疗模式介入困境儿童保护

一、基本情况

1. 案例来源

本案例由南昌市某镇某村儿童主任转介而来。

2. 服务对象基本信息

莹莹(化名)，南昌人，女，接案时 11 岁，身体健康，性格比较外向，就读南昌某小学五年级。父亲死亡，母亲改嫁，家庭贫困，处于无户籍、无学籍、无医疗保障的“三无”困境，因此未享受任何政策保障。

3. 服务对象家庭情况及成长经历

服务对象父亲十年前因交通事故去世，母亲与爷爷奶奶常因父亲赔偿款的事发生争吵，婆媳关系不好。同年年底，母亲离开家，重组家庭后再也没回来。爷爷奶奶因无力照料服务对象和刚出生的妹妹，故将妹妹交给了姑姑抚养。服务对象目前和爷爷奶奶与大伯一家人同住，但是大伯因生意经营失败，负债累累亦无力抚养服务对象。

二、干预过程

(一) 多角度困境分析

社工从服务对象的社会生存困境、发展困境、心理困境、家庭关系困境四个维度对其进行了初期评估。

1. 社会生存困境

服务对象因无户口，导致无法办理身份证，因此不能享受低保、医疗等国家相关社会福利保障政策。

2. 发展困境

服务对象母亲拒绝配合给服务对象办理户口，导致其无法正常办理学籍，影响其小升初。

3. 心理健康困境

服务对象母亲重组家庭后，因惧怕影响现在的家庭生活，拒绝与服务对象见面，服务对象缺乏来自母亲的关爱和教育，与母亲关系疏离，甚至有恐惧的情绪，影响其心理健康。

4. 家庭关系困境

服务对象父亲去世后，母亲曾经提出要把服务对象和妹妹带到娘家去抚养，但遭到服务对象爷爷奶奶的反对。再加上之后服务对象母亲与爷爷奶奶之间产生了赔偿款经济纠纷、房屋拆迁安置房补偿分配、婆媳关系等多种矛盾，导致家庭系统成员之间关系失调。

（二）干预思路与目标

1. 干预思路

（1）社会网络支持理论

社会网络由正式和非正式支持系统组成，正式支持系统包括政府、机构、具备专业技能的助人者，而非正式支持系统包括家庭、亲戚、朋友、邻居等。服务对象的社会网络支持系统见图1。

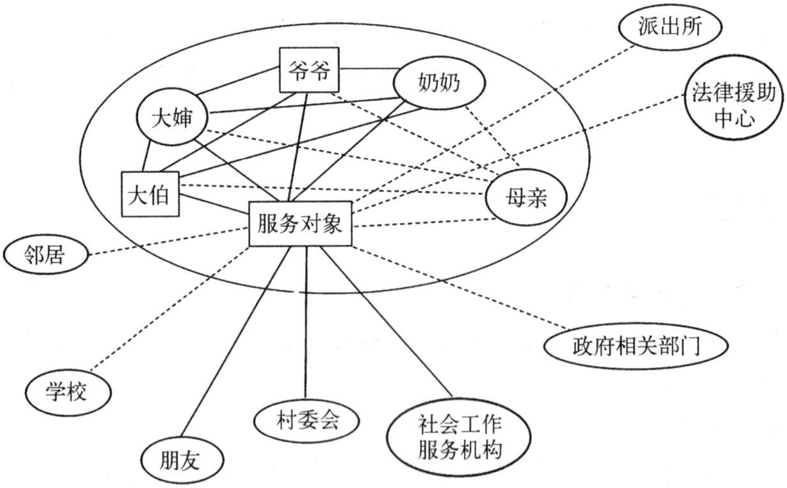

图1 服务对象的社会网络示意图

服务对象的家庭生态系统处于失衡状态，一是家庭系统与周边环境系统之间缺乏良性的互动，与派出所、政府、法律援助中心、学校、互动频率比较低；二是家庭系统成员之间的关系失调，服务对象及其家人与其母亲关系疏远，能获得的物质和情感资源数量几乎为零。

(2) 需求分析与诊断

① 协助服务对象转移监护权。服务对象母亲改嫁后，十年来未履行过监护人监护职责，服务对象才11岁，身心发展需要得到关爱和引导，更需要良好的家庭生活。因此，重新指定监护人是关键任务。

② 获得合法身份。没有户口在日常生活中会造成入学、享受社会福利等很多方面的不便，因此在本案中的首要任务是协助服务对象办理户口和有效身份证。

③ 提供经济支持。服务对象爷爷奶奶年近70岁，没有收入来源，目前都与服务对象大伯一家共同生活，生活比较困难，符合纳入社会福利政策范围，因此可协助服务对象申请事实无人抚养儿童生活补贴。

2. 干预目标

(1) 总目标

实现服务对象抚养权变更及户口登记，保障服务对象生存与发展基本权利；协助服务对象改善物质生活状况，保障其基本生活；改善服务对象家庭成员关系，提升服务对象家庭情感支持水平。

(2) 阶段性目标

① 变更监护权，使服务对象获得更有利于其成长的生活安排。

② 办理户口和有效身份证，使服务对象获得合法身份。

③ 心理辅导，促进服务对象身心健康成长。

④ 改善家庭成员关系，提升服务对象社会支持网络。

(3) 目标实施计划

① 整合社会资源，联系法律援助机构，寻找愿意为其提供法律援助的律师，通过法律途径转移监护权。

② 等待法院开庭期间，链接专业心理咨询师为服务对象做心理辅导，缓解其与母亲见面时的紧张情绪。

③ 协助服务对象办理户口登记、户口本及身份证，办理学籍。

④ 为服务对象及其家人开展家庭治疗，协助家庭成员重新认识自己的家庭角色，调整认知和行为。改善服务对象与母亲的亲子关系，改善服务对象母亲与其家

人的关系，提升服务对象来自家庭的情感支持。

（三）保护与服务过程

1. 第一阶段：关系破冰

社工主动澄清身份，与服务对象及其家人定期会谈，尝试了解服务对象对自己的问题的看法。与服务对象的母亲取得联系，多次进行电话会谈，了解其目前对服务对象面临的问题的态度。通过多次会谈，逐渐建立起良好的关系。

2. 第二阶段：指导与帮扶

（1）公益组织齐参与，社会力量大合唱

服务对象母亲离开家重新组建家庭，另育有子女，恐影响现在的家庭生活，故十年来未履行过监护人监护职责，严重损害了服务对象的生存权。为使服务对象获得更有利于其成长的生活环境，社工在征得服务对象及其家人的同意后，利用身边已有资源，为服务对象寻找到法律援助机构江西某律师事务所，协助服务对象家人咨询通过法律途径来转移监护权。在社工和律师的协助下，成功撤销服务对象母亲监护人资格，指定祖父母为服务对象监护人。

（2）落实户籍，保障基本权益

因出生时服务对象父母未到法定结婚年龄，未办理结婚登证。父亲去世后，母亲与祖父母因经济纠纷产生矛盾，拒绝配合为服务对象上户口，从而导致服务对象变成无户口、无学籍、无医保的“三无”困境人员。

要使服务对象获得合法身份，过上正常生活，必须先解决户口。社工协助服务对象到当地派出所咨询办理户口相关流程及所需材料，后多次与其母亲沟通，准备落户相关材料并协助服务对象办理户口登记。

（3）改善家庭关系，恢复家庭功能

社工深入受助家庭，了解到服务对象及其家人与其母亲因为早年给服务对象上户口、父亲死亡赔偿款的分配等问题，导致产生家庭矛盾、关系比较紧张。

社工为了缓解服务对象家庭成员的关系，一是借助服务对象同村居住的小姨，调解其母亲与其家人的矛盾；二是亲职辅导，对服务对象母亲讲授科学育儿，推荐学习家庭教育指导知识，提高其母亲的亲职能力，并让其认识到，虽然撤销了对服务对象的监护权，但仍有探望孩子、关爱孩子的义务；三是亲子辅导，运用角色互换，消除母女间的隔阂，增进母女间的沟通交流和感情；四是鼓励服务对象母亲把服务对象的事情告诉其现任丈夫，获得丈夫的谅解及支持，共同面对并接纳服务对象。

目前，服务对象家庭成员的关系得到改善，服务对象大伯经常与其母亲沟通服务对象生活、学习上的事情。母亲为了方便联系给其买了一块电话手表，服务对象逐渐很依恋母亲，母亲每月都接服务对象回家玩几天。

3. 第三阶段：持续跟踪，巩固社会支持网络阶段

社工告诉服务对象及其家人服务的目标基本达到，服务对象的社会身份和入学等问题已经得到解决，家庭关系得到明显好转。经双方同意决定结案。

结案后，社工就服务对象的学习和生活及其与母亲的关系问题进行了持续跟踪，目前一切都在往好的方向发展。

三、干预成效

经过一年多的努力，社工再次从社会生存困境、发展困境、心理困境、家庭关系困境 4 个维度以访谈和问卷调查方法对服务成效进行评估。

① 生存困境。在多方力量的协作下，落实了服务对象的户籍，教育及医疗问题也得到解决，基本生活得到保障。

② 发展困境。指定了爷爷奶奶为其监护人，服务对象的生活和学习逐渐步入正轨。

③ 心理困境。目前服务对象的个人关爱和情感方面得到支持，生活状态与之前相比有极大的改善，不但能勇敢地面对困难，还对未来充满希望。

④ 家庭关系困境。服务对象及其家人时常与母亲联系，关系明显好转，服务对象基本每个月都会与母亲见面，亲子关系得到改善。

四、社工反思

本案中，社工运用结构式家庭治疗模式和社会网络支持理论开展服务。在开展专业服务的同时，还注重联动正式资源和非正式资源，协助服务对象完成社会系统修复，积极链接政府政策资源，努力挖掘服务对象周围可利用的资源，从积极争取政策支持、专业补位、构建社会资源网等 3 个维度全方位进行服务，全面保障服务对象的利益。

南昌高新技术产业开发区管委会社会发展局　甘小慧

多方联动，为“黑户”儿童温情帮扶

专业点评：服务对象因长辈间的家庭矛盾导致母亲不配合为其办理户口，多年没有获得合法的社会身份，在社会救助、入学等多方面受阻。帮助服务对象获得合法的身份是解决其生存、发展困境的关键，单靠社工和其家庭的力量是难以达到的。

社工在服务过程中做到了双管齐下，努力争取到了政府强有力的正式资源解决法律层面的难题，同时又通过专业活动改善了服务对象家庭的互动模式，让服务对象重新享受到了正常的家庭生活，呵护其心理健康，智慧而专业的服务，体现了社会工作以人为本的专业价值观。（刘融融）

给流浪儿童一个温暖的港湾

——失学流浪儿童危机介入个案服务案例

一、基本情况

1. 案例来源

热心市民向南昌市未保中心反映火车站有一对父子在地下通道乞讨,基本生活无法保障。市未保中心工作社会工作者紧急介入。

2. 服务对象基本信息

小义(化名),男,11岁,南昌人,随父亲四处流浪,被迫辍学。亲生母亲失联,继母改嫁。

3. 服务对象家庭情况及成长经历

服务对象自出生后便未见过亲生母亲,父亲再婚后,一直与继母和继母的两个女儿共同生活。继母及姐姐跟服务对象关系很好,但因服务对象父亲嗜酒,9岁时继母因无法忍受父亲家暴行为带两个姐姐离开。2019年,父亲因长期抽烟、酗酒导致中风,无法继续工作,无经济来源,生活无法保障。随后就读三年级的服务对象辍学至今。

两个月前父亲带服务对象回到南昌,在宾馆住了一个月后无力支付房费,便带着服务对象在南昌火车站地下通道乞讨。

二、干预过程

(一)多角度困境分析

1. 心理困境

居无定所,随父亲四处流浪乞讨,让服务对象时刻处于缺乏安全感的状态;与同龄上学的儿童相比有极强的落差感,使服务对象产生自卑心理。

2. 家庭关系困境

亲生母亲失联，继母离开，无其他亲属，缺乏家庭关爱。父亲带服务对象四处流浪，未正确履行监护人的义务。

3. 学业困境

服务对象虽已11岁，但因长期辍学，学习水平还停留在小学二年级阶段，且无法继续完成学业。

4. 人际关系困境

缺乏家庭内的交流。服务对象辍学，无同辈群体交流。

（二）干预思路与目标

1. 干预思路

危机介入理论认为，危机是指一个人的正常生活受到意外危险事件的破坏而产生的身心混乱的状态，包括成长危机和情景危机。危机出现后，服务对象的身心会出现一系列的变化以应对现实生活中的危机情景，会经历危机发生、危机应对、解决危机、恢复期四个阶段。在使用该理论进行介入时需要把握一些基本原则，包括及时处理、限定目标、输入希望、提供支持、恢复自尊、培养自主能力。

服务对象目前处于辍学流浪状态，生命安全和健康均得不到保障，且无法获得家人和朋友的支持，心理发展也存在障碍。如果这些危机没有得到合理的处理，将会一直威胁服务对象的正常生活，影响服务对象的成长。

在该理论下，可从以下方面满足服务对象需求：首先，给予及时处理，为其提供临时庇护，保障其安全；其次，输入希望，给予其情感关爱，帮助其建立自信心；再次，提供支持，帮助其重返校园，且得到有效监护。

2. 干预目标

① 提供临时庇护，帮助申请相关救助，保障生命安全。

② 链接资源，帮助服务对象重返校园，确保服务对象得到有效监护。

③ 情感关爱，帮助服务对象建立自信心。

（三）保护与服务过程

1. 第一阶段：及时处理，保障生命安全

由东湖区民政局将服务对象送入市未保中心，市未保中心对服务对象进行临时生活照料，给服务对象提供一个安全、稳定、温暖的生活环境，并对服务对象进行了风险评估。由于服务对象存在基本生活没有保障、适龄未接受义务教育的情况，社工判定服务对象需要紧急进行危机介入。社工开始通过与服务对象一起进行体育活动，共同搭建积木等游戏，拉近彼此的距离，营造一种轻松、愉悦的谈话方式，了解服务对象家庭的基本情况及其所面临的困难，与服务对象建立“朋友”关系。

2. 第二阶段：输入希望，培养自信心

社工与服务对象共同回忆继母与他相处时快乐的日子，不断鼓励他，为他输入生活的希望。与此同时，针对服务对象学习中断的问题，为服务对象提供课业辅导，帮助其树立学习的信心。社工利用服务对象改变欲望强烈，善于观察和总结的特点，传授适合其学习特点的学习方法，帮助其逐渐培养学习的能力。

服务对象学习逐渐好转，自学能力也在不断增强，开始变得越来越自信。在与社工的交谈中，也多次表示希望重回学校，希望生活越来越好，言语中对未来充满了期待。

3. 第三阶段：提供支持，合力解决问题

服务对象目前最需要解决的当务之急还是生活和就学的问题。经市未保中心、东湖区民政局、属地街办和社区联合对服务对象的家庭进行了监护能力评估，显示服务对象父亲无实际抚养能力，且无其他亲属可作为委托监护人。结合服务对象自身需求和意愿以及实际资源情况，社工代服务对象向当地政府申请有关救助资源。在当地政府、民政部门、教育部门等部门共同努力下，服务对象父子的基本生活问题及服务对象的受教育问题全部得到了解决。

① 基本生活保障问题。东湖区民政局和残联，为服务对象父子办理了最低生活保障，为其父办理了三级残疾证，使父子二人的基本生活得到保障。

② 失学辍学问题。经南昌市教育局、南昌市民政局协调，服务对象已经就近入学。

③ 监护不力问题。鉴于服务对象父亲无实际监护能力，经多次与服务对象父亲沟通，征得其同意后签订了委托监护协议，后将服务对象送往南昌 SOS 儿童村寄养。

④ 成长问题。转案给 SOS 儿童村社工跟进服务对象在寄养家庭的生活学习情况。服务对象的个案服务虽然已经转介给儿童村社工，但社工依然定期对服务对象进行电话回访和跟踪服务。鼓励服务对象努力融入新集体、适应新生活。在寄养家庭、儿童村社工等多方力量的共同努力下，服务对象目前已经完全融入了新的家庭、新的学校，性格变得开朗、自信了起来，多次在儿童村的活动中表演，大方展示自己。

三、干预成效

经过三个月的努力，个案服务目标基本达成。服务对象的生活得到了妥善安排，在儿童村寄养家庭中得到了很好的照顾。服务对象的发展问题及学习问题也得到了很好的解决。不仅顺利返回学校就学，学习成绩也有了很大提高，学习能力不断增强。儿童村里的快乐生活，让服务对象变得越来越自信、开朗、阳光。

四、社工反思

失学流浪儿童是一类特殊的儿童群体，他们适龄却未接受义务教育，家长无法正确履行监护职能。该类群体基数小，但凡出现便具有情况急、任务重的特点，不仅需要社会工作者提供心理疏导、学业指导等精准保护服务，更需要多部门联动形成合力，发挥临时庇护、资源链接、转介服务等功能作用，为失学流浪儿童健康成长保驾护航，更为打通未成年人保护工作“最后一公里”提供坚实基础。在构建基层未成年人保护工作新格局的初期，如何提高部门联动工作效率，值得我们继续努力和探索。

回顾整个服务过程，社会工作者在危机介入的过程中，首先提供基本生活保障，继而给予其情感关怀，最后助其重返校园，充分满足了不同时期服务对象的需求。在服务前期，社会工作者通过自我披露、共情等专业技巧与服务对象建立良好的专业关系；在服务后期，社会工作者通过电话回访、跟踪服务，鼓励服务对象努力融入新集体、适应新生活，培养其自主能力。在社会工作中，与服务对象建立良好的专业关系是开展个案服务的基础，而助人自助是开展个案服务的宗旨，因此，在今后开展服务时我们亦需要注意这两点，提高实务成效。

南昌市未成年人保护中心　邹尚琦

给流浪儿童一个温暖的港湾

专业点评：本案例中服务对象父亲缺乏实际的抚养能力，导致服务对象没有正常接受教育和得到合理的生活照顾安排。从儿童利益角度出发，社工帮助服务对象及其父亲获得了基本的生活保障，但考虑到其父亲的监护能力不足，对接了更加有利于儿童成长的SOS儿童村，并继续对接儿童村社工跟进其后续心理健康等成长问题。

本案例中，家庭本身存在缺失、照顾能力不足，通过政府和机构联动服务的方式，将儿童送往更有利于其成长的机构中生活，对于未来社会工作者服务犯罪人员子女、父母双亡的儿童的工作，具有很好的借鉴意义。（刘融融）

呵护童心，助力姐弟找到温暖的家

——事实无人抚养儿童紧急救助服务

一、基本情况

1. 案例来源

该案起始于一位保姆文某向民政部门反映孩子母亲李某、父亲廖某服刑后，无钱继续委托保姆代为抚养，且尚欠抚养费未结算，请求相关部门解决。孩子面临监护缺失困境，民政局安排遂川志愿者协会社工介入。

2. 服务对象基本信息

姐弟三人：女孩妮妮5岁，男孩明明3岁、浩浩2岁(均为化名)，目前均生活在之前李某委托的三个保姆家中分别抚养。

3. 服务对象家庭情况及成长经历

2015年起，李某与廖某(因贩毒正在服刑)未婚生育一女妮妮，为逃避法律的制裁，后又与项某未婚生育两子明明、浩浩。李某收押后，三个儿女的抚养成了问题。李某因贩卖毒品罪被判处有期徒刑七年八个月，因哺乳被决定监外执行。李某本该安心改造、重新做人，在监外执行期间，却仍不悔改再次涉毒，案发后又以哺乳、怀孕当作“挡箭牌”，企图逃避法律的制裁。2019年5月，李某被法院判处有期徒刑八年，加上剩余刑期决定执行十一年，但李某与家人多年断绝往来，因此孩子陷入无人监护的状态。

二、干预过程

(一) 多角度困境分析

1. 心理困境

孩子幼年没有得到父母很好的照顾，缺乏安全感，姐弟三人被分开抚养，缺少情感交流。姐姐妮妮性格稍微开朗一些，通过一个简单的游戏，慢慢与社工熟络起来。社工开始时每周去看孩子一次，每次去妮妮都与社工聊起了幼儿园的生活，分享同学们一起玩游戏的场景。两位弟弟因为年纪偏小，看到陌生人来访就躲在保姆身后，胆怯、不敢直视他人。

2. 家庭关系困境

经过当地政府调查，了解到三个孩子祖父母、外祖父母因经济来源不足，年事已高，身体残疾等原因，确实无能力履行监护职责。因原监护人无法履行抚养义务，明明和浩浩的生父项某作为孩子的监护人，以各种理由逃避抚养责任。三个小孩即将面临无人抚养的困境，急需得到妥善的生活照料。

(二) 干预思路与目标

1. 干预思路

鉴于三个孩子自出生后长期与保姆和他们家庭成员共同生活居住，都已建立了稳定感情，三家保姆也愿意继续照顾小孩成长。从儿童利益优先的角度出发，由民政局、司法等有关政府部门开展联合行动，通过合法途径解决姐弟三人的监护权问题，便于进一步做好三人生活照料问题。链接资源，通过政府力量协调资源，尽快为三个未成年人做好生活和未来学习发展的安排，同时做好心理方面的疏导。

2. 干预目标

① 变更三个孩子的监护人，妥善安排好三个孩子的生活。

② 链接资源，申请国家对于事实无人抚养儿童的政策福利，进一步保障其生活。

③ 安抚服务对象的情绪。

(三) 保护与服务过程

1. 第一阶段：走访了解孩子的基本情况

社工先后来到妮妮、明明和浩浩暂时寄养的家里，了解他们目前的生活情况以及与寄养家庭的融合情况。通过观察和评估，三个孩子在现寄养家庭得到良好照顾，与寄养家庭建立了比较稳定和亲密的情感依恋。身体发育、心理发展和社会性发展都比较正常。但寄养家庭也向社工表示了他们的担忧，孩子很快就要面临入学的问题。由于没有监护权，在孩子入学、就医等方面存在巨大障碍，不利于儿童的成长和未来发展。

2. 第二阶段：集体制定服务计划

在完成对三个孩子生活情况的调查之后，参与服务的社工集体就三位孩子的照顾问题进行讨论协商。鉴于他们的血缘父母、亲属没有实际抚养能力也无抚养意愿，从儿童利益最大化的目标出发，最后决定通过链接政府资源，通过民政、司法等政府部门介入，变更孩子监护权，为孩子安排更加妥当的生活。

3. 第三阶段：政府牵头、社工聚力

当地民政部门在得知服务对象困难之后，联合司法等有关部门立即召开专项会议，研究救助办法。通过司法途径撤销廖某和项某的监护资格，变更民政局作为三个孩子的监护人，并安排当地社会福利中心暂代为抚养。按照程序将姐弟三人及时纳入事实无人抚养儿童保障范围，进一步保障姐弟三人的基本生活。从儿童心理健康出发，与姐弟三人原寄养家庭协商，继续照料姐弟三人。

社工定期前往寄养家庭关注服务对象心理健康状况，并对寄养家庭照护者开展亲职教育，为服务对象营造良好的家庭生长环境。

三、干预成效

通过政府强有力干预，服务对象姐弟三人的监护权实现了转移，并安排了合适的人进行照料，服务对象的基本生活和未来的物质生活都得到了保障，解除了生活无人照料的危机。为了提高服务对象未来在寄养家庭中的生活品质，社工从专业角度对寄养家庭照护者开展亲职能力辅导服务，提高其科学教养的能力。通过服务，服务对象姐弟三人当前的生活和未来的发展都得到了很好保证。

四、社工反思

服务对象姐弟三人是不幸的。在本该有父母关爱、家人呵护的时候，却因父母入狱，无法享受正常的家庭生活。但是，他们也是幸运的。他们出生在充满温情的国度，有将维护群众的权益放在首位的政府，善良的寄养家庭父母。正是有了社会各方力量的爱心接力，每个人从心底发出的善意汇聚到一起形成合力，护送着三个懵懂天真的孩子，安安稳稳地走在成长的路上。

吉安市遂川县民政局　王晖

解开一把锁　点亮一束光

专业点评：社会工作的发展与一个国家的经济、政治和社会福利制度的不断发展和完善息息相关。本案例的成功不仅仅因为社工的专业介入，社会人士的爱心奉献，更离不开党和政府这一坚强后盾。

本案服务对象因父母吸毒、犯罪，没有尽到过作为父母的监护、抚养义务。服务对象的母亲甚至利用不断生育作为逃脱法律制裁的手段。年幼无辜的服务对象因此面临无人照顾的境地。本案社工在面对问题比较复杂、自身能力无法妥善解决的困境时，能够积极向社会和政府进行倡导，努力争取政府正式资源的支持，在生活照料、心理发展和经济支持等方面全面保障了儿童利益，让服务对象过上了正常的家庭生活。（刘融融）

无户口入学困难　社工奔走解难题

——多部门协作解决困境儿童保护难题

一、基本情况

1. 案例来源

儿童主任入户摸排时发现，本村一儿童已到入学年龄但未入学。遂将这一情况上报乡镇儿童督导员，由儿童督导员核实情况后上报市民政局未保中心。社工了解到服务对象的基本情况后主动介入。

2. 服务对象基本信息

阿美(化名)，女，接案时9岁(服务对象自述9岁，因无户籍信息，无法核实)，肤色偏黑、体重偏瘦、身高正常、智力发育正常，性格开朗，喜欢玩手机、画画、羽毛球等，对学习感兴趣，已到法定入学年龄，一直未入学。

3. 服务对象家庭情况及成长经历

服务对象家庭贫困，居住环境较差。父亲(继父)因抢劫入狱，母亲疑似患有精神障碍，无自理能力，继父家中还有一位90岁奶奶因年岁已高，无劳动能力。

服务对象的继父为贵溪本地人，他们共同生活了四年左右：曾在贵溪居住过两年，后两年母女二人随其继父到福建安溪县打工，每年春节时一起回到贵溪过年。今年5月份继父入狱，母女二人回到江西生活，目前靠亲戚接济维持生活。

二、干预过程

(一) 多角度困境分析

1. 心理困境

缺乏家庭亲子教育，不知如何用恰当的方式与人沟通，异性界线感较差。

2. 家庭关系困境

家庭经济比较拮据，依靠继父的亲属接济维持生活，无任何其他经济来源。母亲疑似患有精神障碍，无生活能力，自身卫生情况较差；性格偏激，对服务对象控制欲较强，长期限制其人身自由，会辱骂、殴打服务对象，不让其与外界过多的接触，也不让其入学。

3. 学业困境

无户籍，无法享受相应的国家政策。

4. 人际关系困境

缺乏正向朋辈群体的指引和关心。

（二）干预思路与目标

1. 干预思路

马斯洛的需求层次理论把个体的需求分成生理需求、安全需求、爱和归属感、尊重和自我实现五类，依次由较低层次到较高层次排列。如果这些需求（除性以外）任何一项得不到满足，个体的生理和心理机能就无法正常运转。在这个意义上说，生理需求是推动人们行动最首要的动力。只有当维持生存所必需的基本需求得到满足，其他的需求才能成为新的激励因素。

本案例运用了马斯洛需求层次理论中的三个层次

（1）生理需求

① 食物方面：长期吃水泡饭，不能满足身体处于快速生长发育阶段的服务对象的营养需要，严重影响服务对象的身体健康。

② 居住环境：居住环境十分恶劣，食饮排泄都在一个房间，造成居住环境异味重、卫生状况极差，严重影响生活质量。

（2）安全需求

由于服务对象母亲患有精神疾病，病情反复，在发病期间无法保证服务对象的人身安全。

（3）爱和归属感的需求

服务对象母亲常常将其关在房间内，拒绝其与外界接触，导致其无朋辈群体交流，爱和归属感的需求无法得到满足。

2. 干预目标

改善服务对象的生活质量，保证服务对象的人身自由和安全，让服务对象像其他同龄人一样接受义务教育，同时得到朋辈群体的关爱支持，社会需求得到满足。

(三)保护与服务过程

1. 第一阶段

这一阶段的工作重点是与服务对象建立良好的专业关系,收集服务对象生活和家庭方面的资料。社工与服务对象初步接触,核实服务对象的基本资料。为了获得服务对象的信任和接纳,社工从其兴趣(喜欢画画、羽毛球)着手,带上蜡笔、画板、羽毛球与其开展互动,并运用倾听、同感等技巧获得了她的信任。互动中社工进一步核实服务对象的情况,包括人际关系、生活需求和学习愿景等几个方面。

通过第一阶段的交流,社工和服务对象在信任的基础上建立了良好的专业关系。服务对象很乐意接受社工的帮助,并和社工一起探讨制定了服务目标,最后很高兴地与社工约定了下次见面的时间。

社工与村小学校长沟通,校方答应在无户籍的情况下,服务对象可以以旁听生的身份入学,并根据家庭情况免除其上学的所有费用。

2. 第二阶段

这一阶段的工作重点是诊断服务对象母亲的病情,安抚其躁动情绪,消除其消极信念,树立理性观念,减少对服务对象的掌控欲,增强亲子沟通,获取家庭支持,让服务对象顺利入学。

社工链接民政局协调卫生部门,安排精神病专家对服务对象母亲进行诊断,同时社工与她沟通孩子入学事宜,因服务对象母亲拒绝沟通,情绪波动大,沟通失败。

之后,服务对象对社工再次提出入学愿望,并希望能够帮其母亲治病。社工与上级主管部门民政局协商提出解决方案:由民政局启动部门联动机制,卫生部门提出治疗方案,解决其母亲治疗问题。考虑到其母亲如果入院治疗,会造成其监护缺失,由民政部门安排儿童服务机构开展临时照料。

3. 第三阶段

社工与服务对象沟通是否愿意接受儿童福利机构临时照料,并与服务对象奶奶沟通安排其儿媳入院治疗,通过部门联动机制保证服务对象人身自由和安全。

社工与民政局、卫生部门、法院、检察院、公安、乡镇人民政府一同来到服务对象家中,社工和服务对象梳理了服务对象的入学需求以及生活困境,同时社工针对其入学困难提出解决方法。社工针对其母亲遇到的困境也提出了建议,然后社工和服务对象及其奶奶讨论了服务对象的目标和现状,并理清如何摆脱现状,应对困境的方法。会谈后,服务对象及其奶奶表示愿意接受社工的建议。

最后,服务对象母亲由卫生部门送至精神医疗机构治疗,服务对象奶奶由其子女照料,服务对象由社工陪同前往民政部门安排的儿童福利机构临时生活。

4. 第四阶段

这一阶段的工作重点是给予服务对象支持和鼓励,协助其树立自信心,建立积极向上的乐观精神。

社工针对之前面谈时发现的问题,提出解决方法,并及时给予服务对象鼓励和支持,让她发掘自己的优点,重新树立自信。通过第四阶段的会谈,服务对象建立积极向上的乐观精神,在儿童福利机构的安定生活让她看到了希望,感受到了社会的温暖及关爱。

5. 第五阶段

这一阶段的工作重点是促进服务对象的自我认知,增强其自信心,学会处理与朋辈之间的关系,让她像其他同龄人一样接受义务教育,社会需求得到满足。

社工告知服务对象已通过教育部门为她联系好了学校,可以正常入学。得知这一情况后服务对象很开心,对入学充满期待,同时也表现出对集体生活的担心。经过社工耐心沟通,社工运用自我披露技巧,向服务对象讲述了自己过往的经历,并告诉服务对象自己是如何克服困难的,鼓励对象树立自信心,积极面对即将到来的朋辈集体生活。在后续的交谈中,社工了解到服务对象从未过过生日,她很想过一个属于自己的生日,便约定好日期为她举办生日会,并鼓励她在入学后多交朋友,可以邀请同学一起来参加。通过第五阶段,服务对象增强了自我认知和自信心,初步具备了处理朋辈关系的能力,为入学做好身心方面的准备。

6. 第六阶段

这一阶段的工作重点是举办生日会并做好结案准备,处理离别情绪。

在约定的日期社工邀请了志愿者,提前来到儿童福利院为服务对象精心布置生日场地,并为其带来了生日礼物和生日蛋糕。等到放学后,社工带她来到生日会场地,她看到后非常开心,但是表示要等朋友来,社工同意了。在等待期间,社工问及服务对象入学后的感受,她表示很开心,老师和同学们都对她很好,也交了很多朋友。

在生日会过程中,社工观察到服务对象与朋友沟通无障碍,能够很好地处理朋辈之间的关系并且学会了与朋辈相处的技巧——在切蛋糕的时候会主动将蛋糕先分给他人。

生日会后,社工和服务对象共同回顾了整个服务过程,并对服务对象的现状给予鼓励和赞赏。因为服务目标已经达到,社工告知将结束服务,并保证以后还会持续跟进。

三、干预成效

经过多方联动,服务对象的生活环境和生活质量得到了改善: 服务对象目前由民政部门安排进入儿童福利院生活,由专人照顾生活起居;由教育部门衔接入学事宜,由儿童福利机构负责其上下学安全;户籍问题由公安部门跟进解决。此外,社工和服务对象制定的服务目标已基本达成: 服务对象的生活和学习问题得到了解决,沟通交流能力得到增强,人际关系得到明显改善。服务对象对现状较满意,并且树立了新的目标。

社工后期到儿童福利院对服务对象进行回访,服务对象开心地表示,对现在的生活很满意,在学校也交了很多新朋友,并且非常感谢社工对她及母亲的帮助,以后会好好学习,等待母亲康复出院和她团聚。

四、社工反思

① 社工应该多从服务对象的角度去思考问题,解决问题。

② 社工要灵活地运用社会工作的理论,并把理论和实践相结合,从而在个案的跟进过程中为服务对象提供更好的服务。

③ 社工要熟练地运用个案工作技巧,包括交流技巧、解决问题技巧、改变行为技巧和倾听、表达、反馈等沟通技巧。

社工善于链接社会资源,促使多方介入。社工通过上级主管部门,启动了部门联动机制,协调法院、检察院、公安、卫生、民政、乡镇人民政府等部门为服务对象解决了生活困难、就学困难和家庭困难。最后通过儿童福利院从根本上解决了服务对象的生活困难,让本案能够圆满结案。

贵溪市民政局 姚珊珊 黄小琴

无户口入学困难　社工奔走解难题

专业点评：在本案例服务过程中，社工秉着严谨的专业态度，始终奉行平等、接纳、积极关注等基本的专业态度和价值观，运用倾听、同理心等技巧，能够与服务对象建立起良好的专业关系，一起去面对和解决问题。在理论分析层面，社工运用马斯洛需求论，对服务对象的主要问题和需求分析得比较到位，制定的干预目标、模式和具体计划以及策略都比较切合服务对象的实际情况，这些专业理论知识与技能的应用，最终达到了比较良好的效果，服务对象的主要问题得到有效的解决。值得关注的是，社工在介入过程中以服务对象的需求为导向，除了赋能，特别注重日常的关怀，提升其精神面貌。（刘郁）

不歧视　不放弃

——社会支持理论服务涉毒家庭子女个案

一、基本情况

1. 案例来源

本个案由镇儿童督导员转介。镇儿童督导员反映在某村一单亲家庭母亲强制戒毒成功后回到村里，居住条件不佳，家里三个孩子存在监护无力问题。通过探访了解到这三个孩子的母亲是外省嫁入本地，无其他近亲属，丈夫已去世，丈夫亲属、邻居因孩子母亲涉毒不愿来往，孩子们面临监护无力的困境。

2. 服务对象基本信息

本个案服务对象为兄妹三人，妹妹，4 岁，活泼可爱，身体健康，就读幼儿园；弟弟，5 岁，活泼好强，身体健康，小学在读；哥哥，9 岁，母亲与前夫所生，随母姓，在母亲二婚后进入继父家庭共同生活，内向沉默，身体健康，目前小学在读。

服务对象父亲 2 年前去世，母亲因吸毒被公安机关强制戒毒，后戒毒成功回到家中，目前处于无业状态。服务对象兄妹三人在母亲戒毒期间被送入儿童村抚养，按照国家事实无人抚养儿童政策抚养，母亲戒毒后回到村里，兄妹三人享受低保政策抚养。

3. 服务对象家庭情况及成长经历

服务对象母亲小学文化，丧偶后带着儿子嫁入目前家庭，夫妻共同经商小有成就，家境很好，期间相继生下一儿一女，五口之家曾经幸福美满。后来服务对象父母迷恋赌博，家庭经济一落千丈。2 年前因父亲病逝、母亲吸毒被强制戒毒，兄妹三人在儿童村生活过一段时间。目前，母亲戒毒成功后回到居住地。服务对象兄妹三人也从儿童村回来与母亲共同生活，暂时居住在村里无人居住的铁皮棚中，一家人享受 600 元／月的廉租房住房补贴和人均 575 元／月的最低生活保障。

二、干预过程

(一) 多角度困境分析

1. 心理困境

服务对象是3个不满10岁的未成年人,缺失父母的关爱,小女儿曾偷吃别人的零食、偷拿别人的玩具,二儿子情绪易怒、会与别的孩子冲突,大儿子沉默寡言、抗拒学习,都存在不同程度心理问题。

2. 经济困境

父亲去世,母亲外省嫁入且涉毒,无近亲属和邻居愿意提供帮扶,母亲戒毒后如何养育三个未成年孩子这都是需要关注的问题。

3. 学业困境

三个孩子依靠村委会帮扶,学校减免相关费用,学业无人辅导。

(二) 干预思路及目标

1. 干预思路

针对服务对象的心理困境,为其提供心理疏导和情感支持。针对服务对象及其母亲家庭生活的困难和支持系统的薄弱,建立社会支持网络以帮助解决生活中的困难。

2. 干预目标

提供经济救助和家庭教育帮助及心理辅导,保障服务对象基本生活,身心得到健康发展。

(三) 保护与服务过程

1. 第一阶段

社工接案后针对服务对象家庭现状,首先是做好政策链接工作,建立社会正式支持网络。

针对该家庭单亲妈妈抚养3个不满10岁的孩子,家境窘迫的现状,协助母亲办理了最低生活保障,确保家庭有稳定的基本经济来源,保证3个孩子的基本生活无忧。区民政局工作人员还自发捐助了衣服、学习用品给孩子们。

社工协调了镇司法所与村委会,对铁皮房进行了修缮,确保水电畅通和安全,区、镇还送去了风扇、冰箱、床具、厨具等基本生活用品,保障基本生活条件完整,让孩子们回家后住得下、吃得上饭、洗得了澡、睡得好觉。待廉租房落实后再安排住处。

由村委会确定了对口帮扶人员,村儿童主任和综治干部重点保障服务对象家庭基本生活,定期随访监督家庭监护状况和戒毒稳定情况,有问题及时解决。

社工持续跟进,提供家庭教育知识指导和监护养育状况评估及心理辅导,确保服务对象身心健康,生活稳定。

2. 第二阶段

针对服务对象家庭情况,社工认为将服务对象的妈妈和服务对象中 9 岁的哥哥和作为工作重点,着力激发母亲的自我觉醒、对家庭和对子女的责任感,哥哥是三个孩子中算大一点的,可以激发他的责任感。

为有针对性地开展服务工作,详细了解服务对象兄妹三人的学习和生活情况。社工曾和儿童村老师、村儿童主任多次沟通,了解到服务对象中的哥哥虽然最大,也仅仅 9 岁,刚和母亲进入继父家庭时就很胆小,继父去世、母亲强制戒毒期间更加沉默,抗拒学习,拒绝和人交流。在社工初次探访时,弟弟妹妹会和社工交流,但 9 岁的哥哥趴在床上不肯回应社工,所以打开 9 岁哥哥的心结是介入初期社工工作的重点。在经历三次探访后,哥哥才和社工有了互动,社工在发现了哥哥特别爱护弟弟妹妹这一优点时趁机夸奖他很有哥哥范儿,在赢得他的信任后,辅导哥哥的语文、数学学习,同时鼓励他做一个有责任、有担当的小小男子汉,从在家里每天帮助妈妈打扫家里卫生的事情做起,学习扫地、洗碗、叠被子、叠衣服,做爱劳动的小主人,分担妈妈的辛劳,放学回家带动弟弟一起学习。在得到他的承诺后,社工觉得下一步就是督导哥哥每天坚持做一点家务,从劳动中培养责任感。

服务对象的母亲虽然强制戒毒后回归家庭,但心理上的真正戒毒还有一个干预的过程,对她的工作社工主要是通过谈心的方式进行的。她和社工聊夫妻俩曾经努力创下的幸福生活,又因赌博和吸毒导致一无所有,住在铁皮棚屋中,给小孩带来的心理压力,对此也表示了深深的悔恨。社工及时开导她要挑好现在身上的重担,3 个未成年孩子的生活要照顾好,让孩子们健康成长。并且辅导她教育孩子的方法,可以让大儿子做她的帮手,管理好家庭。同时向她宣传了党和政府的未成年人保护政策。

3. 第三阶段

除了建立正式的社会网络予以支持外,为服务对象建立亲友间和邻里的非正式支持网络,也是工作重点。只要大家都不放弃,不歧视,这个家庭还是很有希望的。

服务对象居住的村居民风很淳朴，但出于对毒品的恐惧，对吸毒者哪怕是已戒毒成功者都敬而远之，社工多次努力效果都不明显。为让服务对象成长的邻里环境和谐，不排斥服务对象一家，这项工作还需要社工和村两委干部不懈努力。

三、干预成效

丧夫的单亲妈妈独自抚养照顾 3 个年幼的孩子，经济困难是第一位的客观现实问题，本案中，通过救助政策衔接落实了对服务对象家庭的最低生活保障措施，确保了家庭基本生活无忧，解决了服务对象家庭最大的困难。

经过社工近一年的服务，服务对象中 9 岁的哥哥确实变化很大，性格开朗多了，和社工的关系很亲密。在家中会帮助妈妈做点简单的家务，也会照顾弟弟妹妹。在幼儿园和小学随访时未发现服务对象有性格和品行的问题。

四、社工反思

① 解危、济困、助人自助，这三者是环环相扣的。社工经过近一年的跟踪服务，从一开始的链接政策资源，解决基本生活问题，再到最后的持续跟进服务送关爱，这是一个持续的、完整的动态服务过程，要注意服务的发展性、连续性和完整性。如果解危后不济困，或者济困后不助人自助，则服务效果将会极大地缩水。

② 部门协作，发挥合力，实现救助服务全覆盖。服务对象的困难往往是多维的，戒毒事务由司法部门负责，基本生活救助由民政部门负责，村儿童主任是距离服务对象最近的人，社工是整合多方资源提供专业服务的人。区民政局、镇民政所、镇司法所、村委、社工五方协作，充分发挥各自优势通力合作，才有效地实现了对服务需求的全覆盖。

③ 服务过程中发现对家庭有最大影响力的个别成员，促成他们的改变将会极大地、迅速地改变整个家庭。本案例中改变母亲和大哥，就改变了整个家庭的面貌和发展方向。

④ 本案例在服务的推进过程中曾努力协调建立亲友间的支持。因近亲和邻居对曾涉毒的服务对象母亲敬而远之，尚未能为服务对象建立亲友间和邻里的支持网络。

南昌市青山湖区民政局 卢强 吴鑫伶

不歧视　不放弃

专业点评：本案例中社工在服务过程中配合村、镇、区民政局和区政府及时安排好服务对象的基本生活，及时为服务对象提供心理支持、情感支持和生活帮助，重视为服务对象建立社会支持网络。此个案应长期跟进，并与村儿童主任常态沟通，加强对服务对象母亲监护职责的评估、督导，保障儿童的健康成长。（徐国芬）

第三章

儿童自身困境

专业助力　重塑自信

一、案例背景

（一）案例来源

东乡区民政局认真做好未成年人关爱保护工作，在全区开展了“党建＋困境儿童专项帮扶工作”活动。个案经学校老师介绍，社工了解基本情况后介入。

（二）服务对象基本信息

小华（化名），男，接案时7岁，小学一年级，身体健康。

（三）服务对象家庭情况及成长经历

服务对象家庭属于主干家庭，由爷爷奶奶、爸爸妈妈和服务对象五人组成。爷爷和爸爸在当地某厂上班，奶奶在村里做零工，妈妈在上海务工。家庭收入一般，住房为自建房，服务对象主要由奶奶照看，爸爸陪伴服务对象时间少，妈妈每年仅回家两次，短暂地和孩子相聚。爸妈关系不和，平常对孩子过问少。

二、干预过程

（一）多角度困境分析

社工通过与服务对象、其亲密关系人——爷爷奶奶、父亲的访谈及相关他人（邻居、居委会等）的沟通以及实地观察，发现服务对象存在以下问题：

1. 生理困境

社工通过链接有关医院对服务对象身体进行了健康检查。服务对象身体无疾病，智力正常，但语言发育略微迟缓。虽已上小学一年级，却没有达到该年龄段正常的语言和沟通水平，口齿不清，吐字含糊。对其正常生活和交往造成了很大的影响。

2. 心理困境

根据埃里克森的人生发展八阶段理论，儿童中期(6—12 岁)形成的品格是“勤奋还是自卑”，其重要联系是学校和同伴，他的人生任务是学习重要的知识、技能和生存技巧，勤奋感超越自卑感。服务对象口齿不清，导致了服务对象被他人歧视和排斥，服务对象产生胆怯心理，久而久之更加封闭自己，社会化进程受阻。

3. 家庭关系困境

服务对象和爷爷奶奶、爸爸生活在一起，但家人对服务对象的心理需要缺乏关注，对服务对象的引导和教育少，忽视服务对象的情感需求。

4. 学业及人际关系困境

在学校，服务对象成绩较差，学习能力较弱，专注力和自我约束能力差，经常破坏班级秩序。老师感到管理乏力，于是将其座位挪到角落，防止影响其他同学。服务对象在班上与同学关系不好，缺少亲密的同龄朋友。

(二) 干预思路与目标

1. 干预思路

(1) 获取服务对象信任，建立专业关系

社工通过家访、会谈和田野调查等形式，对服务对象的基本情况进行摸底，之后根据服务对象实际性格情况有技巧地进行沟通，获取服务对象信任，建立良好关系。服务对象放下内心的防备，积极同社工一起面对困难，解决问题。服务对象在社工的服务过程中，自身发展出应对问题的能力。

(2) 运用社会支持网络理论

社会支持理论认为：一个人所拥有的社会支持网络越强大，就能越好地应对各种来自环境的挑战。对那些社会网络资源不足或者利用社会网络的能力不足的个体，社工致力于帮助他们扩大社会网络资源，提高其利用社会网络的能力。

服务对象正处于初级社会化的阶段，学校是儿童社会化的重要场所，对儿童社会化做出引导和教育；朋辈群体是儿童在游戏中学习与他人交往、沟通能力的对象。服务对象由于口齿不清被其他小朋友排斥孤立，没有健康发展出朋辈群体支持系统。

从家庭、学校、朋辈群体三个方面着手改善服务对象的社会网络状况，引导服务对象同他人建立良好的社会关系。带领服务对象参与团体活动，促进其与家庭、学校和朋辈群体的交往，增强服务对象的社会支持系统，从而促进服务对象社会化正常进行。

(3) 利用优势视角

优势视角理论关注人的内在力量和优势资源，认为每个人都有自己解决问题的力量与资源，并具有在困境中生存下来的抗逆力和与生俱来的潜在优势。优势视角认为，在社会工作助人实践过程中，关注的焦点应该是服务对象个人及其所在环境中的优势和资源，而非问题和症状，改变的重要资源来自服务对象自身的优势，个人的经验是一种优势资源。本案例中，应关注服务对象已经拥有的积极品格和能力，帮助服务对象运用这些优势继续成长。

社工发现服务对象的闪光点，挖掘服务对象自身的优点和长处；从服务对象的长处出发，肯定服务对象的优点，引导服务对象发展自己的兴趣爱好和特长，并及时给予表扬和肯定，增强服务对象自我认同感和成就感；帮助服务对象建立自信心，能够坦然面对自己的缺点并及时改正。

2. 干预目标

(1) 总目标

帮助服务对象提升社会交往能力，激发服务对象潜能，引导服务对象正常社会化，促进其健康快乐成长。

(2) 分目标

① 帮助服务对象训练发音、咬字，纠正服务对象发音，提高服务对象语言表达能力。

② 协助服务对象加强与家庭成员和社区成员的互动，增强其社会支持。

③ 引导服务对象发现自身的闪光点，挖掘潜能，增强其自信，促进服务对象自身的成长。

(三) 保护与服务过程

1. 第一阶段(介入初期：2020 年 10 月 9 日—10 月 17 日)

此阶段主要以上门走访、会谈形式进行。通过对学校和家庭走访，运用非影响性技巧，采取实地观察的方式，预估服务对象存在的问题。之后与服务对象、服务对象家人、服务对象班主任进行会谈，增进社工对服务对象所存在问题的把握和客观评估问题。

社工首先与服务对象的班主任进行会谈，通过班主任对服务对象情况的讲述，判断服务对象的实际情况，为下一步入户做准备。在与班主任的交谈中了解服务对象的在校表现、同班同学交往的情况：服务对象的学习成绩较差，在课堂中时常干扰他人，专注力较差，常破坏正常的课堂秩序；对于这种情况，老师曾经与其谈话、教育，但是效果甚微；为了减少对其他同学的影响，老师将服务对象的座位挪到了教室的角落；服务对象在课堂外与其他同学相处不好，经常被同学嘲讽“傻子”，同学也不愿意同服务对象一同玩耍，同辈关系较差。

了解服务对象的基本情况、问题之后，社工走进服务对象家庭，同服务对象及其家人进行交流。在同服务对象交流过程中，考虑到服务对象年龄尚小，主要采用影响的技巧同孩子进行交流，获取服务对象的信任。在同服务对象游戏中，发现服务对象是个活泼开朗的孩子，只要他人不取笑他，就愿意和大家开心地玩耍。在与服务对象奶奶的交流中，分析出服务对象家庭教育缺失，家庭功能较弱。会谈后期，社工向服务对象、服务对象家长就知情同意书向服务对象一家做了介绍和说明，得到服务对象的同意并建立专业关系。

2. 第二阶段（介入中期：2020 年 10 月 18 日—12 月 26 日）

社工通过第一阶段的工作，对服务对象的基本情况、家庭情况有了一个清楚的了解，在对服务对象与亲密关系群体互动关系分析的基础上，针对服务对象存在的问题，制订了服务计划，主要分为四方面：

第一，从孩子自身出发。社工邀请了儿童专注力训练领域的专家，到服务对象的班级上，开展了为期六节一期的专注力训练课程。通过视觉、听觉和音乐手指操、舒尔特方格训练等多种形式，对孩子们的专注力进行训练。专家对服务对象的关注和肯定，激发了服务对象的自信心。在课堂中有意识地引导其他同学尊重服务对象。课后，社工对课堂上讲授的知识与服务对象一起复习巩固，纠正服务对象开小差、专注力不足等问题，同时引导服务对象家长有意识地注意服务对象的行为，在日常生活中培养服务对象专注的好习惯。

第二，从服务对象家庭出发。① 引导服务对象奶奶，除了服务对象的日常起居之外，多与服务对象进行沟通交流，及时发现服务对象的不良情绪。② 与服务对象的父亲沟通，启发其学会尽到一个父亲的责任，关心爱护孩子的成长；关注孩子一年级还口齿不清的问题，引导服务对象父亲在日常生活中纠正和教导孩子发音和表达能力。建议服务对象父亲与妻子多沟通交流，夫妻之间学会相互尊重，相互理解；包容对方的缺点和不足；建议他们夫妻俩学会经营婚姻；学会处理家庭关系、夫妻关系及亲子关系。③ 社工打电话与服务对象母亲沟通，建议她与丈夫多沟通交流，改善夫妻关系；建议她每个星期打电话或视频与儿子沟通，多关心孩子，改善亲子关系；明白父母是孩子的第一任老师，是孩子的榜样，家庭教育影响着孩子今后的一生。

第三，从服务对象同伴出发。社工在与服务对象互动中，发现服务对象爱好绘画。于是建议教师安排几场绘画课。课堂上，社工出示各类有趣的动物形象，让服务对象与班内同学一起着色和绘画，然后对孩子们的作品进行点评；借此机会着力突出服务对象的作品，在班上进行展示。借此，引导孩子们改正嘲笑讥讽他人的不合理行为，引导孩子们不要过分关注服务对象的不足，应该看到服务对象的闪光点，从而改善服务对象与同辈群体之间的关系。

第四，从服务对象班主任出发。社工多次同服务对象班主任进行交流，认真倾听，充分肯定班主任对班级管理和教育的付出，同时建议班主任：① 成绩好、成绩差的学生平等对待，不能给学生贴标签；老师对学生的评价会影响到同学对该学生的看法，这样只会让服务对象与同学的关系更加不好。② 不要放弃任何一个孩子，包括服务对象，多鼓励学生。希望通过家、校、社会三方共同努力改变服务对象的现状，帮助服务对象健康快乐成长。班主任及时将服务对象的座位从教室角落调到了讲台旁边。

3. 第三阶段（介入后期：2020 年 12 月 18 日—2021 年 1 月 15 日）

这一阶段主要是巩固前期所取得的成效，检验服务对象专注力训练和语言表达能力的成果，督促服务对象勇于开口说话、正确发音表达，同时继续培养服务对象的兴趣爱好。这一阶段采用团体辅导的方式，将服务对象与同辈群体集合在一起，开展“我们都是好朋友”为主题的游戏活动。在游戏互动中增强服务对象与同辈群体之间的交流，缓和与同朋辈群体之间的关系，培养孩子之间纯真的友谊。

三、干预成效

通过社工的服务，服务对象能不断练习和纠正自己的发音，敢于正视自己的问题；看到了自己绘画的长处，逐渐学会勇敢地面对他人的不友好行为，积极地交友。在课堂上，服务对象也更加注重自己的言行举止，尽力做到不影响课堂秩序，上课认真听讲。服务对象与小伙伴之间的关系也得到很大的改善，慢慢地有越来越多的小朋友愿意主动地与服务对象玩耍。服务对象学会主动与邻居打招呼。服务对象的父母给予其关爱增多，服务对象妈妈与其电话视频次数增多。服务对象父母之间的矛盾得到缓和，学会了关心对方，有事就电话联系，互相沟通增多。

四、社工反思

社工在该个案中主要运用埃里克森人格发展理论、优势视角理论、社会支持理论，游戏治疗理论。辅导过程中，对服务对象提供无条件支持和关怀，为其创造了一个和谐、信任、宽松的辅导环境，社工完全接纳服务对象，适时地采用自我披露等方式，用平等、接纳、同理心，给予服务对象强有力的专业支持和情感支持，服务对象口语表达、交际等能力得到发展。服务目标虽已达到，但小孩子变化反复，需要后续服务跟进，才能稳定服务对象的服务效果。

抚州市东乡区民政局　陈安华

掉队的星星

专业点评： 从社会支持理论看来，良好的社会支持网络有益于促进个人的健康成长，一个人的社会支持网络越大，越能够应对生活中的各项挑战。在本案例中，父母和爷爷奶奶的关心属于非正式的社会支持，能够为服务对象提供情感支持和生活照料等服务。国家政府、社会团体、企事业单位和社会组织等主体能够为服务对象提供正式的支持，如社工和儿童专注力训练的专家。社工通过搭建支持性的资源网络，利用专业方法和技术，形成专业优势，以资源链接和政策倡导的方式为服务对象提供更加专业化的网络。保护困境儿童的工作，不仅要依靠政府的力量，还要积极挖掘各层面的力量参与到保护工作中。（詹凤兰）

网瘾少年变形记

一、基本情况

1. 案例来源

本案例由井冈山市某乡镇村委会转介。该村委会工作人员反映，辖区内居住有一名男孩，因其父母工作忙，经常不在身边，孩子缺乏必要的家庭教育，导致其沉迷于网络，学习成绩不理想，经常与父母吵架。

2. 服务对象基本信息

小宝(化名)，男，14 岁，井冈山某中学初二的学生，身体健康，近半年经常与不良社会青年集会，抽烟喝酒，并迷恋网络游戏，流连于网吧，沉浸在虚拟的游戏世界中。染上网瘾之后，服务对象三天两头旷课，甚至有时十天半个月不回家，老师多次向家长反映服务对象经常逃学的问题，劝其父母多加关注。服务对象反感老师和家人的劝说，甚至和老师及父母发生争吵。这些问题直接导致服务对象的学习成绩由名列前茅到现在一落千丈。

3. 服务对象家庭情况及成长经历

服务对象的父母在井冈山做小生意，平时出远门比较多，生活条件一般，迫于生活压力拼命加班赚钱，没有时间过问服务对象的学习。忙起来甚至无暇照顾他的生活，只是给一些钱，让服务对象自己做或者买些吃的。父母与服务对象沟通很少，仅有的沟通是母亲唠叨服务对象成绩下滑。服务对象平时也很少与长辈沟通，话语很少。服务对象从小生活很独立，学习主动。升入初中以后，学习压力大，但是父母比较忙，很少主动关心服务对象，导致其与家人关系日渐冷淡。

二、干预过程

(一)多角度困境分析

1. 心理困境

服务对象升入初中后,缺乏正确的学习方法导致无法适应初中学习,学习成绩大幅度下滑。同时服务对象缺乏正向的引导,不知道正确释放压力方法,导致通过上网、喝酒等错误的方法来释放压力。

2. 家庭关系困境

服务对象父母忙于生计,无暇顾及服务对象的生活和学习,忽视了服务对象成长过程中价值观的正确引导。在服务对象人生发展遇到困难时没有给予及时和必要的情感支持。因此,其家庭存在监护缺失和情感支持不足的问题,导致服务对象与家人关系疏离。

3. 人际关系困境

服务对象近半年经常与不良社会青年来往密切,受不良朋辈群体的影响,形成了抽烟、喝酒、逃课、网瘾等行为偏差。

(二)干预思路与目标

1. 干预思路

马斯洛需求层次理论把人的需求分为生理的需求,安全的需求,情感和归属的需求,尊重的需求和自我实现的需求。服务对象缺乏家庭情感支持,与家人关系疏离,没有满足情感和归属的需求。"人在情境中"理论强调个人行为同时由其内在心理和外在社会因素形成。服务对象缺少家庭的监护和关爱,受不良朋辈群体的影响形成了网瘾、逃课,抽烟等偏差行为。以马斯洛需求层次理论和人在情境中理论为指导,结合服务对象的家庭基本情况、成长经历、生活和学习环境等综合分析服务对象的实际问题和需求。根据服务对象的真实问题与需求,为其制订个别化的服务,同时积极链接社会资源为服务对象服务,促进服务对象的正向改变。

2. 干预目标

(1)短期目标

① 进行心理辅导,教授服务对象正确释放压力的方法,帮助服务对象缓解学习压力,提高学习成绩。

② 通过帮教干预,帮助服务对象调整不良认知,远离不良社会群体,矫正其偏差行为。

③ 帮助服务对象及其父母掌握正确的沟通方法与技巧,改善亲子关系,促进家庭融合。

(2) 长期目标

促进和巩固服务对象的正向改变,帮助其正常回归校园和家庭,加强服务对象的家庭支持网络,提升其自助能力。

(三) 保护与服务过程

1. 第一阶段:与服务对象建立专业关系——找准突破口

从服务对象经常逃学和不听他人的劝说,到社会工作者接案约 2 个月的时间。社工在入户前已做好了心理准备。考虑到和服务对象建立关系这个环节可能是本次服务的最大挑战,如果能够建立良好的关系,接下来的工作就会顺利得多。社工抓住服务对象的喜好和年龄特点切入话题,试图与服务对象建立良好的关系。首先以服务对象沉迷游戏开始引入话题,服务对象迅速与社工建立了比较友好的关系,社工抓住机会以"朋友"身份,从关心服务对象生活近况开始,了解服务对象产生问题的原因。服务对象在访谈中表示:因长期缺少父母和朋友的关爱,因此,升学至初中后,学习压力大,成绩下滑,心里很焦虑,但是得不到必要的安慰和鼓励,所以才通过网络游戏释放自己的压力。服务对象表示自己的网瘾程度并不是很深。另外,服务对象对其父母也存在一定的认知偏差,认为父母不关爱自己。

社工与服务对象父母进行访谈,反馈了服务对象的问题及问题产生的原因,试图进一步了解服务对象的有关情况。通过访谈,社工了解到服务对象父母比较缺乏正确的家庭教育观念,认为赚钱给孩子更多的经济支持最重要,对儿童的心理健康和价值观教育不够重视,也缺乏正确的亲子沟通技巧。

2. 第二阶段:社会参与——加强沟通,正向引导,远离不良社会群体

该阶段社工服务目标是加强服务对象与家人及外界正能量的群体交流,远离社会不良群体。由于长时间缺少与父母的沟通,服务对象与父母关系疏离,在学校也很少与老师同学交流,倾向于在社会群体中寻求认同和情感满足。针对这些情况,社工介绍了机构即将开展的一些项目和社区活动,并邀请服务对象和其父母做志愿者,服务对象和其父母表示可以尝试参加。在第一次参加的志愿服务中,服务对象不仅跟父母进行了主动交流,还多次主动与其他志愿者沟通,表现跟其他同龄人没有任何差别。社工对其进行表扬，并邀请他参加下次的志愿服务，服务对象欣然接受。此次活动结束后，服务对象的志愿者身份一直延续至今，只要有时间服务对象都会以志愿者的身份参加志愿者服务和相关的活动。

3. 第三阶段：自我认知——搜集网瘾恶果，引起重视，积极改变

认知行为理论认为，人们所表现的行为与他们的认知有密切的联系。而服务对象现阶段对事物的认知，对自己现状的认知到底是怎样的？又是怎样影响服务对象时常逃学？社工从同服务对象的交流中得知，学习的压力，家庭关爱的缺失，是重要的原因。结合心理测试，综合考虑服务对象是因学习压力增大，学习成绩下滑，父母交流少等多重原因，才寻求网络游戏刺激，释放自己的压力。对此，社工与服务对象的父母进行沟通交流并把情况进行初步的反馈。一方面，帮助其父母了解服务对象内心的想法及需求，改善和提高亲子沟通的技巧，及时修正父母只想着赚钱，却缺少关爱孩子的做法；另一方面，协助服务对象了解父母对他的关爱，引导服务对象关心体谅父母。

服务对象与父母在认知到各自存在的问题后，努力改变错误的行为。本次会谈结束后，社工通过网络等方式与服务对象及其父母多次联系，服务对象向社工反映最近父母明显与自己交流得多了，回家也早了，自己很开心。自己也不再跟社会上的朋友来往了，希望自己能有新的开始，回到校园。社工对服务对象及其父母做出的改变给予了充分肯定和鼓励，希望他们今后也能用这样的方式来解决亲子关系中遇到的问题。

4. 第四阶段：实现自助——针对逃学持续跟进

服务对象决定重返校园时主动联系了社工，社工尝试鼓励服务对象积极、主动地制定学习计划，追赶目标。同时，社工通过模拟的方式和服务对象一同设想重返校园正常生活后可能遇到的各种困难和挫折，讨论解决办法。比如，如何调试成绩下降导致的心理落差，如何向同学们解释自己逃学的事情等，服务对象都能给出比较理性和巧妙的解决方法。

5. 第五阶段：自助助他——社会大平台的回馈

社工在与服务对象的互动过程中感觉到，服务对象的确是一个比较独立、有主见、自尊心特别强的孩子，试图引导他从自助到助人，更好地体现自己的价值，服务对象欣然应允。社工通过链接资源为服务对象提供了一个参与社会活动的平台，使之可以帮助更多的人。服务对象的重要转变也正是从他的志愿服务经历开始的。服务对象向社工表示，志愿者服务让他感觉到很快乐、很充实，更深刻认识到什么才是有意义的事情。

现在只要放假休息,服务对象必定主动参与机构的活动,每次都非常认真努力地完成社工交代的任务,机构的同事对他的表现也表示了充分肯定。至今,服务对象已经服务过机构70%的项目。

三、干预成效

1. 服务对象的多重困境均得到解决

服务对象在社工介入下,远离了不良群体,戒除了网瘾,回归正常的学校生活,成绩有了较大提高。在这几个月的时间里,社工见证了服务对象的转变,从当初的经常逃学、与父母关系焦灼,到现在主动参加志愿服务帮助他人,能跟父母、同学良好交流,逐渐建立起了积极的价值观,多重困境均得到了很好的解决。

2. 帮助服务对象实现能力建设

服务对象解决问题的能力有了明显的提升。在专业服务的过程中,社会工作者注重培养服务对象解决问题的能力,为服务对象阐明解决问题的途径,分析可能的选项,给予服务对象深入思考和选择的空间。

在个案服务后期,服务对象在与社工的交谈中表示自己对未来有了初步的规划,对升初三考高中的学习做了比较全面的计划,并表示自己一定会克服惰性,好好执行自己的计划。

四、社工反思

针对青少年的个案,社工首先要站在他们的立场上,真诚地、充分地接纳、尊重和同理,赢得他们的信任,建立起关系才是问题的关键。其次是让服务对象学会客观、理性地剖析自己,分析问题,避免极端的处理问题方式。再次是要提升服务对象自身的能力,使服务对象学会向外界求助,提高其适应社会的能力,为其增能。最后社工要善于合理利用资源,社工个人的力量是有限的,服务开展过程中,要善于链接资源,更好地为服务对象提供支持。

井冈山市民政局　严帆

网瘾少年变形记

专业点评：当前农村留守儿童问题已经成为社会普遍关注的问题。江西作为一个劳动力输出大省，在江西的农村存在大量的留守儿童。因为父母长期在外工作无法兼顾对孩子的照顾和教育，留守孩子存在的学习困难、偏差行为等问题亟待解决。本案例服务对象就是一位农村留守儿童，因缺乏父母的监督和教育，逐渐染上网瘾荒废学业。社工在解决这一问题时没有单一地从矫正服务对象偏差行为入手，而是从消除导致其偏差行为的各种因素开展工作。转变服务对象认知，改善不良外部环境，并引导服务对象从事志愿服务活动，让他找到生命的意义，树立起积极向上的价值观，很好地诠释了社会工作助人自助的服务宗旨。促进服务对象从自助到助人，学会感恩、回馈社会，实现了生命质的飞跃和正能量的传递。（刘融融）

辍学少年复学记

——提升青少年抗逆力个案工作

一、基本情况

1. 案例来源

社工在入户走访时发现服务对象未正常上学，进而了解到服务对象面临的困难。该个案由社工主动介入。

2. 服务对象基本信息

小明(化名)，男，接案时 16 岁，父母均患有智力残疾，家庭享受低保，服务对象享受事实无人抚养儿童生活补贴。

3. 服务对象家庭情况及成长经历

服务对象父母均患残疾生活不能自理，服务对象从小随大伯一家生活。中考失利后选择就读某职业学院，在职业学院受到同学长期排挤、嘲讽，服务对象大妈也认为读书没有太多的用处，于是同意服务对象办理了休学，其间和朋友玩耍致手臂意外骨折在家休养，现无所事事，沉迷于手机游戏和电视。

二、干预过程

(一) 多角度困境分析

社工通过与服务对象和服务对象大妈的会谈了解到，服务对象因抗逆力差，不愿意面对和克服困难，导致心理、学业发展和人际交往方面都出现了问题。

1. 心理困境

由于家庭经济条件不好，服务对象在吃饭、衣着上相对其他同学来说较差一些，在校期间，有个别同学对他进行排挤和嘲讽，时间长了导致其产生自卑心理。

2. 学业困境

服务对象在校学习比较吃力,加上了解到以前初中个别同学现在已经外出工作,同样就读职业学校的同学也向他表示学校学不到知识,因此对学习产生错误认知,办理了休学。

3. 人际关系困境

在学校同学们相约不与服务对象交流,嘲笑他穿着差,服务对象每次都选择沉默地远离同学们。

(二)干预思路与目标

1. 干预思路

抗逆力作为优势视角的理论内核,是指个人面对逆境时能够理性地做出建设性、正向的选择和处理方法。抗逆力是个人的一种资源和资产,能够引领个人在身处恶劣环境下懂得如何处理不利的条件,从而产生正面的结果。同时抗逆力也是一个过程,可以通过学习而获得并且不断增强。抗逆力高的人能够以健康的态度去面对逆境。因此,社工考虑与服务对象建立专业关系,引导服务对象共同制定目标和服务方式。通过为服务对象开展心理疏导,缓解其心理压力;提升服务对象大妈的亲职教育能力,在家庭中为服务对象提供有力支持;为服务对象培养优质朋辈群体,通过榜样的正向影响改变其目前对学习价值的非理性认知;链接实践平台资源,通过切身体验,提升其克服困难的自信。

2. 干预目标

(1)总目标

改善服务对象的现状,协助服务对象未来面对生活逆境时,能够理性地做出正向的、建设性的选择,提升服务对象的应对能力。

(2)具体目标

① 激发潜能、提升自信。激发服务对象潜力,提高其个人能力,敢于面对困难并能够比较独立解决生活中遇到的一般性问题。

② 建立良好的朋辈群体关系。协助服务对象改善人际交往关系,结识新朋友,促进服务对象建立自信心,开发潜能,增强适应能力。

③ 形成良性的家庭支持系统。提升服务对象大妈的亲职能力,在服务对象面对困境时能及时给予正向支持,提升服务对象面对生活困难的能力。

④ 形成对学习的正确认知。树立起对知识、学习的积极正向的价值理念。

（三）保护与服务过程

1. 第一阶段：建立专业关系——从“心”感染

社工在社区走访时了解到服务对象目前的困惑，在初步的接触中服务对象便表达了希望改变的愿望。社工向服务对象介绍了自己的社工身份以及社会工作服务，服务对象表示非常愿意接受服务，社工当即与服务对象建立合作关系。在访谈中社工引导服务对象表达对目前生活状态的看法和对未来的规划。服务对象表示自己闲在家深感无趣，经常萌生工作的想法，想在未来学习一门技术或从事电子商务类工作。

结合服务对象现状和未来设想，社工与服务对象共同制订计划。一是找一份暑期工先体验生活；二是趁体验生活的阶段了解自己最感兴趣的技术工种；三是社工和服务对象共同寻找合适的职业学校，以便未来从事电子商务工作。

2. 第二阶段：指导与帮扶阶段

（1）榜样的力量

社工认为目前服务对象整体比较颓丧，改变其精神面貌、改变其对学习知识的消极态度是关键。同时，社工考虑到服务对象目前处于青春期，比较反感别人的说教，因此，邀请服务对象初中 3 名在读好友一起小聚，试图通过朋辈群体的影响改变服务对象。社工事先与其好友进行沟通，阐述邀请他们与服务对象见面的意图，并指导他们如何配合。在会谈中社工引导服务对象与同学共同回忆上学时的学习片段，讲述有成就感的事件。好友 A 提起和服务对象接受校友篮球比赛挑战大获全胜的事迹及元旦晚会班级同学演出一举夺得冠军的精彩时刻；好友 B 提起曾经课堂中老师点名表扬服务对象学习进步的事情。服务对象通过好友们的分享回忆起过往校园快乐的时光，与好友共同的理想、小成就，渐渐重拾生活的信心，并且认识到学习的重要性，坚定了继续接受教育的想法。

（2）提升亲职教育，给你有力的爱

社工在家访中发现服务对象受到了大妈的不良影响，因此，社工将改变大妈的认知列入工作的目标。服务对象大妈从事保洁员工作，没有读书，她认为在这个社会上只要有一技之长即使没有很高的文化也是可以生活下去的。社工对服务对象大妈开展亲职教育，增进正确的认知，与其分析服务对象就此辍学在家面临的问题和如果继续接受教育后的发展前景。其间，社工通过电话、微信等间接方式，多次与服务对象和大妈会谈，通过列举社会上有文化且获得职业证书的技术工和普通工人的对比，最终改变了服务对象大妈错误的理念。大妈也开始积极鼓励服务对象克服困难，重新回到学校里接受系统的学习。

(3) 新环境、新朋友、新希望

经过康复治疗服务对象受伤的手已经痊愈，社工建议其可以按照计划，利用暑假找一份工作体验生活，服务对象与其大妈接受了社工的建议。服务对象在暑期打工期间，表现得很勤奋、积极，获得了领导和同事的肯定和喜爱，自信心得到了很大的提升，同时体会到了大妈平时工作的辛苦。服务对象通过自己的劳动成果买了属于自己的第一部手机，从领导、同事们闲暇时分享的生活经验中，让服务对象认识到工作中有职务的同事收入比自己更丰厚，但更高的职务需要一定的知识和文化做支撑。实实在在的体验，使服务对象更加深刻地体会到了读书、有文化的重要作用，服务对象更坚定地表示要回去读书，并把想法告诉了社工。社工对服务对象的想法给予了肯定和鼓励，也告诉服务对象正在帮他寻找合适的学校资源。

(4) 小集体，有大爱

社工根据服务对象的实际情况和服务对象大妈对学校的选择标准和家庭情况，选择了几所技术学校。服务对象和大妈从其中选择了某职业技术学校，多次考察后表示对学校很满意，决定入学。通过前期的思想转变和打工过程中的行为蜕变，服务对象对学习有了很高的积极性，也能够更坚强面对生活中出现的困难，因此比较快地适应了在新学校的学习和生活。通过集体的积极正向影响，服务对象的人际交往能力得到明显提升。服务对象在与社工的多次交流中都反映自己已经结交了很多好朋友，每个周末放假都会和同学相约一起出去玩耍。社工与学校老师联系了解服务对象在学校的学习情况，老师对服务对象的表现给予了很高的评价。

3. 第三阶段：巩固与结束阶段

社工通过观察、学校访谈及与服务对象访谈，认为服务对象目前的情况大有好转，乐观向上，对待学习和生活中的困难非常积极，决定结案。

社工与服务对象和服务对象大妈一起回顾服务对象的变化。服务对象复学后对大妈越来越孝顺，不再与他人做物质上面的比较；积极结交了新的朋友，逐渐构建起了健康的朋友圈；学习方面也越来越积极，老师对服务对象在学校表现也反馈很好。社工在回顾的过程中强调服务对象自己取得的成绩来增加他的自信心；同时支持和鼓励服务对象日后在生活中遇到问题可以试着勇敢面对，自己去解决。与服务对象大妈回顾的时候社工与其分享亲职教育成功的喜悦，并建议在服务对象碰到问题时要多支持、多鼓励、多给服务对象关心，让他保持现在的状况，延续良好的行为。

4. 第四阶段：持续跟踪，巩固社会支持网络阶段

社工联系当地村委会儿童主任定期对服务对象进行入户探访，了解服务对象的需求并及时帮忙解决。按照临时救助政策要求，服务对象开学产生的费用符合救助范围。经过多方协助费用得到了报销。社工后期也会定期对服务对象和服务对象大妈进行电话回访和探访，服务对象在学校结识了多个新的好友，每天相约共同学习、共同娱乐。

三、干预成效

经过 6 个月社工和服务对象的共同努力，服务对象能够继续接受教育，认识到学习的重要并且对学习重新产生了兴趣；在生活方面也懂得理解大妈的辛苦，休息在家的时候懂得帮忙一起做家务。服务对象为了减轻家庭经济压力，每周六继续前往暑期工的地方做兼职贴补零花钱。领导每每见到服务对象大妈都会夸服务对象非常懂事，是个非常努力勤快的孩子。服务对象现在放学回家会时常与大妈分享学校的生活，结交的朋友、同学们上课的表现、自己喜欢的学科、日常的苦恼等。大妈耐心地倾听服务对象的分享，及时疏导服务对象的情绪并给予引导和建议。

四、社工反思

社工在该案中运用了心理疏导，纠正非理性认知，改善服务对象周围环境等策略，互相协调为服务对象进行服务。让服务对象重新认识自己，提升内在的价值感和自信心，学会用积极心态正面思考问题，独立解决和面对学习、生活中的问题。在对服务对象辅导的同时关注和改善其周围环境。为服务对象大妈开展亲职教育，协助建立良好的伙伴关系，服务对象大妈和其好友成为推动服务对象积极正向改变的有效助力，共同努力促进服务对象的改变。

南昌高新技术产业开发区管委会社会发展局　喻娜　甘小慧

辍学少年复学记

专业点评：本案例服务对象因自身抗逆力差、人生目标不明确，导致在学习和生活中遇到困难选择退缩逃避，这也是当代青少年比较普遍的问题。社工在服务过程中特别注意结合服务对象的实际情况开展个性化服务，没有生硬地给服务对象讲道理，而是抓住其青春期比较叛逆，但是容易受朋辈群体影响的特点，邀请其昔日好友参与辅导过程，并鼓励服务对象体验实际的社会生活，巧妙地用润物细无声的方式改变了服务对象消极的学习和生活态度。当服务对象变得积极、主动，后面的改变便水到渠成。

对人的改变是不容易的事情，社工非常善于抓住关键人物的特点和需求，用非常智慧的方式改变了服务对象对学习和人生的态度。（刘融融）

世界就在眼前

——优势视角理论服务视障青少年个案

一、基本情况

1. 案例来源

社工在开展儿童督导员、儿童主任培训时，某儿童主任主动找到社工介绍服务对象的情况。该个案由社工主动介入。

2. 服务对象基本信息

服务对象，女，结案时 16 岁，服务对象患有 Leber 遗传性视神经病，2018 年视力部分丧失，视力左眼 0.01，右眼 0.01，只能看到模糊的光影，属于二级视力残疾，目前的医疗水平暂时无法治疗。

3. 服务对象家庭情况及成长经历

服务对象父亲在外打工，母亲在家带三个孩子，服务对象还有两个妹妹。服务对象初一读了一个学期后因视力残疾辍学在家近两年，非常渴望上学。

二、干预过程

（一）多角度困境分析

1. 心理困境

服务对象很自卑，没有自信，日常遇到困难的事情直接选择放弃，不相信自己有能力解决。内心很迷茫，感觉自己的“未来”全部成为“已知”，只能去学盲人按摩，没有其他的可能。

2. 学业困境

服务对象因病辍学在家两年，希望能找到一个适合自己的学校继续学习。

3. 人际关系困境

喜欢生闷气,导致语言表达能力变弱,在交谈的过程中经常要停顿很久组织语言。

(二) 干预思路与目标

1. 干预思路

针对服务对象目前的情况,需要提振服务对象战胜困难的自信,虽然因视力残疾辍学在家,但其内心有强烈的入学愿望,渴望与外界交流。社工考虑运用优势视角理论挖掘服务对象自身的优点,帮助她认识自身优势,从而协助她达到自己的目标。

优势视角关注人的优势资源和内在力量,把个体及其环境中的资源和优势作为社会工作助人过程中所关注的焦点,而非关注其问题、病症和病理。通过对优势和资源的把握,激发个体内在的潜能,以此来应对生活中的逆境。优势视角的基本信念是个人具备通过利用自身的资源和优势来改变自己所处的逆境的能力,关键之处就在于如何激发出这种天赋的内在的能力。

社工基于上述理论依据,提出如下服务策略:

(1) 通过与服务对象交流,改善服务对象的表达能力;通过不断的交流,发现服务对象的优势,激发内心的潜能。

(2) 帮助服务对象进行职业规划,分享励志故事,重建自信。

(3) 链接资源,帮助服务对象找到合适的学校入学。

2. 干预目标

(1) 短期目标

帮助服务对象梳理职业规划,根据自身优势选择职业。帮助服务对象改善自己的表达能力。

(2) 中期目标

帮助服务对象找到合适的学校。

(3) 长期目标

帮助服务对象重新建立自信。

(三) 保护与服务过程

1. 第一阶段

社工向服务对象介绍九江市未成年人保护中心的工作和社工的身份,解释了社会工作助人方式,征得了服务对象的同意和配合。因为服务对象有将近三年辍学在家,不爱说话,很少有社会活动,所以语言表达能力出现了一些问题,访谈过程中会出现语言表达不流畅现象。社工通过询问的方式对服务对象进行了问卷调查。

社工:在填完这张问卷后,我发现你对自己的评价很低,对自己的性格很不满意,你认为你的性格有问题?

服务对象:就是觉得(停顿),自己没什么朋友,我因为眼睛的问题休学后,同学和朋友都没来看过我。

社工:所以你觉得朋友和同学没来看过你,是因为你的性格问题?

服务对象:是的,我以前在学校里的时候,朋友就很少。

社工:你觉得是因为什么原因导致的呢?

服务对象:呃(停顿很久),可能是我不爱说话吧。

社工:你有尝试过想改变这种情况吗?

服务对象:想过,但是不知道怎么去改变。

社工:问卷的最后一项闲暇时间主要的活动,你填写的是发呆,是因为眼睛看不清,所以不知道还有什么娱乐方式吗?

服务对象:嗯,有时候会听听电视节目,但是因为看不清画面,很快就不想看了。以前我还看得清的时候,很喜欢夏天的星空,伴随着虫鸣,微风,现在我一辈子都看不到了。(眼圈红了)

社工:你心思很细腻呢,我现在都找不回学生时代暑假的感觉了。以前暑假,我会开着电扇,和朋友一起在家里玩小霸王游戏机,吃着5毛一根的老冰棍,当时觉得是最惬意的事情了;当时发现时间快到爸妈下班的时间,就赶紧拿湿毛巾给电视机的表面散热。

社工通过初步接触,发现服务对象不愿意交流,于是改用调查问卷为切入点,运用引领性谈话技巧,将话题聚焦在服务对象的性格方面,运用澄清技巧,让服务对象了解自己的性格问题;社工在聊到服务对象闲暇时间的娱乐方式时候,发现服务对象出现激动情绪反应,社工及时进行自我披露,分享自己以前的暑假趣事给服务对象听,给服务对象树立坦诚沟通的榜样,使其愿意表露自己的内心世界。通过此次访谈,和服务对象初步建立关系。

2. 第二阶段

社工根据上次的情况制定了访谈提纲，准备从多个方面深入了解服务对象的想法。

服务对象：眼睛看不见了，我也没法读书了，我不只一次地听家里长辈说我以后去做盲人按摩，我感觉这样的人生一眼就望到了头。

社工：就我目前知道你可以当幼儿园、盲校、特教学校的音乐老师，有声读物配音员啊，而且国家政策这么好，对未成年儿童特别关心。

（社工介绍了有声读物配音员这一职业，并详细介绍了儿童福利政策，比如我们现在的服务就属于政府购买服务。）

（社工请服务对象唱一首她最喜欢的歌曲）

服务对象：（唱《微微》）微微她很渺小却从不疲倦，微微就是我们；多少次跌跌撞撞才学会坚强，多少次在迷茫之中寻找方向，多少次跌倒之后再站起来面对。（脸红）

社工表扬了服务对象，确实有音乐天赋，声音条件很好，歌曲很励志。服务对象答应下次见面唱完整的《微微》。

经过上次访谈，服务对象认识到自己的性格问题，此次会谈已有改变，和社工的互动很好，并约定下次一起做未来职业规划。通过以上的谈话，服务对象的情绪有了明显的好转，社工发现服务对象在音乐和声音上有明显优势，准备以此为切入点介入。

3. 第三阶段

社工在进行本次探访之前，搜集了有关视障人士的入学、未来就业前景等资料，同时找了一段视频(《蔡聪：世界上不该有残疾人》的演讲，讲述了自己的心路历程，最终成为一名成功人士)片段播放给服务对象听。

演讲人与服务对象目前的经历很相似，引起服务对象的情感共鸣。

服务对象：（久久沉默不语，过了一会，眼泪就流出来了）

社工：（递了纸巾给服务对象）我觉得他的经历和你是相似的，他现在这么成功，我觉得你也可以。

社工根据服务对象的声音优势，推荐了配音员这个职业，也推荐了参加盲人高考或者考入特殊教育学院，但现在先要完成文化知识的学习，比如进入盲童学校学习文化基础知识。

服务对象：听你给我分析，我就觉得我能做的有好多哦，我想上学。

本次访谈终于激发了服务对象的内在动力，愿意对自己未来进行规划，服务对象决定发挥自身优势，朝着配音员这个方向努力。

4. 第四阶段

社工和服务对象约定，每天用 2 个小时收听有声读物，早上或晚上模仿有声读物作品进行配音训练。同时多参加活动，扩展自己的交际圈。

社工感觉服务对象的精神状态跟之前比有很大的改变。

5. 第五阶段

社工跟进与服务对象约定事项的执行情况，并分享了视障女孩在中央电视台《诗词大会》中朗读的视频片段。

约定事项的执行情况比社工预期的要好，虽然服务对象没能坚持开口模仿，但是相比之前有很大的进步。服务对象即将去广东，个案跟进将暂停，期间会电话跟进。其间社工在九江市救助站和县民政局帮助下一直在沟通服务对象就读南昌市盲童学校事宜。

6. 第六阶段

社工得知服务对象从广东回来，继续跟进个案。在服务对象离家期间，社工了解到服务对象平时有在坚持听有声读物。

（服务对象给社工一个公众号要求社工帮助参考）

社工：（看了公众号文章）这个是广东"音为爱·所以爱"公益助残有声主播培训计划。你是想确定往有声读物这方面发展是吗？

服务对象：我确实对这方面很感兴趣。我最近都有练习、模仿有声读物网站的朗读。

社工：那很不错诶，那我们的约定事项又进步了，你能坚持吗？

服务对象：可以的，我这几天都在坚持的。

服务对象从广东回来后，对有声读物主播产生了浓厚的兴趣，决定朝这方面发展。最后社工与服务对象及她母亲沟通了服务对象入学南昌市盲童学校事宜。

7. 第七阶段

社工成功链接了南昌市盲童学校，服务对象将在 6 月底报名，社工本次前来告知服务对象母亲需要准备学籍资料、体检报告等，同时给服务对象讲解入学注意事项。在沟通过程中，社工分享了政府对残疾儿童的关爱政策，鼓励她珍惜学习机会，好好学习，努力向更高目标迈进。

由于服务对象将近三年辍学在家，对学校事项会陌生，社工介绍了去学校就读的事项，有问题可以联系社工，为服务对象建立信心。

8. 第八阶段

社工邀请服务对象母亲和妹妹角色扮演，蒙眼睛倒水、盛饭、上下楼梯，体验"视障人士"的感觉。体验完后分析了自己的感受，社工引导服务对象感知虽然自己视力不行，但爸爸、妈妈、妹妹都是爱她的。一家人相互理解了对方。社工随之请求服务对象和家人来一个爱的拥抱。随后社工与服务对象结案，以口头询问的方式让服务对象填写了结案评估表，处理离别情绪，告知服务对象寒暑假期间来看她，如果在学校里遇到什么困难，可以电话沟通，最后服务对象笑着和我们说再见。

在这一阶段，社工告知服务对象结案，处理离别情绪，后续有需要可以联系社工。

三、干预成效

经过 6 个多月的努力，服务对象的表达能力有了很大的改善，与人交谈比接案时顺畅很多。服务对象也不再迷茫，对自己的未来有了职业规划。社工协助服务对象链接南昌盲童学校，在 6 月底办理了报名手续。

四、社工反思

与服务对象建立良好的专业关系，取得服务对象及其家庭的信任，是顺利开展个案的基础。在与服务对象做约定事项的时候，要及时跟进约定完成的情况，根据完成的情况进行适当调整。同时在交谈中要运用尊重原则，注意敏感词汇的用法，避免使用歧视性词汇。面对陷入困境的服务对象，作为社工所应该做的，就是要善于发现服务对象的优势和资源，协助他们达到自己的目标，实现自己的梦想，积极面对他们生命中的挫折和不幸，调整好状态重新出发。

九江市湖口县民政局 殷泽峰

世界就在眼前

专业点评：本案例服务对象因二级视力残疾陷入就学困境，社工运用优势视角理论在服务过程中提振服务对象战胜困难的自信，整个服务过程以优势为本、以服务对象为中心，运用多种沟通技巧终于帮助服务对象走出视障带来的心理困境，并链接资源解决服务对象的就学问题，充分体现了中国社会工作以人民为中心，回应社会需要的专业价值观。（徐国芬）

心灵的守护

——社会支持理论帮助厌学失学女孩重返校园

一、基本情况

1. 案例来源

社区干部反映看到辖区内一女孩常在街头游荡不回家，转介给社工，女孩因而成为社工的服务对象。

2. 服务对象基本信息

服务对象，女，今年12岁，在南昌某中学读七年级。

3. 服务对象家庭情况及成长经历

服务对象哥哥，2005年与人斗殴，死亡；母亲，2012年突发疾病去世；父亲，2016年患脑溢血行动不便，生活起居困难。服务对象父亲与兄弟姐妹因房产纠纷已30多年不来往，80多岁的奶奶偶尔会过来看望服务对象父女，服务对象有一个在外地的姨妈，很少来往。

服务对象父亲没有经济来源，每月有低保金，服务对象由国家事实无人抚养政策抚养。

服务对象和父亲两个人相依为命，服务对象父亲行动不便，与人交流困难，服务对象成为照顾父亲的主要"责任人"，而服务对象自己还是一个孩子，需要人照顾。

接案后，了解到当时服务对象因厌学而休学，在外游荡，不愿意回家；在家也不愿意与父亲沟通；家中屋顶漏水，雨天无法居住。

二、干预过程

（一）多角度困境分析

1. 心理困境

服务对象自卑，感觉家中穷，想改变现状，却无能为力，有时候也很无奈。她与父亲难以交流内心想法,厌学,逃避家中困境。

2. 家庭关系困境

服务对象母亲、哥哥已去世;父亲家族的亲戚因房产矛盾已断绝联系;母亲家族的亲戚也不来往;80多岁的奶奶偶尔会过来看望服务对象父女。其家庭亲友间的支持几乎空白。服务对象与父亲也很少沟通。

3. 学业困境

服务对象厌学,休学在家,无人看管,在街道上游荡。

4. 人际关系困境

通过沟通发现服务对象内心渴望朋友,希望像其他同学一样能够和朋友谈天说地,一起成长,但是服务对象与同学相处会产生矛盾与冲突,不知道如何解决。

(二)干预思路与目标

1. 干预思路

根据服务对象目前现状,亲友间支持网络弱,要尽快建立社会支持网络,帮助其克服生活困难。同时运用优势视角理论提振服务对象自信,树立学习信心,协助其重返校园。还需要辅导沟通技巧,协助其学会与父亲和朋辈群体沟通。

(1)优势视角理论

优势视角是关注人的内在力量和优势资源的视角,即把服务对象及其环境中的优势和资源作为社会工作助人过程中所关注的焦点,而非关注其问题和病理。

从服务对象而言,小小年纪就面临家庭变故,还要照顾病残的父亲,已经很坚强了,有改变家庭困境的愿望,也有与同龄人友好相处的渴望,这些都可以成为激发服务对象上进的动力,促使其重返校园,通过学习改变命运。

(2)社会支持理论

社会支持理论指来自个人之外的各种支持的总称,包括正式的社会资源和非正式的社会资源。正式支持来自政府、社会正式组织的各种制度性支持,主要是由政府行政部门,如各级社会保障部门、民政部门,以及社会团体,如工会、共青团、妇联等提供的支持。非正式的支持主要指来自家庭、亲友、邻里和非正式组织的支持。支持的方式包括工具性支持(引导、协助、有形支持与解决问题的行动等),表达性支持(心理支持、情绪支持、自尊支持、情感支持认可等)。

从服务对象的问题来看，亲友间的支持比较薄弱，社工帮助她获得社会支持，链接资源，提供物质支持和情感支持。

2. 干预目标

(1) 短期目标

促成服务对象与父亲的沟通，让服务对象回归家庭并融入家庭；协调学校，帮助服务对象尽快回归学校接受教育；为服务对象协调解决生活居住问题，帮助营造温馨健康的家庭环境。

(2) 长期目标

进行心理疏导，解决服务对象厌学的问题，保障其生命安全和基本生活。

(三)保护与服务过程

1. 第一阶段

在此阶段，驻点社工首先尊重、接纳服务对象，与之建立信任关系。

2020 年上半年的一天，驻点社工上户探访，了解服务对象的问题及需求，与服务对象建立关系，进行接案。但是服务对象以置之不理的方式来回应，让第一次做个案的驻点社工有一种无力感。

事后，驻点社工在国家二级心理咨询师、西湖区民政局分管领导的督导下，再次上户，这时服务对象在房间睡觉，在不打扰她睡觉的情况下社工和服务对象的父亲深入交谈，了解了服务对象父亲的家庭、服务对象的家庭、成长环境，得知服务对象喜欢唱歌、喜欢动漫。其实服务对象并没有真睡着，听到谈起她的爱好，居然起来并且将凳子搬过来和父亲做到了一起，主动要求添加督导的微信，想成为社工的服务对象，可见服务对象还是很渴望有人谈到她、关心她的。

于是督导和社工对服务对象的情况进行了预估，确定问题及需求，与服务对象一起商量服务计划，采取线上与线下相结合的方式为她提供服务。

2. 第二阶段

在此阶段，社工针对服务对象与父亲沟通不良的情况，上门辅导父女俩沟通技巧。

督导给服务对象父亲及服务对象普及心理知识。随着孩子的成长，青春期孩子会呈现出特有的心理状态，出现独立性增强，不愿意听父母的话，情绪两极化、心理上“锁”、心理向成熟过渡、行为易冲动，这些心理很容易产生叛逆、厌学、早恋等青春期问题。督导分享了自己朋友孩子的案例，特别叛逆，情绪也不稳定，用了很多方法都没有效果。后来陪着孩子一起学习《弟子规》，孩子学习之后懂事多了，也能很好地管理自己。孩子出现的各种变化是青春期生理、心理发展的必然结果,作为家长应该保持平和的心态,用积极的态度、科学的知识、正确的方法引导孩子,理解、尊重孩子,做孩子的朋友,不能总是说教。在一番交流中,服务对象的父亲也觉得有道理,愿意接受社工的帮助。社工也适时地夸奖了服务对象,小小年纪和父亲相依为命,很坚强。对服务对象的唱歌、动漫爱好也予以肯定,这是有追求、热爱生活的表现,鼓励她常唱歌,愉悦心情,也让行动不便的父亲感受的生活的阳光和快乐。

3. 第三阶段

在此阶段,社工为服务对象构建社会支持网络,发动社区、街道、学校等为服务对象送温暖。

经过几次交流后,服务对象和社工的关系越来越亲切了,会很亲昵地坐在社工身边,社工适时建议服务对象回到学校上课,联络了社区一起为服务对象送去了书包、喜欢看的《名侦探柯南》等书籍。

分管的局领导联系了所在学校的校长,了解服务对象在学校的情况,希望学校能够给服务对象更多关心。班主任老师也及时鼓励班上同学跟服务对象交流,并利用课余时间给服务对象补习功课,给予生活上的关心,让服务对象感受到班主任老师对她的爱与温暖。重返校园后,校园的友好氛围、学习任务的加大也让服务对象渐渐感受到了社会的温暖和自己的责任。

社工在服务对象上学期间常去看望她父亲,辅导沟通技巧,了解服务对象的学习和生活情况。

在区民政、街道、社区的共同努力下,服务对象家漏水的房屋被修好了,父女俩终于有了一个安全的家。

4. 第四阶段

2020 年上半年因为抗击疫情,提倡少出门、多居家。分管领导、驻点社工几乎每天到服务对象家中去看望服务对象及其家人。针对服务对象英语和数学较弱的情况,社工还利用晚上的时间辅导学习。在第 4 次上门期间社工得知服务对象英语进步很快,考了 93 分,是班级前几名,说明其对于学习的态度已经在改变了,只是数学学起来费力。针对现有困难,社工也给予了相关的帮助。尤其是现在学到一元一次方程,很难理解假设未知数与相关实际问题的联系,社工约定了晚上的时间对服务对象进行辅导,对几道经典的例题,讲解解题步骤,教会她举一反三,练习其他的题目。使她觉得受益匪浅,对学好数学又有了自信。

分管领导、驻点社工、街道主任、社区儿童主任都与服务对象保持联系,不定期上户，给予服务对象情感支持。社工还联系了服务对象的奶奶，请她多和服务对象父女俩电话联系，让他们感受到家庭亲情的温暖。

三、干预成效

分管领导、驻点社工链接资源，帮助解决服务对象家中漏水问题，让服务对象和父亲住得安全；社工经常性上门服务，辅导学习，疏导父女的情绪。经过一段时间的跟踪，驻点社工、社区工作者看到了服务对象的改变。

在生活上，服务对象会主动承担家务劳动。早上给父亲买早餐，打扫卫生，让父亲安心在家；晚上放学回家，也会主动与父亲聊天，唱歌给父亲听。服务对象还想利用周末时间出去找兼职，为家庭减轻经济负担。有这种想法很好，小小年纪有了责任和担当，但因为服务对象未成年，经过开导还是决定先安心学习，在家照顾好父亲。

在学习上，服务对象由原来的小学升入初中，课业负担重。据老师反映，服务对象每天早上准时到校，从来没有迟到过，认真早读，并且按时完成老师布置的作业，遇到疑惑也会请教同学、老师。有一天，驻点社工想到服务对象家探访，刚好在路上遇到，看到服务对象手里提着一个袋子装了一袋书，肩上又背着一个书包，她说："现在课程增多了，回家也要看书写作业，要不然自己就会落后。"

四、社工反思

社工在该个案中主要运用社会支持理论为服务对象建立社会支持系统，解决服务对象的学业问题、居住安全问题。运用优势视角理论挖掘服务对象潜能，提升自信。辅导过程中，对服务对象提供无条件支持和关怀，为其创造了一个和谐、信任、宽松的辅导环境，给予情感支持，服务对象懂得了感恩父亲和周边的人，沟通、反思等能力得到发展。

本案例服务的目标基本达到，后续还要联系社区儿童主任持续跟进，稳定良好的服务效果。

南昌市西湖区民政局　文维　江秦岭

心灵的守护

专业点评：本案例社工运用社会支持理论帮助厌学失学在家的12岁女孩重返校园，链接资源解决服务对象家中的实际困难，使服务对象和她的父亲感受到党和政府对她和家人的关心，社会对她的关爱。服务对象的潜能被激发出来，由此也有了改变的动力。本案例真正实践了社会工作助人自助的服务理念。（徐国芬）

叛逆少年也是阳光大男孩

——优势视角帮助案主成长案例

一、基本情况

1. 案例来源

本案为由检察院转介过来的社区矫正案例。

2. 服务对象基本信息

阿豪(化名),男,接案时16岁,辍学在家。

3. 服务对象家庭情况及成长经历

服务对象父母离婚,爸爸在外务工很少过问服务对象,妈妈重新改嫁并生下了弟弟和妹妹。服务对象从小跟奶奶一起生活,缺少母亲的关爱。2020年12月,还在读初中的他,受同学的教唆,参与到打群架的行为中,因寻衅滋事罪被判有期徒刑一年附条件不起诉考验期10个月,检察院转介到社工站进行矫正。

二、干预过程

(一)多角度困境分析

1. 心理困境

服务对象性格偏激、自卑、脾气暴躁。

2. 家庭关系困境

服务对象父母离婚,从小跟奶奶一起生活,缺乏父母的关爱和思想上正确的引导。

3. 人际关系困境

服务对象因接触到一群不良的朋辈群体,每天寻衅滋事,出入网吧,不能和其他同学友好相处。

（二）干预思路与目标

1. 干预思路

优势视角理论在客观全面的基础上，重视服务对象现有能力和未来潜力的发现，是关于服务对象在改变中所具有的优势，而不是服务对象所面临的问题和困难，不将服务者看作是“失败者”，强调个人能力、兴趣等在解决问题过程中的作用。此案例根据优势视角理论帮助案主挖掘自身的优势，相信其可以改变。

2. 干预目标

① 缓解服务对象心理压力，消除不良情绪，积极面对现实生活。

② 引导服务对象脱离不良朋辈群体建立新的社会网络，改掉不良的生活习惯。

③ 协助服务对象建立信心，重拾生活信念，重新走进校园。

（三）保护与服务过程

1. 第一阶段：收集资料，建立专业关系

第一次见到服务对象是检察院的工作人员带他来到未成年人保护社会工作站（以下简称“未保站”）。他辍学在家，白天睡觉，晚上在歌厅上班，过来的时候感觉还没睡醒一样，一直低着头。皮肤白净，服装整洁。社工和他面对面地进行了沟通，了解到他的一些情况：父亲不在家，妈妈改嫁，在家里还要带2个孩子。服务对象面临监护人缺失的问题，检察院的工作人员说很可能就要送到少年劳教所去。为此，社工一边跟服务对象的母亲商量，一边和检察院沟通，建议服务对象走进九江市未成年人专门学校学习。

2. 第二阶段：脱离不良朋辈群体

4月28日，服务对象和他妈妈来到未保站，社工与服务对象沟通到九江市未成年人专门学校上学事宜。服务对象非常抵触去学校，不想上学。社工给他分析上学的优势和在歌厅上班对他不利的影响，并把后果分析给他听，希望他能离开他现在上班的场所。当然，社工也完全尊重案主的决定。服务对象答应会认真考虑。

3. 第三阶段：了解服务对象在家的情况

5月4日，社工跟服务对象进行视频联系。服务对象与继父一起在外面做小工，刷墙，看见他不怕脏不怕累，社工用鼓励、支持技巧和服务对象进行沟通，随后跟服务对象的母亲电话沟通，了解服务对象最近的情况。其母反馈说，服务对象在家很乖，只是爱睡懒觉，早上不起床吃饭，晚上很晚才睡，身体很虚弱，向我们求助服务对象上学事宜。

4. 第四阶段：落实解决服务对象上学事宜

6 月 18 日，社工们来到服务对象的家里和服务对象沟通上学事宜。服务对象还在犹豫中，他说："阿姨，我可以不去上学吗？我感觉在学校也学不到什么"。听了服务对象的话，社工把学校、老师和同学等情况一一说给他听，并鼓励他养成好习惯，调养好身体，将来才能更好的走上社会。社工运用影响性技巧为服务对象提供信息支持。最后，服务对象决定去上学。之后，社工与九江市未成年人专门学校联系，协助服务对象办理相关入学手续。10 天后，社工们陪同服务对象来到了九江市未成年人专门学校，并鼓励他要在这里好好学习，相信下次见到的是一个全新的他。

5. 第五阶段：校园探访，准备结案

7 月 20 日，社工提前与校长联系来校看服务对象。见到服务对象时，他头发剃短了，皮肤也晒黑了，但是人十分精神。见到社工叫了声阿姨好，看见他成长了，大家内心非常高兴。交流中，服务对象眼含泪花，知道自己以前做错了，现在理解了妈妈的不容易。听服务对象妈妈说，在她过生日的时候，服务对象还给妈妈写了一封长长的信。老师跟我们说服务对象进来之后，变化非常大，上课认真，表现非常好，是进步最快的一位学生。听了这些话，我们感到很欣慰，鼓励他好好学习，并做好结案准备。

6. 第六阶段：促进自我认同，持续跟踪

中秋节前夕，社工同服务对象的母亲、检察官一起来到专门学校看望服务对象。这次看到的服务对象比上次要略胖些，服务对象见到社工一行人非常高兴。见面后，社工和教官老师进行沟通和交流，了解到服务对象在学校里有了新的朋友，每天生活过得很充实，他很愿意在这里学习。在这里不但学习到了知识，身体也得到了很大的改善，现在每餐要吃三碗饭，生活也非常有规律，比之前也懂事了很多。社工告诉服务对象要结案了，同时告诉他，后期会进行定期回访，希望他在学校里继续努力，好好学习。服务对象的妈妈看见儿子有这么大的变化，非常感动，做了一面锦旗表示感谢。拿着锦旗的我们心里觉得沉甸甸的，每一位孩子都是纯真、善良的，只要我们善于发现孩子身上的闪光点。

三、干预成效

经过 4 个多月的努力，服务对象重新走进了学校，在学校里表现得非常出色，得到了老师和同学的认可。在家里能很好地跟母亲沟通和交流，并懂得了母亲的辛苦，家庭关系得到改善，其自我认同感也得到了增强。服务对象的社会支持网络得到了改善，脱离了以前不良的朋辈群体，养成了良好的生活习惯。

四、社工反思

社工在该个案中主要运用了优势视角理论。辅导过程中，对服务对象提供无条件支持和关怀，为其创造了一个和谐、信任、宽松的辅导环境。社工完全接纳服务对象，适时地采用自我披露等方式，用平等、接纳、同理心，给予服务对象强有力的专业支持和情感支持，服务对象的交际、感恩、反思等能力得到提升。

本案例服务的目标基本达到，但每个人的改变都不是一蹴而就的，习惯的养成需要长时间的沉淀，改变服务对象，帮助他健康成长，顺利步入社会还需要很长的一段时间，只有通过后续服务的跟进，才能稳定良好的服务效果。

九江市彭泽县民政局　方霞

叛逆少年也是阳光大男孩

专业点评：这是一个比较成功的服务案例。社工能够从优势视角发掘案主的特点，并运用影响性技巧给案主合理建议，相信案主有改变的能力，能对家庭、父母有感恩和敬畏之心。社工服务思路清晰，服务重点交代详细，服务成效有说服力。如果能站在更宏观的服务维度，更好地发挥案主阿豪的个人优势，让案主带动其他类似的服务对象，将会取得多赢的服务局面。（况文静）

成长路上伴你前行

——事实无人抚养儿童帮扶个案

一、基本情况

1. 案例来源

服务对象父亲车祸导致残疾，家庭变化对其心理造成巨大影响。为缓解其当前生活境况和心理状况，其父亲到县民政局求助。

2. 服务对象基本信息

小雨(化名)，男，2005 年 11 月出生，接案时 16 岁，父亲残疾，母亲去世，正就读初三。

3. 服务对象家庭情况及成长经历

服务对象母亲于 2006 年因病去世，父亲 2016 年因车祸造成肢体二级残疾，服务对象家中还有一个读高二的姐姐。父亲是家里的经济支柱，致残后家庭收入是父亲经营电动三轮车拼装的流动杂货摊和低保金，家庭经济拮据。

二、干预过程

(一) 多角度困境分析

1. 心理困境

服务对象性格自卑内向，心理压力大，日常不愿表达自己想法，沟通技能不足。因母亲较早去世，没有感受过母爱，父亲遭遇车祸后，家境出现新变故，使服务对象自我认同感低，总是觉得自己成绩不够好，不如早点去打工赚钱。

2. 家庭关系困境

服务对象与姐姐关系较为亲密，父亲车祸后，遇事自己独自接受，默默处理，与父亲沟通变少。

3. 学业困境

服务对象成绩较差,不愿升学,想外出打工。

4. 人际关系困境

服务对象自卑内向,沟通技能差,不主动与人交流,同学来往不密切,缺乏朋辈群体支持。

(二) 干预思路与目标

1. 干预思路

针对服务对象的问题,社工通过运用系统理论、心理社会治疗与认知行为治疗模式相结合,为其提供专业服务。

根据"人在情境中"的系统理论,"人"作为主体的自我,是由"心理"和"生理"两方面因素构成,"情境"是个人心理、生理与社会环境因素相互作用的状态。人与情境是互动体系,人是在特定环境中成长,所遭遇的问题也是在人与环境的互动中产生的。

在本案中,服务对象处于青春期,身心经历着成长变化,如情绪容易激动,常表现为两极化;就环境而言,其家庭变故带来冲击,从而造成服务对象不想升学,只想要早点打工补贴家用。

认知行为理论认为人的想法和看法决定了他的情绪及行为。个体之所以感到情绪困扰,主要是由于他对事、对人、对自己不适当的看法。在本案中,社工协助服务对象修正错误认知,建立理性认知,同时开展个案服务缓解其心理压力并进行课业辅导,让服务对象形成积极心态,增强对未来的信心,以更好的姿态迎接未来。

2. 干预目标

① 开展个案服务,帮助服务对象缓解心理压力,转变错误观念,重拾学习信心。

② 链接资源帮扶,协助申请事实无人抚养儿童保障,缓解家庭经济压力。

(三) 保护与服务过程

1. 第一阶段:服务过程

(1) 第一次:2021 年 5 月 7 日,县民政局

社工初次与服务对象父亲见面,是因为其父亲找到民政局,想要了解事实无人抚养儿童政策及如何与孩子沟通交流,并希望我们能够协助其申请相关政策保障。在工作人员的安排下,服务对象父亲介绍了自己的家庭情况以及儿子最近表现,社工认真倾听，同理遭遇。社工提出想直接联系服务对象，方便沟通以及征求他是否愿意接受社工服务。服务对象父亲说，自己腿脚不利索是儿女送他过来的，他们一直在楼下，不愿意上来。社工决定送父亲下楼，并尝试第一次面对面交流，了解更多情况。社工在楼下正好看到等待的两姐弟，向姐弟俩介绍自己身份并告知来意。社工想要通过面谈得到一些信息，以获得信任，建立专业关系。服务对象没有做好心理准备，始终没有开口，也没有抬头看社工一眼。社工只好当着服务对象面，与其父亲约定下次上门时间。

(2) 第二次：2021 年 5 月 18 日，服务对象家

第一次接触后，为更进一步了解服务对象家庭情况及生活环境，与服务对象建立基本的信任以及确定服务目标和内容，社工在儿童主任、儿童督导员陪同下，进行家访。

服务对象家租住在学校附近，是一个车库，环境昏暗。在服务对象父亲带领下，走进服务对象房间，房内仅有一张桌子和一张床。社工感觉他有点害羞和内向，几乎不说话，对社工的到来有点诧异。社工开玩笑说，咱们上次已经见过了呀，这次来主要是想多了解一下你和姐姐的生活和学习情况。服务对象自始至终都没有回应话题，一直低着头。社工只好去和姐姐单独交流来了解服务对象的性格、特点、爱好、学习和交友情况。和姐姐聊完以后，从服务对象最喜欢的小说入手，让他介绍一部他正在看的小说，请他讲故事情节，承诺如果这本小说出了实体版书籍，就买书送给他。通过这次聊天，社工发现服务对象虽然内向，但语言组织能力和语言表达能力都较强，最重要的是此举打破了僵局。接下来，从他最爱的小说开始知道了他的一些经历，妈妈很小就离开，自己对母亲印象模糊，从小跟父亲和姐姐生活，父亲对他很好，只是没想到父亲会出车祸，家里会发生这么大变化。提到车祸之后父亲卧床期间，服务对象默默低头不再说话。

通过这次治疗谈话，社工对服务对象形成更为清晰的认识，从小没有母亲关心和照顾，关爱自己的父亲又遭遇车祸导致残疾，家庭变故导致服务对象的生活和心理都发生变化，人变得自卑、内向，不愿与人沟通交流，拒绝表达自己的真实想法。社工相约，一周之后同一时间、地点再次面谈。

(3) 第三次：2021 年 5 月 25 日，服务对象家

社工发现服务对象没有之前那么拘谨和害羞。社工秉着尊重、平等、接纳的原则和服务对象进行交谈。社工问他，那部小说还在更新吗？最新章节有啥精彩，什么时候会出实体书？服务对象回答还没有等到最新章节更新，因为手机只有在家里有网络时候才能看。社工问平时除了学习和看小说，放假时候会不会约同学们出去玩，服务对象说不太会，因为出去的话就要花钱，还不如在家里看看小说划算。同时自豪地告诉社工，前两年暑假跟着大伯去建筑工地打工，赚了点钱。如果自己去打工挣钱，这样父亲就不会那么辛苦，到处奔波，言语中充满了对父亲的心疼，同时也表达了自己打工赚钱、帮补家里的想法。

服务对象虽然对学习不在意，但对父亲很孝顺，想要早点出去赚钱，帮助父亲减轻负担，帮助家里走出困境。虽然对自己的未来生活毫无规划，但对家庭充满着责任感。如何正确地为家庭负责，是这次的家庭作业。社工希望服务对象能自己找到答案。

(4) 第四次：2021 年 6 月 26 日，服务对象家

社工就上次关于家庭责任的讨论，再次与服务对象沟通，并询问服务对象对此事的想法，服务对象觉得去工地打工赚钱还不错，比一般假期工资要多出几倍，虽然辛苦，但是赚的钱可以存下来给家里减轻点负担。社工问服务对象，你确定你只能靠出卖体力去赚钱养家吗？现代工人都不能单纯靠体力去工作，任何岗位上都要有知识和技能支撑。一个现代建筑工人也需要文化知识。服务对象为之前的选择犹豫了，社工跟服务对象聊到帮扶家里不是只有去工地打工、靠力气赚钱，学习也是一种方法，虽然短期内可能看不到成效，但是只要你努力和用心，今天的努力学习一定会在将来回报你，就像小说里的武林高手一样，谁不是每天练功，做好基本功积累，需要时间淬炼，练就一身独特武艺呢。社工举了中科院自动化研究所博士黄国平的例子，将黄博士写的论文感谢词拿给服务对象看，并给服务对象留了一份特别的家庭作业，让服务对象自己思考学习的意义，并约定下次见面时候，将感悟说给社工听。

社工随后找到服务对象父亲，将服务对象的想法告诉父亲，请他与服务对象进行一次沟通，希望父亲给予服务对象学习动力，加强亲子间交流。经过交谈，他说对姐弟俩感到愧疚和抱歉，如果不是自己出了车祸，家里境况也不会这样，姐弟俩可以有个更稳定学习环境，不用为生活担忧。社工安慰父亲，让他不要过于沉浸在自责中，党和政府一定会帮扶弱势群众，两个孩子都很孝顺，要对未来充满希望。并回应他，相关政策补贴，村委工作人员、儿童主任都在跟进中，申请成功之后会第一时间告知他。

(5) 第五次：2021 年 7 月 15 日，服务对象家

社工询问服务对象有没有什么感悟？对学习和未来的生活有没有什么计划？服务对象说，这些天一直在想这个问题，他的成绩不算好，在班上也没有什么存在感，认为自己不是个学习材料，但是还是想要试试努力一把，如果考不上高中，可能还是会跟着大伯出去打工。社工肯定了服务对象的想法并劝慰他放宽心。社工了解到目前县里有一些就业前景较好的职业院校，如果实在上不了高中，可以考虑一下这些学校，在里面既可以学技术也可以学文化，也能参加高考，还能包就业，比单纯的外出打工又多一个选择。如果后续学习和生活上有什么困难，都可以来找社工。之后将其申请事实无人抚养儿童补助获批的消息告诉服务对象及其家人，给这个家庭多了一份经济支撑，让他和姐姐能够更好地成长。

这次会面，服务对象的想法有了改变，答应在这段时间内努力学习，争取升学，但还是不够自信，对自我的评价较低。

(6) 第六次：2021 年 9 月 15 日，服务对象家

这是社工最后一次与服务对象见面，服务对象有很大的变化，减少看小说的时间，会花更多时间在学习上；摆正心态，暂时没有再提毕业后打工去。同时给社工带来了考上了职高的消息，选择了与本县企业定向合作培养的专业，学习医疗器械相关知识与技能，毕业之后直接去企业上班。这次会谈社工带着服务对象回忆这段时间的相处经历，发现其自身的变化。服务对象比之前更自信、开朗，会主动学习，遇到不懂的会问老师；与父亲沟通会将自己心里话表达出来；明白了好好学一门技术可以赚更多钱的道理，对工作、学习和未来生活有了新的认识和想法。

社工很开心看到他的积极心态和改变，为他服务的目标已经达成，社工与服务对象间的专业关系就要结束，表示有时间还是会来看他。服务对象情绪有点低落，但接受了结案安排。

2. 第二阶段：资源链接

(1) 资源链接——社会保障

链接服务对象所在镇民政办公室、村儿童主任，评估服务对象的家庭状况以及协助服务对象申请事实无人抚养儿童政策保障。

(2) 家庭支持

父亲和姐姐的支持很重要，父亲虽然在经济支撑上不如以前，精神上还是这个家庭的顶梁柱，父亲的坚强和自力更生对服务对象也是一种教育。姐姐的懂事和自律在与服务对象的交往中展现出一定的权威性，服务对象很听姐姐的话。

三、干预成效

经过 4 个多月的努力，服务对象的沟通技能得到了提升，家庭关系得到改善，会将内心想法分享给父亲和姐姐。在学校表现有所改观，学习更努力，想在职高学好技术，能把生活重心都放在学习上，有问题也会主动问老师和同学。

四、社工反思

针对服务对象呈现的问题，社工通过运用系统理论，将心理社会治疗与认知行为治疗模式相结合，为其提供专业辅导服务。给予服务对象信心与鼓励，帮助他确认自己的问题及问题的先后顺序，每当服务对象陷入低迷情绪，社工都会带着鼓励，以表达同感、正面回馈等方法，及时疏导，为其创造了温暖、安全的沟通环境。

社工运用专业技巧，帮助服务对象达成目标，开展心理疏导，缓解其内心压力，转变其非理性观念，帮助其建立正确观念，将自身放在社会大背景里去思考，不放弃对未来的向往，努力读书，更好地面对之后的学习和生活。社工作为服务的提供者、资源的链接者，还可以对接更多资源，期待有机会可以链接到更多资源帮助这类家庭。

南昌市进贤县民政局　谭阳

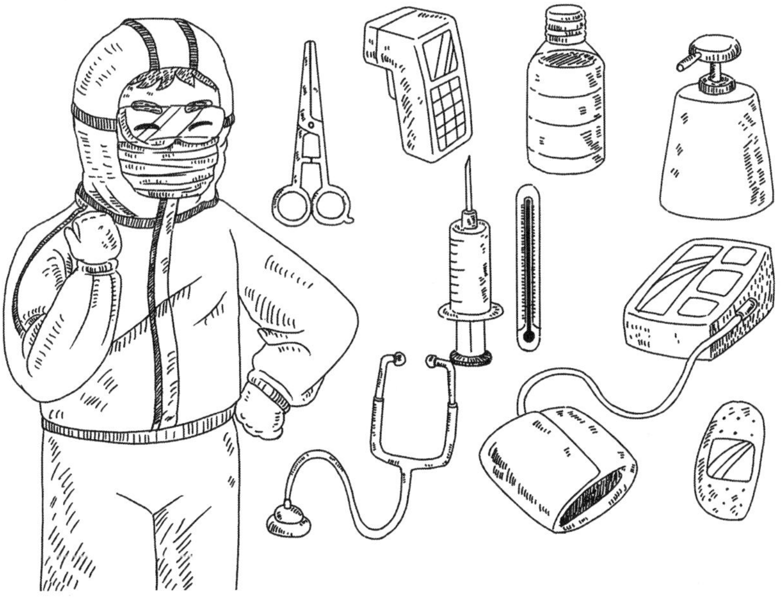

成长路上伴你前行

专业点评：该个案家庭的困境引发了服务对象的生活和心理困境，政策对接、资源链接等物质上的帮扶好办，因为按照文件办就可以了。心理和精神层面上的帮扶，就需要社工的专业服务介入。青春期男孩子渴望独立，也认为自己有能力独立，实际上他们的社会技能还需要积累和打磨。青春期冲动性的非理性思维会影响一个人未来的人生道路，给予他们正确理性的教育帮助是社工的拿手好戏。关注他们、引导他们还可以用小组或活动来完成，成效可能更好。（张翔）

为孩子撑起一片蓝天

——认知行为治疗模式介入困境儿童保护服务

一、基本情况

1. 案例来源

因服务对象网瘾重，家人无力管束，服务对象大伯找到社会工作服务中心(以下简称“中心”)寻求帮助，社会工作者初步了解服务对象的基本情况后进行了个案介入。

2. 服务对象基本信息

小文(化名)，男，14 岁，身体健康，性格内向。服务对象学习成绩较差，自认为同学会嘲笑他，心里排斥上学，逐渐不去学校，最后直接辍学在家成为失学少年。2020 年疫情期间，服务对象接触手机后开始迷恋网络，在家人制止后，由最初的吵闹逐渐演变为动手殴打爷爷奶奶，完全没有尊重长辈的观念。服务对象几乎不与任何人交往，沉迷于手机，精神状态糟糕，一旦脱离手机就变得无所适从，内心焦躁不安，觉得生活毫无意义。

3. 服务对象家庭情况及成长经历

服务对象的父亲在其幼小时去世，母亲改嫁，服务对象与妹妹一起跟着爷爷奶奶生活。爷爷做生意，早出晚归；奶奶年纪大，文化水平不高，对服务对象兄妹的成长和教育有心却无力，生活成长环境属于典型的隔代教养。

二、干预过程

(一) 多角度困境分析

1. 心理困境

其一，服务对象父母亲缺位的特殊家庭形态给其造成心灵上创伤，使得服务对象产生自卑心理,进而影响人格的发展。其二,服务对象性格内向,几乎不和同学交往,独自揣测同学对自己的看法,错误认知导致其更加不愿意与同学交往,是其辍学的重要原因。父母关爱的缺失和朋辈交往的障碍导致服务对象将情感寄托于网络虚拟世界,沉迷其中无法自拔,并且对自己未来人生道路缺少规划。

2. 家庭关系困境

父亲去世,母亲改嫁后完全不管服务对象,导致家庭教育缺失。爷爷奶奶年纪大,只能从衣食住行上关心服务对象,加上文化水平不高,隔代监护沟通不当,忽视服务对象的心理诉求,家庭系统的功能失衡。

3. 学业困境

在学校,服务对象因为前述心理原因封闭自己,其成绩不好,认为会遭到同学嘲笑,因此拒绝返回学校继续学习。

4. 人际关系困境

丧父和母亲改嫁使得服务对象在焦虑的心理下变得自卑,缺少自信,逐渐演变成性格孤僻,不愿与人交往。这些不健康的性格特征导致他与爷爷奶奶缺少正常沟通交流,亲子关系淡漠,甚至敌对。服务对象在朋辈交往上亦封闭自己,不愿结交朋友,对自己当前状态较为麻木,沉溺在手机中,希望从虚拟的网络中寻求情感依托,逃避现实苦楚。

(二) 干预思路与目标

1. 干预思路

社工对服务对象及其家庭进行介入服务。对服务对象当前所处的困境进行深入了解,运用优势视角理论,关注服务对象的潜力和周围资源优势;促使其正视其客观存在的网瘾问题,采用认知行为治疗模式降低服务对象网络成瘾的程度。

2. 干预目标

在详细收集服务对象资料的基础上,结合服务对象的具体情况,秉持社会工作"助人自助"的服务理念,社会工作者与服务对象协同制定了本次服务的目标,主要包括以下三个方面:

① 帮助服务对象成功戒除网瘾,并不再复发。这是本次服务的最终目标。

② 改善家庭关系,建立服务对象与其监护人(爷爷奶奶)之间良好的沟通模式。

③ 转变服务对象对自己特殊家庭结构(丧父,母改嫁)的自卑心理,重获阳光心态,重拾学业,回归校园。

(三) 保护与服务过程

1. 第一阶段:协助服务对象理清网瘾成因

第一步,社会工作者基于第一阶段的目标,了解服务对象的网瘾状况以及爷爷奶奶对网瘾的态度,确定服务对象寻求改变的动机强度,帮助他理清网络依赖的成因。社工首先发现服务对象对于网络的认知和态度并开展面谈。通过面谈,社工得出服务对象网络使用时间较长,网瘾严重需要做出改变的结论,其间服务对象透露出自己是借助网络逃避烦心事。服务对象内心认为网络可以帮助自己忘却烦恼这一认知是错误的,需要扭转。第二步,社会工作者通过与服务对象的面谈不断聚焦问题,剖析服务对象网络成瘾的原因。服务对象对目前家庭形态存在错误认知,与爷爷奶奶存在隔阂,不能很好沟通,这导致他产生自卑心理,不愿与人交往,内心烦闷无人倾诉。

2. 第二阶段:协助服务对象改变认知

根据认知行为理论的观点,要改变人的行为应该先借助于认知改变。这一阶段主要与服务对象进一步探讨对于现在家庭形式的看法,帮助服务对象认清他对于母职缺失、隔代监护家庭的认知。通过聚焦服务对象的错误认知,使其意识到自己自卑的根源在于对现有的家庭模式持有偏见,而自己时而出现的过激行为与之有关。社工帮助服务对象转变错误认知,从而改变其自卑心理,理解爷爷奶奶的辛苦,初步改善祖孙关系。通过第一阶段和第二阶段的服务,服务对象在逐步摆脱对网络的依赖,不让其上网时的难受程度有所减轻。爷爷奶奶劝其少玩手机时,服务对象能够很好控制住过激行为(殴打爷爷奶奶),祖孙之间不再是剑拔弩张,而是转变为较为和谐的沟通。这说明通过转变认知促进行为改变的策略是有效的。

3. 第三阶段:帮助监护人转变教育观念

经过前面两个阶段的服务,服务对象与爷爷奶奶的相处方式有了很大的改观。在此基础上,这一阶段的服务主要围绕爷爷奶奶对于服务对象的教育方式问题展开,目标是转变爷爷奶奶在教育服务对象方面的错误认知。社会工作者帮助服务对象的爷爷奶奶认识到他们的行为初衷是爱孩子,但这种爱需要根据孩子的需求转变表现形式,社工鼓励服务对象说出自己对爷爷奶奶的期望,以便于爷爷奶奶朝着其希望的方向改变。

4. 第四阶段：重回校园

基于服务对象已有改变的基础上，本阶段的主要目的是帮助服务对象寻找学习的动力，重新回归校园。社工积极帮助服务对象联系一所新学校复学，2020 年 12 月，服务对象成功重新进入学校就读。

5. 第五阶段：巩固服务成效

这一阶段，社工与服务对象细聊网络使用情况，与爷爷奶奶相处情况，自主学习情况，与班上同学交往情况。综合分析，社工认为服务对象基本戒除了网瘾，社工对介入结果做出总结，认为本个案介入达到了预期效果，可以结案。

三、干预成效

通过数月的干预，服务对象已经认识到自己的问题，能够学会尊重爷爷奶奶，主动控制住自己随手摔东西和打架的不良行为，减少了对手机的依赖，戒除了网瘾。服务对象与爷爷奶奶的关系逐渐好转，其也得到了更多来自家庭的正向支持。服务对象能够和同龄人友好相处，在校园中也开始了正常的学习生活。社工的干预取得了较好的效果。

四、社工反思

本案例从优势视角理论出发，本着相信服务对象有能够向好的潜能，挖掘服务对象自身的优势和服务对象周围的优势资源，在认知行为理论视角的指导下，对服务对象进行干预和治疗产生了良好的结果。在本案例中，社会工作者始终秉持着价值中立的原则接纳服务对象，倾听服务对象，与服务对象建立良好的专业关系，时刻注意肯定、鼓励服务对象的改变，这为服务对象积极配合以及确保服务的顺利开展提供了保障。

当前未成年人保护亟待更多社会力量的注入，青少年问题的出现与个体、家庭、学校、社会都有关，其中任何一环节出现角色功能错乱或者缺失必会导致问题的出现，所以未成年人保护需要社会各界多方联动，为未成年人创造一个良好的环境，呵护我国未成年人的成长。同时，转变服务对象的思维模式是一个漫长的过程，需要社工的专业服务和后续的服务跟进，才能形成稳定良好的服务效果。

吉安市永丰县民政局　杨静

为孩子撑起一片蓝天

专业点评： 该案例中运用优势视角理论、认知行为治疗模式等专业理论，帮助服务对象在微观、中观层面进行改善，达到了良好的效果，专业性影响个案服务效果明显，帮助服务对象成功避免走向“问题少年”。

社工在服务过程中指导改善了亲子关系，做好监护人的思想教育工作并引导服务对象积极面对人生。更可贵的是为服务对象联络学校继续学习，以文化教育为抓手逐步改善服务对象的精神面貌。（刘宏涛）

放下情绪　拥抱幸福

——理性情绪治疗模式介入困境儿童情绪管理服务

一、基本情况

1. 案例来源

该个案是社工在走访困境儿童家庭时发现，了解了服务对象的基本情况和评估服务需求后，社工开始主动介入该个案。

2. 服务对象基本信息

小杨(化名)，女，接案时9岁，就读于四年级，情绪暴躁，存在自卑心理。在校学习成绩中等以上，与同学相处比较融洽。

3. 服务对象家庭情况及成长经历

服务对象一家四口，包括父亲、母亲、服务对象和弟弟，父亲在外务工，早出晚归；弟弟瘫痪；母亲在家照顾服务对象和其弟弟。家庭比较贫困，享受低保。

由于弟弟瘫痪，所以母亲把更多的关注放在弟弟身上，对服务对象的心理关注较少，很少与其交流，仅会过问其学习情况。此外，父亲也会经常打击和谩骂服务对象，使得服务对象不敢表达自己的感受和需求。长此下来，服务对象出现自卑心理，情绪也时常暴躁。母亲只要稍微多说服务对象两句，服务对象就会显现得不耐烦；在家中遇到一点不如意的事情，就会出现暴躁的情绪；服务对象甚至想要别人来做自己的妈妈。

二、干预过程

(一) 多角度困境分析

1. 心理困境

服务对象9岁，正处于埃里克森人格发展八阶段中的勤奋对自卑的冲突中，处于这个阶段的孩子主要人格任务是培养勤奋感，克服自卑感，而服务对象父母的打击和谩骂，使其不敢向父母提需求。

2. 家庭关系困境

服务对象弟弟由于瘫痪，母亲不得不在家照顾，并且把更多的关注放在弟弟身上，而对服务对象缺乏关注。服务对象的父亲更是经常忙于工作，对孩子的陪伴较少。

（二）干预思路与目标

1. 干预思路

理性情绪治疗认为，人的情绪困扰是由于个人的信念系统而非由某些客观存在的事物本身所产生的。在情绪 ABC 理论看来，一个人的情绪困扰(C)并非被刺激(A)所决定，而决定于一个人的信念(B)。如果我们能去除这些非理性信念，情绪困扰问题就能迎刃而解。为此，我们可以使用一些方法对服务对象的非理性信念系统进行质疑(即介入辩证法)，帮助服务对象克服自己的非理性信念，解决情绪困扰问题。

在服务对象父母打击式的教养方式中，服务对象存在非理性的观念，认为只要与弟弟吵架，只要表现出愤怒情绪，母亲就会关注到她。因此，改变其认知方式是重点。同时，因为服务对象不懂得采用适当的方式来处理自己的情绪，社工需要教给服务对象负面情绪的处理方法。

2. 干预目标

① 协助服务对象改变非理性信念，提升自信心，悦纳自我。

② 协助服务对象掌握积极的情绪管理办法，学会运用合适的方式宣泄情绪。

③ 修复服务对象的家庭成员关系，学会换位思考，改变认知，理解妈妈是因为弟弟残疾才对弟弟过多地关注，帮助服务对象与父母建立良好的亲子关系。

（三）保护与服务过程

1. 第一阶段：收集资料，建立信任关系

社工初次走访服务对象家时与服务对象及其母亲进行了深入的交流，服务对象母亲表示，服务对象情绪暴躁，控制不住自己，经常与其弟弟争吵，甚至还跟亲戚说想要对方做自己的母亲。而服务对象也确实表现出了易怒的情绪。为此，社会工作者运用自我披露的方式与服务对象进行交流，与其分享自己以前的生活经历，关心服务对象在学校的情况，同时也询问其与家人如何相处。经过第一次的沟通，社工初步了解到了服务对象的基本情况和需求。

通过飞镖折纸和香囊缝制的活动，社工与服务对象建立了良好的工作关系，服务对象也愿意向社工袒露自己的心声。服务对象表示自己害怕向父母表达自己的需要，所以用发脾气的方式来表达自己内心的需求。社工运用倾听、同理心、鼓励等技巧，让服务对象明白自己的重要性，以此提升其自信心，从而改变家庭成员之间的关系，减少负面情绪的产生。

2. 第二阶段：觉察非理性信念，提升自信

社会工作者与服务对象进行了深入的交流，在交流中，服务对象经常说“只要我生气，只要我打弟弟，妈妈就会看看我”，“只要我不听话，妈妈和爸爸就不会打我”等话语，社工通过问答的方式让其明白这是不正确的，并协助其建立理性的信念。

此外，通过社会工作者的观察和服务对象的袒露，发现服务对象母亲经常用言语打击服务对象，甚至把自己不满的情绪发泄在服务对象身上，导致服务对象的自信心严重不足。为此，社会工作者利用游戏“优点轰炸”，“他人眼中的自己”，找到服务对象的优点，并且给予鼓励和夸奖，让服务对象认可自己，同时也让服务对象意识到自己的重要性。社会工作者在与服务对象相处的过程中，看到服务对象做得好的方面也会及时给予嘉许，并引导服务对象多关注自己做到的事情，以此来提升其自信心。社会工作者还通过与服务对象母亲交流，让服务对象的母亲意识到不断指责和批评带给孩子的只是自卑的心理，就像每个人都想要得到认可和鼓励，以此来让服务对象的母亲多给予服务对象嘉许和鼓励，从而提升服务对象的自信心。

3. 第三阶段：加强练习，改变非理性信念

在发现了服务对象的非理性信念后，社会工作者每次交谈完后都会给服务对象布置练习。第一，让服务对象每天对自己说“我是有价值的，我是有能力的，我是最优秀的”等话语，以此替换其底层信念，植入“我是有价值的”等信念，改变其非理性信念。第二，让服务对象每天写下嘉许自己的三件事，从而来改变服务对象认为自己“没有能力”“没有价值”的信念。第三，在一天结束之后，主动嘉许家庭成员，并且给予家庭成员赞美，以此来促进家庭成员之间的关系。同时记录与母亲交流中自己的感受和想法，随后社会工作者与其一起分析做得好的地方。

此外，社工与服务对象母亲多次交流，改变其养育态度，提升服务对象母亲的亲职能力。社工建议减少对服务对象的指责，同时让服务对象的母亲意识到，父母的教育对孩子的一生都可能产生影响，一味地指责只会加深服务对象自卑的心理，引导服务对象的母亲多关心服务对象内心的感受。社工也对服务对象的母亲表示期许，希望其能够经常性地嘉许服务对象，看到服务对象的优点，并且给予服务对象足够的鼓励。同时引导服务对象看到母亲为自己做的事情，并且让服务对象知道母亲也在学习，也正在改变，以此来鼓励服务对象敢于向母亲表达自己的感受，例如“妈妈，您辛苦了”“妈妈，我爱您”等话语，以此打破服务对象对母亲惯有的认

知，让服务对象与母亲之间的亲子关系得到提升。

4. **第四阶段：表达自我，学会释放情绪**

经过之前的相处与交流，服务对象对社工产生信任感，敢于向社工表达自己的需求，同时也表明自己想要得到父母的关注和鼓励。社工鼓励服务对象向母亲表达自己的想法和感受，同时引导服务对象看到母亲对服务对象的关心。另外，社工运用能量发泄法的方式，带领服务对象捶打娃娃来进行情绪的宣泄，并且引导服务对象下次遇到情绪暴躁的时候，可以捶打娃娃或者枕头以及在空旷的地方大喊大叫来释放自己的情绪，或者运用转移注意力的方式，来缓解情绪，同时还可以向父母和朋友倾诉、表达和宣泄情绪。最后，社工给服务对象布置任务，每天发现家人做得好的三件事，并给予嘉许。

5. **第五阶段：巩固提升，增强自信心**

社会工作者通过歌曲《听我说谢谢你》，让服务对象回忆父母为自己做的事情，例如“母亲在家不辞辛苦的每天为孩子洗衣做饭”“父亲在外为家庭生计以及孩子有更好的生活而奔波”，以此引导服务对象感恩父母，并且也要感谢自己的努力，让自己成为更好的自己。社会工作者和服务对象一起安装闹钟，在安装的过程中，社会工作者观察到服务对象的细心，及时给予服务对象嘉许。安装完闹钟之后，让服务对象回想自己在安装闹钟的过程中有什么值得嘉许的，引导服务对象在今后每完成一件事之后，都进行自我总结，总结自己做得好的方面，以此来让服务对象看到自己的优点，让服务对象自我赋能，从而提升自信心。

通过提升服务对象的情绪管理能力，加上服务对象母亲亲职能力的提高，服务对象情绪状态得到改善，发脾气的次数也随之减少，自信心有了很大的提升，家庭成员之间的鼓励和嘉许的次数也变得更多。

三、干预成效

经过长期的社工介入和服务对象的参与，个案服务成效明显，主要表现在三方面：第一，服务对象的自信心有所提升，在生活中和学习上能够看到自己做得好的方面，并且能够进行自我嘉许；第二，服务对象的情绪管理能力获得提升，学会了正确地表达自己的需求，而不是通过暴躁和发脾气来引起关注；第三，服务对象母亲的亲职能力得到提高，鼓励和支持服务对象，给予服务对象关心，同时也会站在孩子的角度去看问题，对于服务对象提出的合理需求也会尽量满足。母亲的改变让服务对象感受到关注和关爱，改善了服务对象与家人之间的关系。

四、社工反思

① 理性看待问题。家长在诉说问题时，总会把问题和责任都归咎于孩子，甚至会把问题扩大化或者缩小化，没有经验的社会工作者，很容易去解决那些并不是真正的问题，最后发现个案毫无进展。因此，社工在评估问题时，要认真倾听家长和服务对象的表述，在前期收集资料的时候，必须多方位了解，重点了解家庭情况，做出准确的判断与介入。

② 建立专业工作关系。以儿童为服务对象的个案，在关系建立方面是非常重要的，关系建立得好，个案就会事半功倍，反之则事倍功半。与儿童的交往中，不能一味说教，更重要的是要尊重和信任，还需要一定的认同，因为这个阶段的孩子是培养勤奋感的时期。但同时也需要把握一个度，要明确专业的工作方式，如果服务对象过于依赖社会工作者，也不利于社会工作者理性处理问题。

③ 个案的改变需要案主和家庭一起努力。孩子所出现的问题大多数都与家庭环境相关，个案能够取得较好的成效，其中非常关键在于家庭教育的介入，在于父母的学习和改变。孩子在成长，父母也需要不断成长，不能用一成不变的教育方式对待，孩子在不同的时期，需要采用不同的教育方式，而此阶段的孩子，更多的是需要得到认可。

南昌市东湖区民政局　欧阳紫微

放下情绪　拥抱幸福

专业点评：本次个案介入主要在理性情绪治疗模式指导下进行。社工针对服务对象情绪暴躁，自卑，对母亲有抵触心理的现实状况，协助服务对象改变非理性信念，提升自信心，悦纳自我；掌握积极的情绪管理办法，学会运用合适的方式宣泄情绪；学会换位思考，改变认知，修复服务对象的家庭成员关系。该案例的重点是提升家庭教育能力，社工通过尊重和理解与服务对象建立良好的信任关系，并通过与服务对象的父母进入深度沟通，和服务对象家庭一起努力，促使了服务对象的改变。（陈栩）

童心故事绘

——心理社会治疗模式介入困境儿童保护服务

一、基本情况

1. 案例来源

社工通过乡镇困境儿童数据排查，以走访调查服务对象基本情况的形式主动介入。

2. 服务对象基本信息

小陶(化名)，女，10 岁，小学三年级。服务对象视力残疾一级，右眼斜视且不能聚焦，只有左眼能勉强视物。服务对象热爱学习，成绩良好，可以自觉独立完成作业。服务对象喜欢看书，很少看电视，只要有空闲时间都在看书，生活独立能力强，生活习惯好，作息规律。

3. 服务对象家庭情况及成长经历

服务对象全家共五口人居住在一起。服务对象外公是退伍军人，年事已高，腿脚不便；父亲是出租车司机，因工作的原因不经常回家；母亲是全职家庭主妇，无法工作的原因是要照顾年迈的外公与接送服务对象上学；姐姐今年 18 岁，在景区上班。

服务对象从出生起一直都由母亲悉心照顾，性格很温和，家庭成员间氛围良好。服务对象由于眼睛残疾特征明显，内心极度自卑、脆弱又敏感，有的同学不愿意与她靠近，有的则会拿她的缺陷来嘲笑、捉弄她。在消极情绪的干扰下，服务对象抗拒与和他人相处。

视力残障给服务对象的生活与学习带来了许多不便。在看书、写作业时需要贴将眼睛贴课本很近，上课基本靠耳朵听讲，需要绝对的专注力，在课后无法像正常的孩子一样奔跑、跳跃玩耍，无法与同辈群体正常交往。

二、干预过程

(一) 多角度困境分析

1. 心理困境

服务对象经常受到心理上的伤害,自尊心严重受挫。服务对象遭受同学的嘲笑、捉弄,被朋辈群体孤立,没有社交圈子。为了避免受到伤害,服务对象选择封闭自己的内心,拒绝再和朋辈群体接触。

2. 人际关系困境

一方面服务对象受到朋辈的孤立,社交受阻;另一方面为了逃避现实,服务对象拒绝与外界交流,社交空间变小,社交技能变弱。

(二) 干预思路与目标

1. 干预思路

(1) 心理社会治疗模式中的“人在情境中”理论

社工主要根据服务对象与她的家庭、生活环境等的互动关系去考察,运用直接治疗及间接治疗技术,来达到工作目标。工作措施主要从服务对象的性格、行为两个方面入手。

(2) 优势视角理论

优势视角的基本理念聚焦于个体的优势,而不是个体的不足和局限。社工在实践过程中从服务对象所具有的优势和资源着手,发掘和培养服务对象的潜在能力,最终达到助人自助的目的。

2. 干预目标

通过和服务对象平等交流,把服务对象当作一个独立的完整的个体来看待,让服务对象感受到社工的尊重和自然的亲和力,学习如何和陌生人交际,交朋友,降低防备心理。具体干预介入如下:

① 通过入户探访,了解服务对象的现状、存在的困难、明确服务需求及建立个人档案,建立友好的、信任的双方合作关系。

② 引导服务对象找到自信,鼓励服务对象从名人、英雄事迹中学习积极向上的力量。

③ 建构服务对象学习课外知识的支持系统,为服务对象带去书籍来填补心灵的慰藉;指导服务对象练习如何生动地讲出自己看过的故事,一方面转移服务对象

的注意力,一方面发扬其优势。

④ 支持服务对象重新建构交友网络,引导服务对象展示自身的优点和长处,提升自己的人格魅力,鼓励服务对象尝试与同伴主动交往,吸引同伴的注意,用闪光点战胜自身存在的不足之处,改变同伴对自己的刻板印象。

⑤ 改变服务对象的思维方式,遇到困难时摒弃消极的念头,从正面看待问题。

(三) 保护与服务过程

1. 第一阶段:收集资料,建立专业关系,做好需求评估

社工登门对服务对象进行家访,通过服务对象和她母亲双方来了解服务对象存在的问题,评估服务对象的心理状况。在会谈过程中,一方面社工以一种轻松、愉悦的谈话方式,了解了服务对象的个人基本信息、家庭的基本情况及所面临的困难,以确定是否可以接案;另一方面社工要向服务对象坦诚介绍自己的身份、机构的设置及服务内容,尽量减轻服务对象的疑虑和敏感度。

社工了解到,服务对象虽然视力不好,但是很珍惜学习的机会,看了她的试卷,发现她的学习成绩优良,还很喜欢看书。服务对象的性格比较内向,社工问她问题时只是害羞地低下头,多数由妈妈代为回答。服务对象妈妈反应她平时只喜欢自己一个人玩。社工问她,爸爸不能经常回家,会不会想他,她也只是点点头。由于眼睛不能聚焦,眼神飘忽,不了解的人会误以为她不礼貌。

2. 第二阶段:共同协商,制定服务计划

第二次会谈的目标是和服务对象一起协商,定制目标明确、双方都认可的服务方案。服务对象自身的想法和建议对整个服务过程及成效非常重要,于是社工积极引导服务对象,在最大程度上使得整个专业服务符合服务对象的主观意愿。社工适时使用同理心的技巧,与服务对象建立了信任关系,逐步走进服务对象的内心世界,与她一起体味成长的心酸和幸福,深层次地了解服务对象。

3. 第三阶段:"人在情境中"治疗阶段

服务对象在家庭中的表现和在学校的表现出现两极分化的情况。家庭使服务对象感到安全和爱,外部环境中学校、社会让服务对象受到伤害,从而产生了排斥反应。

服务对象妈妈反映,同班的同学嫌弃服务对象眼疾不愿意跟她玩。有一次放学接服务对象回家时,发现她被高年级的孩子捉弄得气哭了。服务对象在学校里大都是自己一个人,回家以后也从来不出门玩。

以家庭环境为载体时，服务对象很乐于表现自己。社工夸她穿的裙子漂亮，她就站起来转圈，告诉社工转起圈来更漂亮。社工看见服务对象桌上摆着电子琴，问她能不能演示一下，一开始服务对象表现得很含蓄腼腆，看着自己的妈妈害羞地笑。社工就让她点一首喜欢的歌，先给她演唱一曲。服务对象听着熟悉的旋律也跟着唱起来，和社工一起合唱了后半部分。社工夸她的歌声很美妙动听，服务对象渐渐放开了，主动说再给我们演唱一首最近新学的歌。熟悉之后社工发现，服务对象是一个爱表现的孩子，也了解到她活泼可爱的一面。在社工营造的安全、舒适的氛围中，双方也建立了更深入、更亲密的联系。

4. **第四阶段：利用优势视角，建立自信心**

服务对象喜欢看书，而且到了求书若渴的程度，喜欢看四大名著、神话故事、西方童话、寓言等，她最喜欢故事性的书，其中的情节能让其产生共情，或者把自己带入角色，体验不同的生活方式。服务对象最近在看西游记，分享了她最喜欢的角色：孙悟空。因为孙悟空经历了各种磨难之后竟然炼成了火眼金睛，学会七十二变，还有好伙伴筋斗云陪伴，令服务对象非常向往，其中的故事让她十分着迷。

服务对象向社工生动、形象地讲述了自己喜欢的故事人物，过程中服务对象认真专注，非常吸引人。社工利用服务对象的这个闪光点，引导她把自己看的故事讲给家人、同学、同伴们听，让同学、同伴们对她产生崇拜之情，从而改变对她的刻板印象，获得同伴的好感，慢慢大家就会忽略她存在的缺陷，接纳并喜欢服务对象。

5. **第五阶段：加强社会支持，完善社会功能**

先从家庭支持开始，让爸爸妈妈，还有姐姐锻炼服务对象的胆量。社工给服务对象提供相关书籍，有目的、有计划的指导服务对象的舞台表现力，让服务对象的优势充分发挥出来，形成自己独特的讲故事风格。联系服务对象的班主任，请她开学后组织一场讲故事比赛，让服务对象有一个展现自己的平台，抓住这次机会让大家对服务对象改观，慢慢接纳服务对象的与众不同，愿意深入了解服务对象的人格，解决服务对象缺失朋辈群体支持网络的困境，补充服务对象的社会支持系统，并通过提高人际交往能力进一步完善服务对象的社会功能。

三、干预成效

服务对象从不爱与人沟通，到主动向社工问好；从低头垂目不愿看他人的眼神，到主动向社工展示自己的花裙子和才艺；从性格内向、敏感、自卑到变得自信、大方、开朗;从抱怨同学对她不友好到变得充满信心并期待上学,愿意主动向社工展示才艺。服务对象与社工建立起信任关系后,积极配合社工,努力改变自己,并从社工的外部支持中找到自己内在的力量,达成了双方共同制定的目标并取得了预期的成效。

四、社工反思

本案服务对象由于自身存在缺陷,不被朋辈群体接纳,朋辈支持系统缺失,让服务对象产生自我怀疑,心理压力导致性格发生转变,变得不愿交际、没有朋友、自卑消极、逃避现实,开始变得缺乏自信。这种不到位的社会支持网络是服务对象问题的根源,存在的困境非常不利于服务对象身心健康的发展。

社工通过专注、同理心、鼓励等技巧让服务对象体验到被尊重、被当作正常人看待的心理体验,从而有信心走出家门并与人交流。经过社工为期半年多的干预,服务对象的心理、性格与人际交往观念等都发生了巨大的转变,从社会工作者提供的专业工作方法中,服务对象得到了改变自己性格、提升自己学习能力、发掘自己的潜能等收获,体现了社工的专业价值。

庐山西海风景名胜区未成年人保护社会工作站　谈琼菲

童心故事绘

专业点评： 社工在个案中运用了心理社会治疗模式，通过发挥服务对象的自主性，给服务对象赋能等方法，帮助服务对象积极面对自身的问题，掌握化解焦虑、改变交际方式的方法，及时释放情绪。采用优势视角找到了服务对象讲故事的闪光点，并提供机会让服务对象展现自己的优势，进一步提升其自信心。在对服务对象进行干预的同时，将服务对象的家庭、学校等资源整合到服务对象的干预中，为服务对象的身心康复创造了良好环境。（陈栩）

第四章

监护不当/监护侵害

我的青春也美好

——危机介入模式介入困境儿童保护服务

一、基本情况

1. 案例来源

安源区慈善协会志愿者于某美容院发现一个女孩被其父殴打,向安源区社会组织发展中心反映,希望获得帮助。

2. 服务对象基本信息

小红(化名),女,非婚生子女,接案时15岁,身体健康,性格开朗。

3. 服务对象家庭情况及成长经历

服务对象自出生起没有见过其母,现与爷爷奶奶、父亲一起住。服务对象现在某美容学校学习已一年有余,学校补贴每个月2 000元左右。服务对象性格温和、善解人意,是个十分懂礼貌的女孩。根据服务对象和她爷爷奶奶的描述,服务对象在家经常会遭到其父的家暴,另外服务对象自己描述有被其父猥亵的情况。

二、干预过程

(一)多角度困境分析

1. 心理困境

由于没有母亲在身边,父亲长期家暴、歧视、猥亵和负面评价服务对象,严重伤害了服务对象的心理健康。爷爷奶奶认为只要照顾好服务对象的饮食即可,很少与服务对象交流,造成服务对象在家庭中缺乏负面情绪的宣泄口。这样的家庭环境造成服务对象在心理上充满孤独感、无助感和缺乏安全感,不相信他人,但又逐渐形成了讨好型人格。

2. 家庭关系困境

服务对象父亲粗暴的沟通方式,造成了与服务对象之间的隔阂,亲子关系非常差。服务对象爷爷奶奶无法阻止其父亲的错误行为也很少与服务对象沟通,整个家庭关系不和谐。

3. 学业困境

服务对象读完初三后想继续上中专类师范学校,但父亲认为女孩子不需要多读书,让她在美容院学习美容,学业就此中断。

4. 人际关系困境

在家庭生活中,服务对象从小就缺乏与父母、家人有效沟通的机会,缺乏专人的指导和关注,服务对象在与人沟通方面非常欠缺,平时不知道怎么和人相处。

(二) 干预思路与目标

1. 干预策略

① 危机介入:对服务对象进行心理疏导,减轻服务对象的不安情绪,进行情绪支持;进行临时庇护,确保其生命安全。

② 链接资源,解决服务对象被家暴的问题,保障其基本权益。

③ 与服务对象的父亲进行沟通,告诉其父法律后果,矫正其不当行为。

④ 教授服务对象相关的家庭暴力防护知识及有关求助途径,做好自我保护工作。

⑤ 对服务对象及其父进行家庭辅导和亲子关系辅导。

2. 干预目标

① 提供临时庇护,保障服务对象人身安全和基本生活。

② 提升服务对象的自我评价,改善其低自尊,恢复服务对象的自信。

③ 学习反家暴的相关法律常识和处理技巧。

④ 帮助服务对象掌握更多的沟通技巧,改善亲子关系,促进家庭功能的恢复。

(三) 保护与服务过程

1. 第一次介入:及时处理危机事件

2021 年 5 月 2 日,社工接到安源慈善协会志愿者转介过来的信息:服务对象在萍乡市医院自杀,请社工去给她进行心理辅导。社工第一时间到达服务对象所在的医院，通过危机介入模式对服务对象进行及时帮助。

服务对象当时情绪极不稳定，感到害怕。社工首先安抚她的情绪，等她心情平静下来，再询问有关情况。社工通过交谈得知：服务对象这次被打至送医院是因为其父对她试图猥亵，服务对象找借口从他们的出租屋跑出来后住到同事家。第二天服务对象去美容院上班，当天下午其父上门对她进行暴打，经医院鉴定是脾脏破裂。随后，社工马上联系了市民政局、县民政局、区检察院等相关部门，及时链接各方资源，快速介入，制止进一步的家暴。社工快速与服务对象建立了专业关系，告诉服务对象社工接下来会和她一起渡过难关，并耐心陪伴她，提供情绪支持。

2. 第二次介入：及时进行风险评估，限定服务目标

服务对象表现非常恐惧，总是认为有人会害她，有巨大心理创伤，但暂时没有再次自杀风险。针对服务对象伤情，社工汇报当地公安局申请对服务对象进行验伤，结果鉴定为脾脏破裂是可修复性的创伤，不能对服务对象父亲立案。由于服务对象父亲有暴力倾向，服务对象出院后可能要面临再次被家暴，因此表示出院后不想直接回家。社工通过发动社会力量，链接到一对爱心人士夫妻，表示愿意接待服务对象在家中暂住。

3. 第三次介入：输入希望，提供支持

社工给予服务对象提供了心理辅导，帮助其疏导负面情绪，并引导她建立顽强生活下去的信念。社工教授服务对象家庭暴力的相关的防护知识及有关求助途径，增强服务对象自我保护能力，增强了服务对象面对类似困境的能力。

4. 第四次介入：恢复自尊，培养自主能力

引导服务对象对过往经历进行剖析，理清问题出现的原因，让服务对象认识到，这些问题的出现并不是服务对象的错误，不会让其社会评价和自身价值降低，并与她一起讨论今后努力的方向和计划，如何提升自己未来的生命质量。

与此同时，社工向服务对象父亲普及法律知识，告知他法律的底线，忠告其如果不及时停止对服务对象的侵犯行为将会产生的不良后果。其父亲表示已经认识到错误行为，不会再出现。社工引导服务对象父亲学习家庭教育技能与亲子沟通技巧，纠正其对女儿的打骂行为。

5. 第五次介入：明确现状，协商结案

通过危机干预，服务对象目前情绪基本稳定，在爱心家庭中也得到了很好的照顾，身体逐渐康复，并表示自己会保护好自己，好好生活下去，努力改变自己的生活现状。

鉴于服务对象目前情况平稳，已经度过危机阶段，社工与服务对象协商结案。结案前，社工再次与服务对象一起回顾了遇到家庭暴力自我保护的基本技巧，服务对象表示自己已经掌握，自己能应对未来可能再次出现的问题。

三、干预成效

① 爱心人士家庭提供的临时庇护确保了服务对象的生命安全，避免了服务对象在家中被其父再次家暴的风险。同时，爱心人士家庭为服务对象提供了较好的生活照料，让服务对象能在安全的环境下恢复伤势，现服务对象已在当地职校就读。

② 社工有效地与服务对象的父亲进行沟通，干预了其父亲对于服务对象的危险想法，同时让其父亲明白了未成年人相关法律的严厉性。

四、社工反思

① "及时性"是未成年人保护工作中最重要的一点。这充分体现了社会工作"生命至上"的原则。面对儿童被家暴的案例，最有效且直接的措施便是立马将未成年人受害者保护起来，只有在确保未成年人生命安全的情况下才能为未成年人提供更多的保护服务。

② 多方介入在未成年人保护工作中是有效且具有难度的方法。协同多部门参与未成年人保护，链接社会资源、志愿者资源为未成年人受害者提供服务是社工的一门技术，这不仅需要社工经验丰富、人脉广阔，同时也需要当地政府对未成年人保护工作的深层次理解与支持。

③ 家庭、学校和社会的联动是未成年人保护工作中的重要模式，正如该案例中所示，正是因为志愿者的转介，才有民政部门、检察机关和社会组织的介入。但这只是来自社会的支持，未成年人需要更多的来自家庭和学校的支持才能形成强有力的保护体系。

萍乡市安源区民政局 饶君华 叶联

我的青春也美好

专业点评：该个案有以下三点值得赞扬：第一，在与服务对象建立相互信任的关系上，社工处理得非常好。服务对象经历了被忽视和被家暴，很难对人产生信任，不容易建立关系。一方面社工能够及时接案，及时对服务对象进行心理干预处理，让服务对象情绪稳定；另一方面，社工能够及时链接资源，发挥家暴介入的多方联动作用，实质性地协助服务对象减少伤害，从而获得服务对象的信任。第二，在理论分析层面，社工运用了危机介入模式：有效稳定服务对象情绪后，迅速了解服务对象的主要问题，迅速做出危险性判断，并积极协助服务对象解决当前问题。这种模式社工运用得比较全面和准确，显示了社工在理论方面有一定的功底。第三，在这个案例的服务过程中，体现了社会工作专业理论与实务相结合，产生的成效比较明显。（刘郁）

健康成长　走向阳光

——人本治疗模式介入困境儿童保护服务的案例

一、基本情况

1. 案例来源

南昌市未保中心驻经开区社工在开展外展服务时发现辖区内××社区居住的三名困境儿童，其母亲于三年前因为家庭贫困和生活琐事离家出走，其父亲早上7点上班、晚上8点下班，无其他近亲属能够提供照料，孩子监护缺失，存在安全隐患，社工由此主动介入。

2. 服务对象基本信息

服务对象三兄妹均为未成年人，哥哥8岁，弟弟6岁，妹妹4岁，四川籍彝族。哥哥和弟弟已到入学年龄但未入学。母亲早已离家出走，服务对象与父亲一起生活。

3. 服务对象家庭情况及成长经历

服务对象父亲，四川彝族人，在南昌经开区租住、工作十年有余；服务对象母亲，2018年因为家庭贫困和生活琐事离家出走。服务对象父亲白天外出工作，孩子们在家无人监护，为了照顾更小的弟弟妹妹，父亲就把哥哥留在家里照顾弟弟妹妹。哥哥和弟弟在2021年8月31日前均未上学。

二、干预过程

（一）多角度困境分析

1. 生存困境

服务对象父亲白天外出上班，时间较长，服务对象白天在家无其他亲属能够帮助照料，监护缺失的情况较为突出，生命健康安全存在隐患。

2. 家庭关系困境

生活中主要成员是父亲和三兄妹。父亲虽然会关心和照顾服务对象,但是不懂法律,忽视孩子的受教育权,缺乏科学的认识和教养做法,缺乏与孩子的沟通技巧,对孩子心理健康的重视不足。

3. 学业困境

服务对象中的兄弟二人年龄达到义务教育阶段,符合入学条件但未入学;没有接受过学前教育,缺乏对教育和学习的认知。

4. 人际关系困境

服务对象与同辈群体沟通交流少,缺乏社会交往。

(二) 干预思路与目标

1. 干预思路

根据服务对象的情况,运用人本主义疗法为其提供无条件支持与鼓励,使他们能够深化自我认识、发现自我潜能并且回归本我,改善“自知”或自我意识,来充分发挥其积极向上的、自我肯定的、无限的成长和自我实现的潜力。治疗不应仅仅着眼于眼前的问题,而是在于支持服务对象的成长过程,以便使他们更好地解决未来可能面临的问题。

在异地户籍政策帮助有限和无例可循的情况下,以服务对象的生命健康和孩子的健康成长为核心,更多地从服务对象本人和服务对象的家庭为出发点看待问题,尊重个人意愿,改善现状,尽量为服务对象创造有利的环境和条件。具体来说:

① 寻求临时监护,解决服务对象在白天父亲外出上班时无人监护的问题,同时教授生活安全知识,保障生命安全。

② 了解服务对象家庭实际的经济状况,为其链接资源。

③ 了解服务对象父亲日常是怎样照料孩子的,协助其将家里整理整齐,帮助服务对象养成良好生活习惯,帮助其创造合适的生活环境。

④ 坚持最有利于儿童原则,共同制订个人成长计划。

2. 干预目标

(1) 短期目标

通过临时监护,解决服务对象在白天父亲外出上班时无人监护的问题,同时教授生活安全知识,保障生命安全。

(2) 长期目标

帮助服务对象接受义务教育,适应新生活;提升其父亲的抚育能力,帮助营造良好的家庭环境,将监护缺失的风险降到最低。

(三)保护与服务过程

1. 第一阶段

社工从街道儿童督导员、社区儿童主任处了解到服务对象情况后,上门探访,运用积极倾听、同理、鼓励等会谈技巧,与服务对象一家逐步建立专业的关系,从而了解服务对象的详细家庭情况。社工主动向服务对象监护人介绍社工服务,并澄清了社工角色和所能提供的服务内容。社工在与其沟通交流过程中,了解到服务对象目前的家庭情况和生活状况,双方共同制定服务目标。

2. 第二阶段

社工在第二次上门探访中,从儿童主任处了解到服务对象家庭近期情况。之前因为家中用火不慎造成火情,房东已经拒绝服务对象在原出租屋继续居住,在社区干部协助下一家人搬到了社区内的另一处继续居住。三兄妹的午餐,由哥哥给弟弟妹妹做蛋炒饭。厨房用具由煤气灶换成了电磁炉。社区也常去给三个送孩子送去午饭或者零食。

社工查看家中环境是否存在安全隐患,儿童主任告诉社工,因为火灾的原因,现在出租房里只有基本的空调、风扇和做饭用的电磁炉、电饭煲。

社工以情景演示的方式教导服务对象安全知识,如问孩子们能不能轻易给陌生人开门,户外玩耍不能到周围没有大人的地方,演示错误的用电方式,强调人走关电,进一步消除安全隐患。

链接社区资源,发布帮助服务对象的募捐信息;邀请服务对象参与社区儿童活动。鉴于服务对象家庭情况特殊,社工与社区一同整合资源,多渠道寻找物资资源,社区爱心人士纷纷为服务对象的家庭捐赠日常的生活用品及衣物。社工在社区征求爱心妈妈,在服务对象父亲白天工作时上门临时照看孩子们的起居,缓解了服务对象家庭的困难,改善监护缺失,同时使案主一家感受到来自社区的关怀。

3. 第三阶段

社工在了解服务对象平时的家庭监管情况后,与服务对象父亲和志愿者约定了照顾计划。给服务对象制定一个阶段性小目标,学会自己独立照顾自己,如在服务对象独立洗澡后,给予物质奖励。物质奖励获得一定的成效,为了减少服务对象对物质奖励的依赖,后续给予服务对象精神奖励。服务对象感受到来自他人的肯定在慢慢改变,服务对象也学会了独立洗澡。

4. 第四阶段

社工对服务对象获得成长表示肯定，协助服务对象学习将家里物品进行分类整理，使家里简单而温馨，让服务对象可以在整洁的环境中成长。同时引导服务对象学习物品分类，自己的日常用品自己整理。引导服务对象的家长将换季的衣被归置好，在整理生活物品的过程中需要服务对象在一旁帮忙，让其也参与其中。通过指导服务对象个人物品、学习用品的分类，减少其对将来进入学校的不适应。

入学的申请手续在儿童主任的帮助下有序进行，计划两个男孩入学附近的××小学。妹妹也在社工的积极协调下由区教育局就近安排进公办幼儿园免费入托。

5. 第五阶段

服务对象的父亲因为家庭经济的考虑对两个孩子上学的事情犹豫不定，但社工通过真诚的谈话沟通、链接资源帮助、政策法律的宣讲，促成了孩子父亲尽责抚养的决心。但事物的发展不是一蹴而就的，服务对象入学后对新生活的适应、服务对象父亲的生活照料水平的提高仍需后续跟进。

三、干预成效

开学一段时间后，社工向儿童主任了解服务对象最近的监护和上学情况，得知开学之后服务对象已经和同龄孩子一样正常去上学了，就在离住处步行十几分钟的××小学。服务对象比较听话，没有抗拒和厌学，早上服务对象父亲会帮他们穿戴整齐收拾干净再送出门，妹妹也正常就近入托，监护缺失情况终于缓解。节假日就待在一起玩，社区有活动会带他们一起参加。

与服务对象父亲电话联系时，社工与服务对象父亲回顾了服务历程，从紧急干预到多方帮助，再到解决案主上学和入托困难，他表示感谢社区和社工、政府多方的关怀和照顾，会鼓励孩子好好学习，保障好孩子们的基本生活。

经过 5 个月的努力，妥善解决了服务对象的生命健康安全问题、监护缺失问题、教育缺失问题、个人发展问题，其父亲的监护能力与意识得到提升。后续通过定期跟踪服务提供家庭教育等方面的支持，帮助服务对象度过一个快乐温暖的童年。

四、社工反思

社工在该个案中主要运用人本治疗模式，充分运用社会支持理论。在服务过程中，社工在市未保中心领导下，链接区公安、教育局、民宗等多部门，为服务对象提供支持和关怀，为其创造了一个和谐、信任、宽松的环境，社工以平等、接纳、同理心，给予服务对象强有力的专业支持和情感支持，服务对象的生活环境好转，个人发展得到保障，沟通交流能力提升。

本案例服务的目标基本达到，但每个人的改变都不是一蹴而就的，服务对象需要适应新的生活节奏，尤其是服务对象的父亲的改变还需很长的一段时间，这些需要后续服务的跟进，才能稳定良好的服务效果。

南昌经济技术开发区民政办公室 孙展翔 杨凯华

健康成长 走向阳光

专业点评：本案例服务对象户籍在省外，社工在政策链接的同时以儿童利益最大化原则开展服务工作，及时准确地评估服务对象需求，运用人本治疗模式介入困境儿童保护服务工作；与儿童主任密切配合，链接区民政局、区教育局、街道、社区和志愿者资源为服务对象解决监护缺失、学业困境等问题。社工在工作中能够将人本主义理论中真诚一致、表里如一运用在与服务对象的治疗关系中，以认真负责的态度为服务对象服务，后续跟进还应与服务对象父亲加强对话，进行政策宣讲，并辅导亲职教育。（徐国芬）

孩子，这是你第二个家

——危机干预模式介入监护缺失儿童保护服务的案例

一、基本情况

1. 案例来源

服务对象所在学校老师向县民政局反映，该服务对象兄弟俩常处于无人看管和饥饿状态。社工了解到服务对象基本情况后主动介入。

2. 服务对象基本信息

小新(化名)，男，9 岁，小学四年级，父母离异，随父亲生活，家庭贫困，享受低保，身体健康，性格非常内向、封闭。

3. 服务对象家庭情况及成长经历

服务对象父母在 2020 年 7 月因感情不和离婚，根据其父母离婚协议的约定，小新和 6 岁的弟弟归父亲抚养，12 岁的姐姐归母亲抚养，母亲已另组家庭。

从小姐弟三人在父母的争吵中长大，前几年父亲外出广东务工，三个孩子在外婆家生活。父母离婚后，服务对象兄弟俩随父亲租住在定南县城，就读于某小学。父亲好吃懒做，游手好闲，稍有不顺便对两个孩子非打即骂，常常对孩子说“去死”，甚至几天不回家，孩子饿了没饭吃，冷了没衣服穿是常态。服务对象是学校的重点关爱对象，学校给服务对象减免了费用，并在各方面给予关爱帮扶。2021 年 9 月，学校已经开学，但服务对象未返校上学。

二、干预过程

（一）多角度困境分析

1. 生存困境

服务对象父亲不履行监护责任，让服务对象常处于无人照料状态，生存状态堪忧。

2. 安全困境

稍有不顺,父亲便用粗暴的方式“教育”服务对象,让服务对象长期处于恐惧和不安的状态。

3. 心理困境

服务对象在不良的家庭环境中长大,造成服务对象缺乏安全感,非常敏感,自卑、内向、爱哭。

4. 学业困境

到了开学时,父亲没有将服务对象送入学校接受义务教育,受教育权受到侵犯。

5. 人际关系困境

服务对象夏天十天半个月不洗澡,浑身散发出馊味;有“拿”同学东西的不良行为,同学们都远离他们。

(二)干预思路与目标

1. 干预思路

马斯洛需求理论模型表明,人类存在着五种层级的需求,生理、安全、爱和归属感、尊重以及自我实现等五大类需求,其中居于最底层、对人类具有最大影响的生理需求,是最基础也是最根本的需要。

在本案例中,一是解决生存问题。服务对象小新兄弟俩面临父亲不履行监护职责,两个孩子午餐在学校吃,早晚及周末由父亲负责,父亲对服务对象兄弟俩弃之不管,也未将服务对象委托他人照顾,致使服务对象处于危困状态,需进行危机干预,协调相关部门解决服务对象生活照料、生存问题。

二是解决受保护问题。服务对象稍不顺从便迎来父亲棒打脚踢等身体虐待、情感虐待,身心受到伤害,亟须解决服务对象安全、受保护、免除恐惧问题。

三是解决情感归属问题。服务对象在夏天十天半个月不洗澡,同学们都不愿意和他接触,因此需要协助解决服务对象个人卫生问题。到开学时间,服务对象未进入学校接受义务教育,需协调解决服务对象接受义务教育问题,保障其受教育权,让服务对象融入同伴中。

四是解决服务尊重问题。服务对象敏感、爱哭,内向、自卑、封闭,需要协助改善,提升服务对象的自信。

五是解决社会化问题。家庭从小没有培养两名孩子的基本生活技能,生活习惯非常差,房间垃圾成堆,爱心人士捐赠的衣物随地乱丢,需要提升服务对象自理能力。

2. 干预目标

为服务对象提供直接服务和间接服务,进行危机介入,保障服务对象基本权益,确保生存、受教育权利;与服务对象进行深入交流,获得必要的心理和情绪支持服务,帮助其宣泄不良情绪;激发服务对象潜能,提升服务对象生活自理能力;协助服务对象正视自己,看到自身的成长和改变。

(三)保护与服务过程

1. 第一阶段:建立关系

社工首先尝试与服务对象建立专业关系,社工接触服务对象本人进行初步的沟通和交流。第一次见面,服务对象兄弟俩一直低头站在角落,充满恐惧和害怕。社工先表现出对服务对象的关心和接纳,拉着服务对象的小手,用温柔的语气和服务对象说:"小新,你好,别害怕,我是一名社工,是来协助你一起解决现在的困难的。"社工先做自我介绍,介绍社工的姓名及工作内容,并让其抱着自己的枕头,增加服务对象的安全感,让服务对象逐渐放下防备,建立了与服务对象的关系,开始初次的面谈。面谈时,社工运用支持性技巧,用专注、倾听、同理心、鼓励等方式,仔细倾听服务对象的表达,记录一些重要的节点。社工本着对儿童负责的态度与服务对象建立了信任关系。其次,社工尝试建立服务对象与父亲之间的连接,引导父亲正向面对生活困难,进行家庭教育监护指导,转变服务对象父亲不正确的思想,将孩子送入学校接受义务教育,担起做父亲的责任,保障两个孩子基本生活。

2. 第二阶段:危机介入

第一阶段实施后,服务对象父亲将其送入学校接受义务教育。但半个月后,其父亲电话处于无人接听状态,经多方联系得知已两三天没回家,父亲作为监护人拒绝、怠于履行监护职责,导致服务对象处于无人照料的状态,没有尽到监护抚养职责,母亲及其他监护人也不愿意进行监护。服务对象处于多日无人看管状态,基本生活无法保障,需要进行危机介入。县民政与检察院、公安等部门沟通协调后,第一时间将服务对象接到县未保中心,在县未保中心,服务对象有热饭吃,有热水澡洗,有电视、图书等,基本生活得到有效保障。

3. 第三阶段:当事人中心治疗阶段

服务对象长期处于一个不良的家庭环境,造成胆小、自卑、封闭,刚进入未保中心,面对一个全新的环境,其非常担心,害怕父亲会来打他们,害怕这里的一切。社工对服务对象进行心理辅导，运用倾听、专注、引导、鼓励、反馈、情景模拟等技巧帮助服务对象慢慢走出自卑内向的心理，消除恐惧。社工和护理人员把服务对象当成自己的孩子，陪伴其吃饭、做游戏，给其读绘本、讲故事。渐渐地，社工与其建立了非常紧密的亲密关系，孩子慢慢露出了久违的笑脸。

4. 第四阶段：促进服务对象发展

服务对象从小在没有爱的环境中长大，家庭没有培养服务对象的生活习惯，自理能力非常差。在未保中心，社工激发服务对象潜能，与护理人员鼓励服务对象，自己穿衣、洗澡、倒垃圾，整理房间，做一些简单的小劳动，提升孩子自理水平。并引导服务对象主动与社工交流，诉说自己的想法，由此来锻炼服务对象表达和动手能力。

5. 第五阶段：持续跟踪，巩固社会支持网络阶段

针对服务对象情况，县民政、公安、检察院、法院、教科体、妇联等单位建立了协调机制，并召开多次专题会议，协调解决服务对象问题。

三、干预成效

经过4个多月的努力，服务对象的问题基本得到解决。一是社工多次与其父亲沟通，其父亲在开学第八天将服务对象送入学校接受义务教育，保障服务对象受教育的权利。二是多部门协作，经县公安部门调查取证，服务对象父亲因不履行监护抚养被拘留5天。这是《中华人民共和国未成年人保护法》实施以来，江西首例因不履行监护抚养被拘留的案件。三是县民政部门将服务对象接到县未成年人保护中心进行临时安置照料，服务对象生存、安全问题得到解决。四是经过社工的专业服务和情感支持，服务对象的敏感、内向、自卑心理有很大改善，生活习惯得到良好引导，自理能力得到较大提升。

四、社工反思

家庭保护对未成年人健康成长起着不可替代的重要作用，父母在孩子心中的地位不可动摇。社工的第一方案是进行家庭监护指导。但当家庭已经不能给孩子提供港湾时，甚至对孩子基本生存已经造成威胁，社工及时介入，链接资源，民政部门主动依法对未成年人进行临时监护。

此案例中，民政、公安、检察院、法院、教科体等部门加强了信息沟通，建立了工

作协调机制，及时掌握孩子平时基本情况，保证孩子在监护缺失的情况下第一时间得到有效救助，杜绝冲击社会道德底线的事件发生。

本案例服务的目标基本达到，服务对象目前安置在县未保中心，虽然已经适应了未保中心的环境，但对社工和护理人员还较依赖，还需要继续培养生活自理能力；在学校的一些不良行为还需要持续引导和跟进；同时，县民政局已向县人民法院提出撤销服务对象父亲监护人资格的申请，服务对象在监护和安置问题方面还需要持续跟踪。

赣州市定南县民政局　钟乐乐

孩子，这是你第二个家

专业点评：此案例中，社工接到服务对象无人看管和长期饥饿情况后能够主动介入，及时对服务对象进行危机干预，并从多维度对案主进行需求分析，链接多方资源协助案主脱离困境。干预过程中用专注、倾听、同理心、鼓励等方式，引导服务对象主动与社工交流，锻炼服务对象表达和动手能力，体现了助人自助的宗旨。同时，该案例涉及江西首例因不履行监护抚养义务被拘留的案件，体现了社工在司法救助领域的重要作用。（况文静）

解除危机　心向阳光　快乐成长

——儿童危机干预服务案例

一、基本情况

1. 案例来源

县民政部门在收到检察部门函告后，立即启动未成年人保护机制，并安排社工及时介入。

2. 服务对象基本信息

小合(化名)，女，农业户口，接案时 14 岁，不愿与陌生人交流。父亲因犯强奸罪被判入狱，母亲患严重精神疾病无监护能力。

3. 服务对象家庭现状与经历

服务对象家庭经济贫困，属农村低保户。家庭成员中还有一个妹妹，全家共四口人。服务对象于 2006 年出生，与父母共同生活，母亲患重度精神疾病，生活无法自理。2019 年下半年至 2020 年 8 月，服务对象多次受亲生父亲性侵犯。2020 年 11 月，经司法程序，其父被判处有期徒刑十年六个月。

介入时，服务对象父亲入狱、母亲无自理能力，其本人尚未成年，家庭没有任何经济来源，在校就读时情绪很不稳定，姐妹俩面临监护缺失。2021 年 3 月，县法院判决撤销其父监护权，并指定其外祖父担任其监护人，目前服务对象与外祖父共同生活。

二、干预过程

（一）多角度困境分析

1. 心理困境

服务对象未成年，心智尚不成熟，母亲无监护能力。在家庭巨变之下，作为受害者，面临心理危机、伦理崩塌、心理创伤导致发展受阻、迷茫等多重心理困境。

2. 家庭关系困境

家庭结构不完整。因父母无法履行抚养义务，基本生活来源缺乏有效保障，今后的生活、学习及成长缺乏正常家庭的有效监护。

3. 学业困境

因家庭巨变以及本人受到的心理创伤，服务对象很难正常投入学习，学习状态和成绩受到重大影响。

4. 人际关系困境

社会支持系统弱，外界存在的各种闲言碎语，可能给服务对象带来二次伤害。

（二）干预思路与目标

1. 干预思路

① 专业心理咨询师介入，启动危机干预模式。提供心理支持，抚慰心理创伤。

② 以加强综合保护未成年人工作理念为指导，在统筹各种救助政策、保障其基本生活的前提下，注重从孩子的角度和立场思考问题。

③ 充分考虑孩子身心健康发展，适当改变其学习、成长环境。

④ 该个案服务对象为未成年人，尽量消除舆论对其个人和家庭的刻意关注，防止二次伤害。

⑤ 推动社工持续介入，为孩子的健康成长创造最有利的环境和条件。

2. 干预目标

（1）短期目标

变更监护人，落实改善日常监护照料，改变生活学习环境，使服务对象基本生活得到保障。

（2）长期目标

实现服务对象心理健康，顺利完成学业，回归正常生活。

（3）工作愿景

通过本案例服务，总结提炼、探索形成可借鉴的针对被亲属性侵的未成年人保护服务经验模式。

（三）保护与服务过程

1. 第一阶段：危机干预——迅速介入，确保生命安全

接案后，社工第一时间链接专业心理咨询师介入，为服务对象开展心理评估，

确定其暂时无生命危险征兆，同时发现服务对象存在严重的创伤后应激障碍——回避与警觉共存。

在建立基本的信任关系之后，心理咨询师制订有效的干预计划，每周进行一次谈话，通过宣泄、认知情绪治疗让服务对象逐步恢复社会功能：从不说话到愿意回应；从说不清自己的想法，到可以讨论晚上睡觉的地方等问题；不愿意回到学校，到同意换学校，和妹妹一起继续上学。

社工协助其发现、整合身边的社会资源。征求其亲属及服务对象本人意见后，按照法定程序指定新的监护人，使服务对象尽可能得到较好的生活照料和社会支持，进一步缓解危机带来的心理冲击和心理伤害，最大程度避免二次伤害。促成服务对象尽快融入新的生活，重新开始正常的学习、生活。

2. 第二阶段：多方协作——解决多重问题，保障基本权益

社工积极与政府相关部门沟通协商，多方联动，解决服务对象生活保障、就学、成长关爱等问题。由县民政部门及时落实事实无人抚养儿童政策，为服务对象提供长期生活保障；县检察部门提供司法救助，解决服务对象现阶段的生活困难；县法院根据司法程序变更了服务对象监护人，服务对象进入福利院生活；县教育部门落实就近入学、教育补贴等政策，让服务对象尽快融入新的学习环境，回归正常学习状态。

3. 第三阶段：持续跟踪——发挥社工功能，保障身心健康

考虑到服务对象父亲已入刑，母亲患有严重精神病，其面临心理、生活、学习等多方面压力，社工针对服务对象仍然存在心理创伤，需要进一步辅导的现状，链接心理咨询师开展持续性心理帮助，通过长时间定期跟踪，帮助服务对象形成应对心理问题的自我修复能力，引导服务对象尽快回到正常生活轨道。同时，针对服务对象在福利院仍然存在一定程度的融入困难的问题，社工持续跟进，通过学习辅导、安排服务对象参与合适的小组活动等综合服务，促进服务对象逐渐走出危机事件的负面影响。目前，服务对象已经逐渐适应了福利院的生活，情绪基本稳定。

三、干预成效

通过充分发挥县级未成年保护工作部门协调处置机制作用，服务对象的监护照料、生活、就学问题均得到妥善解决。同时，经过社工持续服务和心理咨询师的专业治疗，服务对象已经在新学校正常就读，情绪逐步稳定，逐渐融入新的生活成长环境。未来，社工将进一步联系其所在镇、村儿童主任，制定综合辅导方案，持续关注服务对象，针对其实际情况开展针对性的后续服务。

四、社工反思

本个案是未成年人受亲属性侵的个案，具有特殊性。服务对象同时面临多重困境，一是因为被性侵造成巨大心理创伤；二是施暴者是亲属带来伦理崩塌；三是服务对象基本生活照料面临缺失。在此类未成年人关爱保护案例中，不仅仅涉及服务对象及其重要关系人，还会涉及法律、情理与伦理等多重问题。社工以“最有利未成年人成长”原则为基础，从关注服务对象基本生存状况、心理创伤以及未来的发展等多个方面着手，配合政府和相关部门，通过行政强制力和专业服务，共同保护未成年人权益。

本案的成功，得益于多部门协同干预模式，政府部门积极打破不同部门之间的条块分割，进行协同合作。涉及心理干预层面，时间周期长、专业要求高，如果在省级层面建立相应配套的长效机制，将有利于更好地推进后续关爱与保护。

吉安市泰和县民政局　晏克驹　刘永英

解除危机　心向阳光　快乐成长

专业点评：此案例充分运用危机干预、心理辅导和链接资源，应以“最有利未成年人成长”原则为基础，帮助服务对象走出阴霾，助其快乐学习、成长。同时，与政府相关部门沟通协调，解决服务对象在生活、学习、心理上的困境，使其能够安心学习成长。在今后类似的案例中可借鉴此次案例的成功经验，为在押服刑人员未成年子女提供服务经验模式。（刘宏涛）

第五章

监护缺失

花季少女成长记

——社会支持理论介入事实无人抚养儿童保护服务

一、基本情况

1. 案例来源

社工通过事实无人抚养儿童入户走访建档了解到服务对象的情况,该个案由社工主动介入。

2. 服务对象基本信息

花花(化名),女,2008 年 2 月 29 日出生,13 岁,就读初中二年级,父母智力残疾,一家人一直与爷爷奶奶一起生活,属于事实无人抚养儿童。

3. 服务对象家庭情况及成长经历

服务对象与爷爷奶奶、爸爸妈妈、妹妹一起生活,爷爷奶奶年近 70 岁,无退休工资,爸爸妈妈都是智力残疾二级,妹妹患有失神性癫痫症,需要吃药控制。服务对象家庭属于低保家庭,服务对象和妹妹属于事实无人抚养儿童,平时的经济来源主要依靠政府补贴和爷爷、爸爸的工资。

二、干预过程

(一) 多角度困境分析

1. 心理困境

根据标准化调查问卷结果,服务对象因学习成绩(特别是数学成绩)不佳及性格过于害羞敏感,缺乏沟通技巧而苦恼和自卑。

2. 家庭关系困境

父母皆是智力残疾二级,基本不与服务对象交流,服务对象缺少父母关爱;爷爷奶奶隔代照顾,存在沟通代沟问题。

3. 学业困境

安装某帮助完成作业的APP,服务对象依赖APP完成作业,导致学习基础薄弱,无法跟上学校进度。

(二) 干预思路与目标

1. 干预思路

(1) 社会支持网络理论

社会支持网络理论认为,应当重视处于问题情境下的个人的社会网络以及获得支持的程度,协助个人发展并强化其社会支持网络,以提升其应对生活压力事件的资源。社会网络干预的目的在于强化个人的社会资源,增强个人的社会适应能力,协助个人解决生活中的问题。本案例中,社工帮助服务对象构建学习支持网络,与服务对象姑姑沟通,抽空多陪伴服务对象,给予其情感支持。

(2) 优势视角理论

优势视角是一种关注人的内在力量和优势资源视角,着重挖掘服务对象自身的优点,帮助服务对象认识其优势,从而达到解决服务对象外在或潜在的问题。服务对象对于自己的问题清晰明了,有改变欲望,有利于促使服务对象自我改变;服务对象爷爷奶奶愿意沟通亲职教育话题,认可社工提出的方法,并且表示乐意积极改变。服务对象爷爷奶奶的积极态度也是有效实现服务对象改变的优势资源。

2. 干预目标

① 协助服务对象找到合适的学习方法,解决学业的问题。

② 服务对象上课能主动举手发言,学习更加积极主动。

③ 服务对象能与家长主动问候和沟通,家庭关系更加融洽。

④ 服务对象掌握基本的女性生理健康知识,学会简单的生活技能。

(三) 保护与服务过程

1. 第一阶段:与服务对象建立专业关系

通过与家人的面谈,详细地了解服务对象的家庭背景与情况。在访谈中,社工得知服务对象在家里基本不与家人沟通,回到家都是静悄悄地回自己的房间,不会和家人的打招呼。爷爷主动与她沟通时,服务对象一般都是以点头、摇头或者沉默来回应。

服务对象改变的欲望非常强烈,服务进展比社工预期的更加顺利。社工尝试与服务对象分析了目前的问题、问题产生的原因及目标,服务对象非常配合。服务对象讲述自己目前存在的问题，一是自己的学习成绩不够好，二是和家人的关系存在问题。通过讨论，社工和服务对象列出存在问题的主要原因：① 服务对象存在非理性认知，认为举手回答错了会遭到讽刺和嘲笑；② 缺乏科学的学习方法，学习效率低；③ 家人之间缺乏良好的沟通方法。

针对分析得出的问题，社工协助服务对象一起制订了服务计划，当即签订了服务协议。

2. 第二阶段：突破自我，从举手开始

服务对象表示自己有尝试改变自己的非理性认知，克服自己的心理障碍。上课积极举手，举手那一刻想着社工说的即使回答错了，也不会带来什么不好的结果。自己回答的时候感觉又开心又紧张，担心自己的答案不正确，回答完后，突然觉得举手回答问题是一件很简单的事情，不再和以前一样困扰着自己。社工对服务对象表示了赞赏，肯定其挑战自我的尝试。社工与服务对象一起做学科分析，通过分析每科成绩、每个模块的得分情况，帮助服务对象找到薄弱环节，并由此与服务对象开展讨论，共同找到解决的办法，和服务对象一起探索适合的学习方法。

考虑到服务对象基础实在太薄弱，会谈后，社工在得到服务对象认可的前提下，通过机构链接了公益补习机构，用专业力量帮助服务对象提升成绩，构建更加系统的知识体系。再次家访时，服务对象非常高兴地与社工分享了机构老师教授的记忆英语单词的方法，告诉社工自己英语听写成绩取得了很大的进步。现在也越来越喜欢数学课，成绩也有了进步。社工再次对服务对象的改变表示了赞赏和鼓励，勉励服务对象只要坚持用正确的方法学习，一定会取得更大的进步。

3. 第三阶段：能与家长主动问候，增进家庭沟通

在会谈中，服务对象表示自己是想和家人沟通的，但是不知道说些什么。社工用自我披露的方法和服务对象分享自己和家人的沟通故事，以此告诉服务对象家庭沟通的重要性，并与服务对象就目前的情况讨论如何更好地进行家庭沟通，从而从家庭系统中获得更多的支持。社工建议服务对象可以从每天回家和离家的招呼开始，这既是礼貌尊重的体现，也可以作为服务对象与家人沟通的开端。服务对象表示愿意尝试。

通过此次家访，服务对象认识到自己在与家人的沟通方面存在非理性信念，这是她和家人关系出现问题的主要原因。社工鼓励服务对象，能主动思考分析产生问题的原因是很大的进步，希望她能按照约定，努力改变自己。在后续的跟进服务中，服务对象爷爷反映服务对象能做到进出门主动和家人打招呼，服务对象和爷爷奶奶的关系更亲近了一些，家庭关系更加融洽。

4. 第四阶段：协助服务对象掌握基本的女性健康知识，掌握基本的生活技能

由于服务对象父母精神残疾、祖父母老迈，无法在服务对象的生理发育方面给予指导。根据服务对象这一年龄阶段的生理发育特点，心理、情感发育特点和今后将要独自面对青春期生理、心理上的过渡，以及未来生活中的诸多现实困难，社工认为应当为服务对象补充这个阶段女性生理知识，包括协助其树立正确的恋爱观和增强防性侵意识，持续提升其独立生活的能力，以便在未来更好地适应社会生活。

服务对象表示自己是愿意学习生活技能的，但是从前不知道自己应该学些什么，怎么去学。社工建议服务对象根据自己的能力从易到难，从学习煮面条，水饺，主动承担家里部分家务开始，慢慢学习独立生活技能。服务对象目前已经能够自己为全家做简单早餐。

5. 第五阶段：促进服务对象的自我认识，增强其信心，做好结案准备，处理离别情绪

社工通过电话与老师沟通了解服务对象近期学习情况，老师表示英语听写成绩从不及格到现在较为稳定的 90 分左右，数学成绩也有进步，不懂的题目也会主动提问，进步很大。

根据前述服务对象在家庭沟通、独立生活能力和学习能力等方面的改变情况，社工认为服务目标基本达到。社工和服务对象共同回顾了辅导的全部过程，并与服务对象约定，如果出现了自己无法处理的问题可以再联系。

三、干预成效

经过 4 个多月的努力，服务对象与家人的关系得到改善，自我认同感增强，学会合理分配学习时间，学习积极性和学习能力明显提升，还学会了做简单的饭菜。并且在结案后，社工收到服务对象的感谢信，服务对象将自己接受服务前和接受服务后的问题进行了总结和对比，发现自己的改变，树立了积极心态。

四、社工反思

结案后，服务对象给社工送来了感谢信，感激社工带给自己的变化。每个人都有改变的意愿，每个人都有改变的价值，这是社会工作的信念，但是每个人的改变都不是一蹴而就的，是一个漫长的过程，需要社工真诚的鼓励、耐心的等待，相信服

务对象,并和他们坚定地站在一起,直面困难。

共青城市民政局 刘子燕

花季少女成长记

专业点评: 本案例服务对象的生活能力、学习能力、社会交往能力均存在一定的不足。对这类孩子,大家往往喜欢给他们贴上各种负面标签,但是,事实上,他们只不过是因为家庭的特殊原因缺乏正确的引导。是党和政府对困境儿童的关爱,让社工及时出现在她的身边,让她感受到了社会的温暖和关爱,给她的生活和学习带来了积极的改变,也许其一生命运也将改变。

社工在个案服务中立足长远,不仅考虑了儿童发展的当前需要,更着眼于服务对象未来的需要,紧扣社会工作助人自助的宗旨,抓住服务对象改变意愿强烈的优势,针对服务对象能力缺失的症结,帮助服务对象增能,切实提高其学习和独立生活能力。有了这些生存的本领,我们有理由相信,在未来服务对象一定能更加自信地面对一切挑战。(刘融融)

小阳的故事

——生态系统理论介入困境儿童保护服务

一、基本情况

1. 案例来源

江西协作者社工摸排情况时发现，某村里有位孩子，父亲入狱，母亲改嫁，孩子跟随爷爷生活。爷爷忙于生计，疏于照顾。社工了解到服务对象这些基本情况后主动介入。

2. 服务对象基本信息

小阳(化名)，男，11 岁，身体健康，接案时 10 岁，性格较为外向。父母离婚后，其跟随父亲，与爷爷共同生活。

3. 服务对象家庭情况及成长经历

小阳父亲因打架斗殴入狱，母亲改嫁后育有一女。小阳现和爷爷一起生活，爷爷年事已高，只能为他提供基本的生活保障，对孩子的教育束手无策。因父亲进监狱的事情，村里的村民在看待小阳时会不自觉地戴上有色眼镜，小阳经常被别人评价为“坏孩子”。

小阳现在上小学五年级，成绩不理想，脾气暴躁，时常一言不合就发怒打人，甚至喜欢以咬人的方式还击。

二、干预过程

(一) 多角度困境分析

1. 心理困境

村民对小阳形成了坏孩子的刻板印象，村里的小孩受大人影响，很少有人愿意和他一起玩。其母改嫁后和家里联系较少；父亲常年在外，即便回到家，也很少了解他的生活状况。小阳放学回家后，一般都是选择在家里看电视或是自己一个人玩。爷爷除了满足生活基本需求，很难在精神上给予他支持。

2. 家庭关系困境

小阳父母离婚后，母亲改嫁，父亲经常不在家，他和爷爷两人相依为命。小阳犯了错爷爷会责罚，也会和村民说孩子做错了你们就打，很少帮他分析问题产生的原因和解决问题的方法，导致他难以获得好的生活经验，从而进入一个恶性循环——从成人那习得"打骂"的处理方式。

3. 学业困境

小阳爷爷没有上过学，无法给他提供学业支持。学校老师也经常因小阳与他人发生冲突、影响课堂纪律等问题叫家长来校，对他的学习也不抱希望，只要求他在课堂保持安静，甚至可以睡觉，考试可以翻书。如此，小阳识字量很少，数学也只能做一些简单的加减运算，成绩极差，对学习更没有兴趣。

4. 人际关系困境

因村民对其"坏孩子"的印象以及对其父的评论，也影响村里的小孩对他的态度。小阳希望和他们一起玩，但由于喜欢说脏话、动手动脚、把握不住界限等原因容易引起冲突，甚至打架，其他小孩也就不太愿意与他一起玩。

（二）干预思路与目标

1. 干预思路

生态系统理论聚焦于系统之内和系统之间的互动，个人与环境的不适应就成为问题的原因。生态系统理论回应了社会工作的一个长期传统，即致力于改善案主的心理和环境状况以及个体和环境的互动；同时它是以个人和环境之间的互动为干预聚焦的；生态系统视角认为案主所经历的困境为："生活中的问题"。

在小阳的这一个案中，社工和服务对象应该形成一种伙伴关系和良好的互动关系，同时理解服务对象与他生活的周边环境是密不可分的。聚焦于寻求解决办法和服务对象的增权，干预之时要善用服务对象的个人生活体验和非正式支持网络，解决之道应该是多元的。社工干预的思路更多地从孩子的角度出发去思考问题，在充分尊重和参考孩子的个人意见的基础上，审慎地运用社工的专业工作方法，改善孩子的生活现状，为孩子营造适合其成长和生活的有利环境。

2. 干预目标

引导小阳改善不良行为习惯，学会用适当的方式和同伴相处，促进其与同辈之间友好相处。同时，缓解家庭监护能力不足带来的教养压力。

（三）保护与服务过程

1. 第一阶段：干预个人系统——提供专业服务，影响小阳行为模式

由于小阳自我认识不正确而使其价值观出现偏差，故这一阶段社工工作的重点是协助小阳提升自身能力以解决问题。

社工运用尊重、接纳、非评判等技术和小阳建立一种良好的互动关系，并通过实地走访，了解其家庭具体情况，分析其行为偏差形成的原因及其个人和家庭的需求，在此基础上开展针对性的服务。

一方面，社工链接大学生志愿者资源，为小阳安排大学生志愿者每月固定时间到他家里，提供课业辅导和陪伴支持服务，在服务过程中引导和改善其偏差行为，让他在生活上有朋友、学习上有伙伴。

另一方面，社工结合小阳日常与他人的相处方式，及时引导他认识不同处理问题的方式，改善偏差行为，帮助他正确看待自己的行为问题，强化他身上的优点进而改正缺点，从而改变不正确的行为。

2. 第二阶段：干预家庭系统——经济援助，提升抚育能力

接案时，小阳父亲还在监狱里，小阳由爷爷一个人照顾，家庭的经济来源主要靠爷爷种地、卖自家种的菜，生活比较拮据。社工综合地评估了其家庭情况，为他提供了助学方面的经济援助。

基于家庭环境对其成长的重要影响，社工引导家长给其提供更多的支持，改善家庭成员之间的沟通互动模式，加强亲子沟通，营造良好的家庭成长环境。

3. 第三阶段：干预同辈群体——提供专业服务，提升小阳的个人支持

这一阶段的工作重点是协助或改善小阳与同辈群体之间的互动。由于他与同辈群体之间的沟通互动出现不平衡，一方面，社工利用他到儿童服务站与其他孩子相处的机会，引导其他孩子发现他身上的优点，转变对他的坏印象。同时，引导、支持小阳和小朋友相处，促进与朋辈建立良好的关系，增强其自我效能感。另一方面，社工开展小组、社区活动时，邀请小阳加入活动中，激发其参与感和责任感。

4. 第四阶段：链接社会系统——链接支持资源，改善小阳生活环境

社工链接资源，为其提供经济助学，改善家庭经济状况。

三、干预成效

经过社工的干预，小阳的情况有所改善，具体体现在以下几个方面：

① 行为问题有所改善。小阳在和小伙伴相处的过程中，不再只是利用暴力的方式来解决问题，而是会站在对方的角度上来思考问题。例如在玩枪的过程中，不小心打到了别人，不再像以前一样跑开或是用较为对抗性的方式来解决问题，而是会向对方道歉，并停止玩枪。在儿童服务站玩耍时，经过社工的提醒，会遵守服务站的活动规则，不捣乱。

② 伙伴关系有所改善。在和小伙伴玩耍的时候，小伙伴会主动站出来维护小阳。有一次小阳和小伙伴在儿童服务站玩耍，有三个小男孩到儿童服务站来玩，但是受到了除他外的其他小孩子的一致反对，社工问其缘由，孩子表示"这些人前些天欺负小阳，不想跟他们玩"。

③ 家庭环境有所改善。小阳父亲出狱了，对其来说，在心理支持上有很大的帮助。爷爷也感慨小阳有所改变，比以前更加听话了。以前家长经常被老师叫去学校，最近几乎没有去过了。

四、社工反思

社工在该个案中主要运用生态系统理论，从不同的角度给小阳提供支持和关怀，用平等、接纳、同理心，给予心理支持，让其交际、沟通、反思等能力都得到发展。和小阳这样的孩子相处，社工需要有足够的耐心、接纳和包容，因为他们的行为会有反复性。在给小阳提供个案服务的过程中，社工还需要考虑生活环境的影响，力求营造一个有利于他行为转变的社区环境。

本案例服务的目标基本达到，但每个人的改变都不是一蹴而就的。小阳的行为问题具有反复性和复杂性，其问题的形成是由多方面因素造成的，在解决问题的时候需要兼顾各种因素。同时由于问题会不断反复，需要社工后期持续跟进，也需要民政部门、村委和儿童主任的后续支持。

新余市高新区社会管理局　丁石

小阳的故事

专业点评： 本个案社工基于生态系统理论视角，运用儿童社会工作专业方法和技巧从服务对象生活的环境入手，从微观、中观、宏观三个系统层面分析服务需求，为服务对象提供支持性和补充性服务，以帮助服务对象适应环境，改善亲子关系，解决学习障碍，改善偏差行为以及消除心理障碍等，达到了预期的效果。在实务能力上，社工能够在介入过程中渗透一些专业理念，如尊重、接纳和非批判等，帮助服务对象走出困境，使其家庭能够逐渐形成良好的家庭氛围、互相支持的家庭结构以及构建良好的朋辈支持系统和友好的儿童社区环境，具有一定的实践意义。(刘郁)

陪伴你一起成长

——危机介入模式介入困境儿童服务

一、基本情况

1. 案例来源

社工通过服务对象的亲属了解到服务对象的基本情况,该个案由社工主动介入。

2. 服务对象基本信息

鑫鑫(化名),男,接案时 12 岁,母亲去世,父亲入狱,服务对象失去了所有的依靠。

3. 服务对象家庭情况及成长经历

服务对象是安徽宿松人,男,12 岁,10 岁时确诊为脑瘤。他还有个在读大学的哥哥。服务对象父亲是安徽人,在工地做零工,经过多年的努力在县城贷款买了商品房。平时母亲独自一人带着服务对象四处求医,全家的生活仅靠父亲微薄的收入。服务对象的治疗花光了家里的所有积蓄,并欠下了很多的债务。多重压力下服务对象父亲的性格越来越暴躁,并且疑神疑鬼,经常当着服务对象的面摔东西,打骂母亲。母亲怕对服务对象的身体恢复不利,就带着服务对象搬到了舅舅家。由此引发了导火线,父亲性格变得扭曲,失去了人性,趁服务对象母亲回家拿衣服的时间用铁锤残忍将其打死。服务对象小小年纪,承受着生理和心理上双重打击,有着严重的心理阴影。

二、干预过程

(一) 多角度困境分析

1. 心理困境

家庭的变故让服务对象心情沉痛悲伤,心理压力大,情绪不稳定。

2. 家庭关系困境

服务对象面对父亲杀死母亲的事实，对父亲的感情非常复杂，家庭关系变得十分微妙。

3. 学业困境

缺少父母的关爱和辅导作业，学习成绩可能会受到影响。

4. 人际关系困境

服务对象遭受了沉重的打击，有自卑、内向，拒绝交流的可能。

（二）干预思路与目标

1. 干预思路

本案例适合采用危机介入模式，具体来说：

（1）及时处理

由于家庭突发变故，对服务对象造成的危害性大，需要社工及时接案，及时处理，尽可能减少对服务对象的伤害。

（2）输入希望，提供支持

挖掘服务对象身边的资源，给予帮助，解决服务对象的住宿问题及生活问题。

（3）恢复自尊，培养自主能力

了解服务对象对自己的看法，帮助服务对象恢复自尊，增强服务对象自主面对和克服危机的能力。

2. 干预目标

协助服务对象处理其母亲离世的悲痛情绪，回归正常的生活轨道。

（三）保护与服务过程

1. 第一阶段：紧急介入，帮助服务对象宣泄内心的痛苦，安抚其情绪

得知消息后，社工第一时间与服务对象的舅舅联系，了解服务对象的情况。当时孩子情绪低落，非常悲痛，不吃饭，不说话，晚上也不睡觉。社工介入之前，舅舅与孩子沟通后表示希望获得帮助。社工们很快链接志愿者筹集了善款，第二天来到服务对象的家里。服务对象看见我们，眼泪不由自主地流了下来。社工跑过去紧紧地搂住他，安慰他不要害怕，大家会陪他一起面对困境。几分钟后，由于社工的安抚，服务对象的心情也渐渐平静了一些。于是社工扶着服务对象来到他的房间里，陪他一起坐下，握着他的手，运用同理心感受服务对象内心的痛苦与恐惧，建立初步的信任关系，并签订接案同意书。社工一方面安抚服务对象和他的亲属，另

一方面及时联系当地的居委会申请了低保救助。

2. 第二阶段：输入希望，提供支持

社工充分利用服务对象周围已有的资源为他提供支持和帮助。3 月 21 日晚，社工通过电话方式联系了服务对象的班主任刘老师。自我介绍后，刘老师带着惋惜的语气为服务对象感到可怜。问及服务对象在学校的情况，刘老师介绍说，服务对象服务对象成绩很稳定，属于中上游，在班上能够团结同学，事件发生之后同学们都能积极主动地给予服务对象更多的关心和帮助。

3 月 22 日下午放学时，社工在校门口接到服务对象，刘老师也陪着孩子上了车。在车上社工问服务对象想吃点什么，服务对象说想吃汉堡，妈妈在时也会带他去吃。听到这些话，社工们心里五味杂陈。看到服务对象面色憔悴、情绪低落，大家非常心疼。通过聊天，社工了解到现在晚上睡觉比之前好了一些，但晚上还会醒好几次，醒来就会想妈妈。社工运用治疗性会谈的方法，引导服务对象坚强起来，把自己的身体照顾好，好好地生活，妈妈在另一个世界也就放心了。刘老师也一直鼓励，在学校碰到任何问题都可以找她。随后社工、老师一起送服务对象回家。

3. 第三阶段：及时进行评估，限定服务目标

3 月 27 日，社工来到服务对象的楼下。第一眼看到他，觉得他今天的精神状态比前几天要好。社工牵着他的手，边走边聊，问他最近晚上睡眠怎么样，他说好多了，在学校里也还好，就是不想住外公家，想去舅舅那边住。由于服务对象外公还没有从伤痛中走出来，在外公家居住不利于服务对象平复情绪，社工决定尽快地给服务对象提供一个适合的住所。通过与服务对象舅舅沟通，将服务对象暂时安置在舅舅家中。另一方面，社工与民政部门对接，为服务对象申请了救助补贴。

目前，服务对象和舅舅一家一起生活，得到了舅舅和舅妈良好的照顾，心情已经好转。

4. 第四阶段：恢复自尊，培养自主能力

4 月 13 日，社工来到服务对象舅舅家，服务对象放学后坐在房间里写作业。服务对象能够与社工热情地交谈，情绪基本稳定。服务对象主要表达了自己对中考的顾虑，社工用其哥哥的案例让服务对象明白，并不是只有上了重点高中才可以考上大学，让他放松心情。服务对象还向社工反馈了睡眠情况，跟舅舅在一起的生活情况，还有跟同学之间的感情，表示自己非常好，还提及他现在每天锻炼身体，要让身体尽快地恢复起来。社工及时给予服务对象支持和鼓励：“阿姨相信你是一个坚强的孩子。”同时鼓励服务对象建立朋辈群体的交往。

5. 第五阶段：鼓励服务对象表达结案时的情绪，与服务对象一起探讨结案后的跟进服务

社工与服务对象深入交谈，了解到服务对象的学习和生活都过得很好：在学校里能融入同学们当中去；舅舅和舅妈对他的生活照顾得非常好；外公的情绪也比以前好了很多。

社工告诉服务对象："你现在的生活走上了正轨，阿姨也就可以放心地结案了。"

提到结案，服务对象眼里满含着泪花，社工搂着他的肩对他说："虽然结案了，但阿姨永远都在这里。如果你有什么困难可以随时和我们联系。"

社工转交了在志愿者协会为服务对象申请的陈颖基金 2 000 元，并鼓励他要坚强、勇敢，长大了也像陈颖姐姐一样做个有爱心的人。

三、干预成效

经过社工和各方的努力，服务对象的生活慢慢地走上了正轨：学会了坚强地面对现实，在班级里得到了老师和同学们的关心和帮助，学习刻苦，成绩较稳定，也能很好地融入朋辈群体中去；在家里和舅舅、舅妈的关系都很融洽，和外公的关系也处得不错，外公已经能够面对现实；服务对象申请的救助补贴落实下来了，服务对象的生活也有了保障。

四、社工反思

首先，社工在该个案中采取了危机介入的模式，及时地对服务对象进行心理疏导，提供了无条件支持和关怀，为其创造了一个和谐、信任、宽松的辅导环境。其次，在整个过程中，社工完全接纳服务对象，用平等、接纳、同理心，给予服务对象强有力的情感支持和专业支持。再者，根据服务对象的意愿与服务对象的舅舅、舅妈协商，舅舅舅妈愿意像照顾自己的孩子一样地照顾他，解决了服务对象的归属问题。

本案例服务的目标基本达到，但事实无人抚养的孩子没有了父母，对于孩子来说是极大的伤害，他们惧怕面对这样的事实。这种伤害对其成长的影响是长期的，作为社工必须要更多地了解他们，帮助他们。

没有父母的孩子常常会产生自闭、抑郁、焦虑、自责等负面情绪，需要社会给予更多的关注,他们才能更加健康快乐地成长。以后的路还很长,后期社工会继续跟进服务,链接居委会、儿童主任等资源了解相关无人扶养政策,解决孩子长期的生活问题,给予支持和关爱。

九江市彭泽县民政局　方霞

陪伴你一起成长

专业点评:面对突如其来的家庭变故,身心尚未成熟的儿童一时间难以承受,其生活与心理层面都会出现很多问题。社工采用危机介入模式对困境儿童展开干预,在危机发生、危机应对与解决及心理恢复期等阶段,对困境儿童及时进行调适和治疗,促使服务对象面对现实,重新平衡身心状态,有效稳定了情绪,这显示了社工在理论和实务方面所具备的专业能力。家庭情况对服务对象的成长将会带来较多的负面影响,后续需要更多的协助和支持。社工勇于突破这一难点,优化服务对象系统环境的支持和助力,促进其长期成长。(刘郁)

关注留守儿童　助力健康发展

——社会工作个案辅导介入困境儿童保护服务

一、基本情况

1. 案例来源

社工通过前期对瑞昌市留守儿童的走访摸排，了解到服务对象的基本情况后主动介入。

2. 服务对象基本信息

胡某某，男，12 岁，在读六年级，由太奶奶抚养，未享受任何补助，家庭经济困难。

3. 服务对象家庭情况及成长经历

服务对象 6 岁以前随母亲在湖南生活，因没有外地户口无法上学，2015 年母亲将其送回家乡，并从此没了消息，也没有留下任何联系方式。其父亲常年在上海务工，无暇照顾孩子，每月工资基本只够自己开销，无经济能力抚养孩子，极少向家中寄钱。其爷爷在前妻(即胡某某奶奶)过世后另娶，并有了新的家庭，与胡某某及其父亲关系淡漠，不愿抚养他。其继奶奶则对其较为排斥，曾无故训斥、责骂他，且这一行为遭到其爷爷的漠视。

服务对象目前由太奶奶抚养。太奶奶年龄较大，行动不便，且没有劳动能力，每月仅靠 800 元补贴维持生活，经济较为窘迫。两人现生活在二爷爷家中，爷孙俩同处一室，房间小且杂乱，服务对象的生活学习基本在此进行。

服务对象成绩较差，在四年级之前从未完成过作业。太奶奶不了解情况，等其升至高年级后才发觉问题。

二、干预过程

(一) 多角度困境分析

1. 经济困境

母亲失联,父亲经济能力弱,爷爷、继奶奶不愿资助服务对象。因父母尚在,且其他直系亲属经济能力尚可,村委无法为其申请低保和事实无人抚养儿童等补助,服务对象的生活学习费用基本靠太奶奶每月 800 元的补贴;而服务对象在校包括吃住一学期一千多元的费用对于这个家庭而言压力较大。

2. 家庭关系困境

家庭情况复杂,母亲失联,与父亲的家庭成员关系较疏离。爷爷有新的家庭不愿抚养,且继奶奶对其极为排斥。唯有太奶奶愿意抚养,关心照顾其生活学习。

3. 学业困境

学习基础薄弱,成绩较差且学习态度不端正,学习习惯差,经常不写作业。本学期更换老师后,在现任老师的监督下,情况有所好转,但依旧存在较大的问题。服务对象还喜欢刷抖音、快手和玩游戏,沉溺于手机。

4. 人际关系困境

人际交往简单,除学校老师和同学外,日常人际交往对象只剩太奶奶。

(二) 干预思路与目标

1. 干预思路

马斯洛需求层次理论(Maslow's hierarchy of needs),亦称“基本需求层次理论”,由美国心理学家亚伯拉罕·马斯洛提出,其将需求分为五种,像阶梯一样从低到高,按层次逐级递升,分别为:生理上的需求,安全上的需求,情感和归属的需求,尊重的需求,自我实现的需求。

服务对象由太奶奶抚养,由于经济压力、存在住房困难和社会支持不足等问题,其生理需求与安全需求亟待解决。因家庭结构缺失,与家庭重要成员关系疏离,归属与爱的需求也未得到满足。根据马斯洛需求层次理论和目前服务对象问题的紧迫程度,应优先解决服务对象生理上的需求——缓解经济压力,再解决服务对象安全上的需求——解决住房问题,最后解决服务对象情感和归属的需求。

2. 干预目标

(1) 短期目标

① 缓解经济压力,解决住房问题。

② 纠正不良习惯,摆脱手机瘾。

③ 做好学习规划,夯实基础。

(2) 中期目标

① 提升学习能力,努力提高学习成绩。

② 持续改善经济状况。

(3) 长期目标

提高持续应对未来生活的能力。

(三) 保护与服务过程

1. 第一阶段:建立关系,加强信任

社工与服务对象交流,收集服务对象信息并了解服务对象情况,建立良好的专业关系和信任感。

服务对象是社工在前期走访排查中主动发掘的。初次登门,社工首先介绍了自己,简单说明上门探访服务的目的,在征得其同意后,与其签订了《个案知情同意书》,建立了正式的专业关系。在会谈中,社工通过了解服务对象的困境和聚焦服务对象的问题,与服务对象一起订立了服务计划。

2. 第二阶段:解决生存需求,改正不良习惯

多方联动,申请补助,解决生存问题,缓解经济压力。社工一方面链接市慈善总会资源,迅速开展"爱满人间 · 助学支教"助学金的申请工作;另一方面积极与村委沟通,一起探讨解决经济困境的办法。目前,助学金已申请成功,3 000 元助学金也已发放到服务对象手中,其经济状况得到部分缓解。

同时,社工与服务对象一起剖析其沉溺手机的原因,直面沉溺手机问题:与其做好约定,逐步摆脱手机,并请太奶奶监督。目前,服务对象的不良习惯在逐步改善,已能摆脱手机的干扰,减少玩手机的时间。

3. 第三阶段:解决安全需求,提升学习能力

社工积极与服务对象的亲属沟通,解决住房需求;积极与老师沟通,了解服务对象的学习进度并请他们帮助服务对象提升学习能力。

通过与服务对象的交流,社工了解到其上学期间在学校住宿。从其他亲属的口中也了解到,其父有一栋未曾装修的房子,其中有一间添置了简单的家具以供其

父回来时住,能保证将来基本的住房需要。

通过与服务对象太奶奶的沟通交流,社工了解到服务对象在四年级以前从未写过作业,老师从未就此问题与家长进行过沟通。太奶奶起初也未引起重视,等到服务对象上了高年级后,才发现其成绩差,方意识到问题的严重性。

社工主动前往服务对象的学校了解其学习情况,得知本学期更换了主课老师,老师们不太了解服务对象以前的情况。社工与老师交流并委托他们对服务对象进行课业辅导。老师们与服务对象谈心并与之前的任教老师交流,了解其之前的学习状况并根据基础差、堵点难点多等情况,制订适合服务对象的学习计划,针对性地对服务对象进行学习辅导,提升其学习能力。数学老师从九九乘法表开始,针对服务对象的弱项,逐一打通阻点,定期考察服务对象的学习情况,如考查九九乘法表的熟练度、考查分数乘除法、考查正反比例等,加强其对基础知识的掌握程度。通过一段时间的学习,服务对象的数学成绩得到了一定的提高。语文老师帮助其夯实基础,从拼音开始,学习语文知识,加强对生字词的认识,增强对重难点生字的认识,学习语文答题技巧,学习古诗词理解和对文章中心大意的理解。通过这一方式,服务对象的语文成绩得到显著提升。另外,社工引导服务对象做好学习规划,按照自己的时间制定具体的学习计划,进一步夯实基础。

4. **第四阶段:解决归属与爱的需求,树立目标**

社工通过入户探访的形式陪伴服务对象。服务对象比较欢迎社工的到来,常常向社工倾诉。社工通过耐心倾听、专注等方式缓解服务对象情绪,与服务对象建立相互信任的关系。

在多次探访中,社工了解到服务对象的想法:虽愿意与社工沟通,但在学校面对老师时,会有胆怯情绪,导致学习疑问不能及时解决。社工鼓励其遇到问题要及时询问老师并进行了一定的尝试。社工还发现,与朋辈玩耍时,服务对象更加活泼,符合这个年龄段孩子的特点,便邀请服务对象参与社区及小组活动。通过社区与小组活动,服务对象结识了新的朋友,学习能力在朋辈引导下持续进步。

服务对象也悄悄地告知社工自己将来的目标,还与社工探讨如何实现目标,并为此做出了改变。

5. **第五阶段:持续跟进,巩固服务效果**

社工持续做好个案跟进,不断了解服务对象的实时情况并针对不同情况做出应对,巩固服务效果。

一方面,社工积极地与村委进行沟通,了解服务对象补助申请情况及升学问题,链接资源帮助服务对象改善经济能力,保证其受教育权利不受损害。

另一方面，社工制定跟进计划，积极与服务对象及其太奶奶沟通，了解其沉迷手机问题的改善情况以及学习能力提升情况，一出现反复及时进行干预。

三、干预成效

接案后，社工一方面迅速对接相关部门，开展助学金申请，缓解服务对象当前的经济窘迫，另一方面，积极与村委会沟通，探讨解决经济困境的方法，在政策范围内尽量为服务对象争取补助。经过一段时间的干预和持续的跟进服务，服务对象的经济压力得到一定的改善。通过服务，服务对象玩手机的情况也得到了改善，减少了玩手机时间。另外，社工引导服务对象与老师沟通，增加其社交机会与朋辈交往；为增强其学习能力，社工委托老师进行课业辅导，引导服务对象做好自己的学习规划，通过一系列干预，取得了良好效果。

四、社工反思

社工在该个案过程中运用马斯洛需求层次理论，分析服务对象现阶段的需求，针对性地开展个案辅导服务，并通过后续跟进，不断提升服务对象面对和处理困境的能力。服务过程中，社工完全接纳服务对象，适时地采用自我披露等方式，用平等、接纳、同理心，给予服务对象强有力的专业支持和情感支持，让服务对象信任社工，从而使服务对象的学习、反思、归纳等能力得到发展。

本案例服务的目标基本达到，但需要认识到，个人的改变不是一蹴而就的，习惯的养成需要长时间的沉淀，改变服务对象的学习情况、摆脱沉迷手机本就是长久之功，这些都需要持续跟进，才能巩固服务效果。

社工也要认识到，在个案过程中社工不仅需要通过慰问关怀让服务对象感受到关爱与温暖，也要切实地了解服务对象情况，提升自己对政策法规的熟悉度，积极地链接资源、整合资源，协调社会关系，与村委、儿童主任及学校为服务对象提供帮扶，与其一起解决当前面临的迫切问题。当然，社工更需要挖掘服务对象自身的潜能与优势，提升其自主思考和解决问题的能力，真正达到“助人自助”的目的。

九江市瑞昌市民政局　彭丽娟

关注留守儿童　助力健康发展

专业点评：本个案是一个多重困境儿童的典型案例，社工以马斯洛需求理论为指导，帮助服务对象认清自己所处的困境，调整好心态，积极面对困境，处理好自己各个系统层面的问题，为其建立健康良好的成长环境。在服务过程中，社工善于发现服务对象学习过程中存在的问题，除了提升学习能力外还注意发掘其深层次的原因：沉溺于手机、社交面窄、缺乏自信、不善于沟通等多方面问题也间接影响了学习。在此基础上，运用个案辅导对服务对象的学习问题进行了介入：链接任课老师进行课业辅导等直接途径；摆脱沉迷手机，增强其人际交往的信心和增加人际交往的机会等间接途径，提高其学习能力和社交能力。同时帮助服务对象健全人格、增强自信心，取得了一定的成效。（刘郁）

愿你成为扎着漂亮辫子的小女孩

——心理社会治疗模式介入困境儿童保护工作案例

一、基本情况

1. 案例来源

服务对象家庭申请相关政府补贴，社工因此了解到服务对象基本情况，并主动介入。

2. 服务对象基本信息

服务对象，女，8 岁，父亲去世，母亲残疾，家庭贫困，一家人享受低保待遇。

3. 服务对象家庭情况及成长经历

服务对象父亲去世；母亲智力、语言残疾，无法沟通；爷爷近 90 岁高龄，年老体弱；还有一个 6 岁妹妹和一个不到 2 岁的弟弟。

服务对象原本乖巧懂事、惹人喜欢，家庭虽然贫困但至少有一个劳动力。父亲离世给她造成很大的打击，家庭失去顶梁柱，生活乱成一团。放学后她要照顾幼小的弟弟，家庭环境较差，因头上长有虱子剪了像男孩一样的平头，没有同伴，幼小的孩子压力特别大，沉默寡言。

二、干预过程

（一）多角度困境分析

1. 心理困境

父亲作为服务对象的监护人，他的离世给了服务对象很大的打击，距离其父亲已经去世 2 个月，但服务对象仍难于接受，小小的年龄承担着不应该承担的压力。

2. 经济困境

服务对象家庭无人收拾，环境卫生较乱，房间堆满旧衣物，几个孩子身上的衣服非破即脏。虽然享受低保,爷爷只能让几个孩子吃饱饭。

3. 学业困境

服务对象成绩一般,爷爷和母亲没有作业辅导能力,因家庭原因在学校一直非常自卑。

4. 人际关系困境

从小缺乏良好的生活自理训练和卫生习惯养成,个人自理能力差,不注重个人卫生,头上长有虱子,同伴们怕被传染都远离她。

(二) 干预思路与目标

1. 干预思路

服务对象存在的主要问题有:年龄小(只有8岁),至接案时仍未能从父亲去世的痛苦中走出来,需要提供心理疏导和情感支持;家庭卫生环境欠佳;个人生活自理能力待提升;卫生习惯待养成;而上述问题又导致同辈朋友远离他,需要建立朋辈支持系统;家庭生活贫困,父亲去世,母亲智力残疾,需要协助链接政策资源。

通过对服务对象问题的分析,评估服务对象的需求,社工决定运用心理社会治疗模式为服务对象提供服务。

2. 干预目标

① 政策帮扶、资源链接,改善家庭经济情况,提升基本生活保障水平。

② 使用宣泄治疗法帮助服务对象释放心理压力,帮助服务对象开发其内在的资源,调整其认知,促进服务对象逐渐恢复自信。

③ 提升服务对象的个人自理能力,养成良好的生活习惯,增强服务对象的自我适应能力,促进成长。

④ 改善服务对象的社会及生活环境,协助创造友好、互助的环境。

(三) 保护与服务过程

1. 第一阶段

社工第一时间对其家庭进行探访,通过运用尊重、接纳、同理心等技巧,与服务对象建立专业关系,促使服务对象接受服务。和村儿童主任一起,将材料申报给镇儿童督导员,再及时汇报给县民政局,使服务对象在申报当月通过事实无人抚养儿童基本生活补贴审批,并从次月起姐弟三人领取每人每月1200元基本生活补贴(因其姐弟是低保对象,实行差额发放),并链接相关企业、爱心志愿者为其家庭捐赠物资、衣服等,解决了其家庭基本生活保障问题。

2. 第二阶段

距离其父亲去世已经2个月，但服务对象仍难于接受这一现实，为帮助服务对象解脱悲伤，宣泄悲伤情绪，社工告诉她想哭就哭出来，在她痛哭时社工不时地拥抱她，拿出纸巾为她擦去眼泪。社工采用心理社会治疗模式为服务对象提供服务，这是因为服务对象一直将父亲去世的哀伤压抑在内心，给自己造成心理阴影，从而导致不合理的心理状态。社工通过非反思性直接治疗技巧，减轻服务对象的不安，增强她的适应能力，让她压抑已久的不良情绪得到宣泄。社工使用倾听、同理心、鼓励的技巧，从服务对象的角度出发，设身处地地体会服务对象内心感受，对孩子的处境和感受表示理解，鼓励她积极面对困难，释怀过去，重拾生活的信心。社工接着帮助服务对象调整认知，让服务对象明白和小朋友友好相处可以使自己获得更多的信息、知识、理解和帮助，可以让自己开心，可以交到更多的好朋友，也可以让自己帮助他人，在助人行动中体验到快乐和价值。

3. 第三阶段

社工与服务对象所在镇儿童督导员沟通，通过儿童主任定期入户探访，及时掌握服务对象家庭情况，并将入户情况及时反馈到儿童督导员和县民政部门。政府部门对服务对象也特别关心，按政策要求及时审批。为协助服务对象改善社区同辈关系，社工与服务对象所在学校老师沟通，请老师多关心服务对象，引导同学们主动接近服务对象，让服务对象所在学校环境变得友好起来，以促进服务对象性格的转变和人格的完善。社工通过与学校老师、镇儿童督导员沟通，营造关怀、友善、互助的班集体和邻里关系，动员班级的同学和社区同辈关系资源，使同学和同辈对服务对象的情况给予接纳、同感和帮助，主动与服务对象交往，帮助其恢复自信，引导志愿者为服务对象解决学业难题。

4. 第四阶段

社工观察服务对象家庭环境简陋、凌乱，朋辈们疏远服务对象一家的主要原因也是不注重家庭卫生，导致长虱子。此次社工协助服务对象及家庭成员提升日常照料的生活技能，给予舒适的成长环境。社工给服务对象带来了洗发水，教服务对象正确的洗头方法。同时，服务对象家庭东西凌乱，爱心人士送来较多衣服，但服务对象母亲仍然不愿意丢掉以前脏、破、旧的衣服，社工尝试与服务对象爷爷沟通，丢弃一些已经不能穿的衣服。让孩子明白养成良好的卫生习惯是避免头虱最有效的方法，学会整理物品，打扫卫生，社工引导服务对象及家庭成员学习如何分类整理物品，叠衣服，搞卫生，丢弃垃圾，帮助服务对象形成良好的生活习惯。同时，排查服务对象家庭环境的安全隐患，告知服务对象家庭安全注意事项。

5. **第五阶段**

针对服务对象家庭监护能力弱问题，社工与相关部门衔接，上级已安排人员对其家庭监护能力进行评估，社工将根据评估结果持续跟进。

三、干预成效

经过四个多月的努力，服务对象姐弟三人基本生活得到有力保障，民政部门充分发挥社会救助兜底作用，为服务对象姐弟三人办理了事实无人抚养儿童基本生活补贴，并链接了企业、爱心人士为服务对象家庭捐赠物资和衣服，其家庭基本生活得到有力保障，每天有干净的衣服穿。

服务对象心理健康问题得到有效缓解。社工对服务对象采用心理社会治疗模式中的非反思直接治疗技巧，让她因父亲去世压抑已久的不良情绪得到宣泄，设身处地体会服务对象的感受，理解和支持她，减轻了服务对象的不安。帮助调整服务对象对朋友的认知，让服务对象明白和小朋友交往可以让自己变得开心，心情会很好。关注服务对象自身的发展，帮助服务对象开发其内在的资源，促进服务对象逐渐恢复自信，服务对象现在恢复了曾经的自信、开朗。

服务对象自理能力得到大幅度提升。社工给予服务对象家庭情感支持及鼓励，激发服务对象潜能，养成良好生活习惯。社工对服务对象获得成长表示肯定，对服务对象家庭成员付出表示肯定。现在服务对象将家里物品进行分类整理，使家里简单而温馨，可以在舒适的环境中成长，头上的虱子也得到有效控制。

服务对象获得外部环境支持，融入朋辈关系，社工与学校和村社区沟通后，学校和村委为服务对象营造更好的环境，帮助服务对象融入群体中，在学习遇到困难时，志愿者会协助服务对象解决难题，使其收获友谊，恢复自信。

服务对象曾和社工讲过，想学习包饺子。结案时，社工带来包饺子所需要材料，手把手教服务对象如何调馅，饺子该怎么包怎么煮。社工还为服务对象带去了漂亮的编发发夹等，希望在不久后，服务对象可以把头发留长，扎上漂亮的辫子。这是社会工作者所期待，也是服务对象所期待的，本案在充满温馨和期待中结案。

四、社工反思

社工在该个案中主要运用心理社会治疗模式为服务对象提供服务，综合运用了社会支持理论。在整个辅导过程中，社工把提供直接服务和间接服务相结合，充当服务提供者、治疗者、支持者、关系协调者、资源筹措者的角色，促进服务对象和其家庭的改变。在服务过程中，为服务对象提供支持和关怀，用倾听、同理心、鼓励给予服务对象专业服务和情感支持，使服务对象的认知、反思等能力得到发展，家庭保障水平、个人自理能力得到提升。

本案例服务的目标基本达到，但是也存在一些不足，良好的生活习惯养成需要一定的时间，需要持续的正确引导和监督。另外，其家庭监护能力不佳依然还需要跟进解决，其爷爷不愿意通过亲属寄养等方式解决孩子监护问题，服务对象的家庭照顾压力依然存在，还需要社会工作者持续跟进解决。

赣州市定南县民政局　钟乐乐

愿你成为扎着漂亮辫子的小女孩

专业点评： 本案例服务对象只有8岁，还有年幼的弟弟妹妹要照顾，父亲去世，母亲智力残疾生活不能自理，唯一能照顾一家人起居的爷爷90岁高龄，小小年纪承担了太多的不幸。但她又是幸运的，党和政府的政策支持，村镇两级儿童保护工作者的关爱，加上社工运用心理社会治疗模式有效解决了服务对象因家庭变故导致的生活困境和心理困境，建立起社会支持网络为服务对象送去爱的关怀，尤其是服务过程中用非反思性直接治疗的技巧（支持、直接影响和探索—描述—宣泄）来帮助服务对象疏导不良情绪，通过接纳、同感和信任等削减她的焦虑和不安，体现出社工以儿童为中心的专业价值理念。（徐国芬）

从“非事实”到“事实”

——社会支持理论在事实无人抚养儿童政策落实中的运用

一、基本情况

1. 案例来源

社工在某镇困境儿童调查时发现服务对象面临困境，在入户走访和了解具体情况后主动介入，服务对象也愿意接受社工的服务。

2. 服务对象基本情况

服务对象，男，14 岁，身体健康，享受国家低保政策。服务对象目前读初三，学习成绩不理想，性格较为内向，与人交流较少。

3. 服务对象家庭情况及成长经历

服务对象父亲去世，母亲失联，身份信息不详；直系亲属中只有一位姑姑可以依靠。

服务对象最初与父亲一起生活，父亲去世后临时寄养在堂叔家，独自居住。

二、干预过程

（一）多角度困境分析

1. 心理困境

无固定监护人，缺少家庭关爱，且处于青春期，心思敏感，不敢与他人交流。

2. 经济困境

未成年，独自居住，享受低保，经济收入不足，基本生活难以保障，存在较大的健康和安全隐患。

（二）干预思路与目标

1. 干预理论

社会支持网络理论

服务对象失去父母，缺失父母关爱，缺乏家庭支持系统的支持，因此，社工决定用社会支持理论来为服务对象提供服务。

社会支持理论指的是一组个人之间的接触，通过这些接触，个人得以维持社会身份并且获得情绪支持、物质援助、服务和新的社会接触。社会支持网络包括正式和非正式社会支持网络，正式的社会支持网络包括社工服务、政策支持，非正式的社会支持网络包括邻里、志愿者、亲朋好友的支持。

社工按照社会支持网络理论的干预模式对服务对象进行评估、根据个人的社会支持网络情况拟订帮扶计划，依据帮扶计划实施帮助。在此个案中，为了保障服务对象的生活照护、消除独自生活的安全隐患、寻找情绪支持，社工首先分析服务对象周边的正式和非正式支持网络，其次制定个案帮扶计划，最后根据服务计划实施社工服务。

2. 干预目标

① 开展专业社工服务，协助服务对象申请事实无人抚养儿童补助，增强其正式的社会支持网络。

② 增加服务对象与家人及朋友的交流，增强其非正式的社会支持网络。

（三）保护与服务过程

1. 第一阶段：初次接触，了解情况

2020年6月15日，在儿童主任的带领下，社工第一次来到服务对象家，他家虽简陋但物品摆放整齐有序。服务对象虽已14岁，但人很瘦小，说话声音也很小，对社工的来访有些惶恐。为此，社工进行了简单的自我介绍，向其说明了自己的来意。

在沟通过程中，社工了解到，一方面，服务对象独自居住，存在着较大的安全隐患，虽然服务对象姑姑想让其去她那里居住，但服务对象不同意。另一方面，服务对象每月仅靠着500元的低保费生活，除去每月买米油等生活必需品，偶尔还要买些书，生活艰难。

为此，社工及时将服务对象情况反馈给了南昌县民政局的分管领导，在领导的支持下，社工开始主动介入。

2. 第二阶段：申请政策支持，增强正式支持网络

在南昌县民政局的支持下，社工开始查询相关政策，申请政策支持来缓解其

生活困难,最终确定为其申请事实无人抚养儿童补助,但申请的过程却一波三折。

社工先联系了儿童主任,向其了解情况,与其一起收集服务对象的材料进行申报。在申请过程中,社工遇到了两大困难。第一,因服务对象父亲去世,没有监护人;第二,母亲失联,无法确认情况。

一方面,针对其没有监护人一事,社工联系到了服务对象的姑姑。社工告知姑姑需要明确监护人才能申请事实无人抚养补助,姑姑欣然同意。另一方面,争取多方支持。县民政局牵头,所在乡镇,村(居)等多方协同,采取"个人承诺+邻里证明+村(居)证实+乡镇人民政府(街道办事处)查验+县级民政部门确认"的方式,形成《儿童父母失联情况认定表》进行认定。失联认定需要登报6个月,登报费用与儿童主任协商后由村委会负责。最终促成对服务对象母亲失联情况进行登记,协助评估以及办理事实无人抚养儿童补助,为服务对象落实了社会保障政策。

3. 第三阶段:增加亲朋交流,增强其非正式支持

一方面,目前服务对象只有姑姑这一个亲人能够联系。为此,社工与其姑姑联系,告知服务对象作为未成年人独自居住存在安全隐患,服务对象姑姑也比较心疼他,同意服务对象与其一起居住,但遭到了服务对象的反对。为此,社工与服务对象一起分析了单独居住和与姑姑居住两者的利与弊,最终,服务对象同意上学期间在学校住,放假后去姑姑家住。此外,社工也经常与其姑姑交流,指导其日常多与服务对象交流,给予其更多的生活关爱和情感支持。

另一方面,社工去学校走访服务对象的班主任,老师反映服务对象是个非常有爱心的孩子,只要捐款他总是第一个带头,还经常去敬老院看望老人,帮助有困难的同学。了解到服务对象的情况后,老师也表示在学习上会给予更多关注,培养他主动学习、善于交流的勇气。社工表示会不定期看望服务对象,多方协同,让孩子感受到温暖。

4. 第四阶段:个案评估跟进,巩固其社会支持网络

到了结案阶段,社工最后一次来到服务对象家,服务对象把家里打扫得干干净净,早早就站在门口等着社工,看到社工的到来,热情地迎上去,如老朋友般寒暄起来。这次会谈正好是服务对象15周岁生日,社工带着生日蛋糕陪服务对象过生日。在庆祝过程中,社工欣喜地发现,服务对象性格变得开朗起来,谈吐自信了,声音也大了。

此外,社工还了解到以下情况:服务对象休息日会到姑姑家住宿、吃饭,但是白

天还是会回到自己家里来学习;还会跟同村同学一起讨论学习,在学校主动请教老师。社工告诉服务对象,此次个案服务目标已经达成,社工与服务对象之间的专业关系就要结束了,但是有时间还会来看望他。服务对象虽然情绪有些低落,但还是同意结案,并再次对社工表示感谢。

2021 年 3 月份,社工和儿童主任协助服务对象准备好材料,按照政策规定提交给乡镇儿童督导员,县民政局收到材料后特事特办,审核通过后,2021 年 4 月服务对象便领取了事实无人抚养儿童生活补助金。

三、干预成效

前期,社会工作者与服务对象建立了良好的工作关系,使服务对象在后续服务中都非常积极主动。中期,社工从正式和非正式支持两个方面为其提供支持,服务行之有效。后期,社工经常与服务对象和其亲人、学校、儿童主任交流,进一步巩固了其社会支持网络。

通过多方联动,服务对象最终被纳入事实无人抚养儿童保障中。

在服务开展期间,服务对象从单独居住,转为周末去姑姑家住,由被动的学习转为自主学习,从没有朋友到同村同班的同学一起学习。

四、社工反思

在整个个案的开展过程中,由于服务对象的情况特殊,但又存在事实无人监护,政府在人性化的服务下,经过多方协商,解决了对事实存在困境的儿童申请事实无人抚养儿童补助的落实,这也是该县首例。

这是一次多方参与的个案服务活动,不管是民政、学校、社工机构、村儿童主任、镇儿童督导员都是这次服务中的重要环节。各单位的大力支持和配合,为个案的服务开展提供了有力的保障,为服务对象提供政策链接、心理咨询、朋辈支持,培养服务对象自助的精神,利于其在今后的生活中同样能服务社会,回馈社会帮助他人。

南昌县民政局　张涛　裘春春

从“非事实”到“事实”

专业点评：本案例服务对象父亲去世，母亲失联，信息无从查找。社工通过对服务对象的需要进行评估，同时帮助服务对象建立和利用社会支持网络来满足他的需要，并以认真负责的原则积极寻求外部支持，保证儿童利益得到优先和最大化保障。县政府各部门、民政、街道、社区积极为服务对象落实事实无人抚养儿童生活补助。社工在后续跟进中仍应与村儿童主任密切配合，与学校保持联系，利用支持网络系统为服务对象提供情感支持、情绪支持、心理支持和生活帮助。（徐国芬）

寒“霜悦”，暖心伴成长

——社会支持理论介入事实无人抚养儿童案例

一、基本情况

1. 案例来源

某村村委反映有两名女孩的父亲于2017年年底不幸病故，母亲抛下她们不辞而别，大伯暂为照护，一家靠种田为生，孩子家庭生活困难和面临监护缺失困境。

2. 服务对象基本信息

小霜（化名），女，接案时9岁，小学二年级，身体健康，性格较为外向。

小悦（化名），女，接案时8岁，小学一年级，身体健康，相对内敛。

3. 服务对象家庭情况及成长经历

小霜、小悦的爷爷奶奶在其父很小时亡故，其父与哥哥相依为命。其父外出务工在外娶妻生下小霜、小悦，在小悦一岁零八个月时，其母不甘贫穷生活，抛夫弃女离家出走后至今杳无音讯。从此父亲带着两姐妹清贫度日，其大伯见弟生活艰难，带着两个女儿无生活来源，便将俩侄女带在自己身边生活，让弟弟外出务工赚钱抚养小孩。此举遭到大伯母的极力反对，因其家有一子，生活各方面会加重负担，伯母于2013年抛夫弃子离家出走，从此也音讯全无。尽管如此，孩子的大伯仍然坚持在家带着三孩子。不幸再次降临这个可怜的家庭，2017年年底，两女孩的父亲在广东务工时因劳累过度猝死，其大伯顿感迷茫。一人靠种几亩地拉扯着一家四口，接案时其子在南昌读技校，一年花费三万多，家庭生活十分困难。

二、干预过程

（一）多角度困境分析

1. 心理困境

服务对象从小缺乏母爱，父亲又突然离世，幼小的心灵可能无法接受，易出现心理问题。

2. 生存困境

服务对象母亲离家出走，2017 年父亲因劳累过度猝死，两女孩成为事实无人抚养儿童。大伯承担起临时监护的责任，但大伯仅靠种地为生，整个家庭生活艰难，服务对象成长环境堪忧。

（二）干预思路与目标

1. 干预思路

（1）马斯洛需求层次理论

马斯洛把需求分成生理、安全、归属与爱、尊重和自我实现需求五个层次，依次由较低层次到较高层次排列。某层需求获得满足后，追求更高层次的需求就成为驱使个体行为的动力。服务对象的父亲死亡，母亲失联无音讯，且分别只有 8 岁、9 岁，生存出现困境，最近的亲人就只有大伯。社工坚持以“最有利于未成年人”为首要原则和指导，在与服务对象建立专业关系的基础上尊重服务对象自决原则，给孩子的健康成长创造最有利的环境和条件。

（2）社会支持理论

社会支持理论指的是一组个人间的接触，通过这些接触，个人得以维持社会身份并且获得情绪支持、物质援助、服务、信息与新的社会接触，即整合社会资源对社会中生活有困难者提供的无偿救助与服务。社工通过链接民政局、商会、社区等资源，申请生活补贴，提供物资、精神支柱，帮助服务对象改善生活水平，能够更好地融入社会。

2. 干预目标

① 确定服务对象的长期监护人，并落实监护人的责任，通过与其的沟通交流，一起制订提升抚育能力的目标，提供监护指导和支持计划，营造更适宜服务对象的家庭环境。

② 链接社会资源及政府相关政策福利补助，缓解家庭困难，提升家庭经济

条件。

③ 评估服务对象的心理健康状况，确保其健康成长。

（三）保护与服务过程

1. 第一阶段：建立专业关系

社工及心理老师实地走访，通过自我介绍表明身份，澄清角色等，运用关注、引导、同理心等技巧，和服务对象建立了一种接纳和融洽的关系，通过实地观察，详细了解他们的心理、生活和学习情况。

2. 第二阶段：监护意愿及监护能力评估

由未保中心牵头，率领社工联合相关领域专家组成评估小组，通过面谈和观察对服务对象监护人的监护意愿及能力进行评估。社工通过与服务对象大伯的面谈和观察，了解服务对象从小待在大伯身边，大伯与服务对象父亲，手足情深，将姐妹俩视如己出，关爱有加。大伯有一子，正在读技校。大伯今年 40 岁，务农为生，家庭享受低保，勉强度日，生活相对困难。同时评估小组与服务对象沟通，询问了解她们是否愿意今后与大伯一起生活。在尊重其意愿的同时坚持最有利于未成年人原则，家庭是有利于孩子生活的场域，服务对象继续由大伯抚养是最优选择，也不会扰乱服务对象生活的平衡，有利于孩子成长，当场落实了其监护责任，签订了长期监护协议。

3. 第三阶段：链接社会资源，提供一对一帮扶

社工通过链接民政局、商会、社区等资源，为服务对象申请生活补贴，提供物资、精神支柱，帮助其改善生活水平，以更好地融入社会。根据个案小组的商议，针对服务对象开展个案会商，链接家庭教育支持资源，与服务对象及其大伯共同讨论协商制订了提升其大伯的养育能力的系列计划，定期通过入户、电话和微信等方式进行监护指导及支持，让服务对象融入温馨幸福的家庭氛围中。社工积极链接本地社会资源，进行一对一帮扶，2019 年 4 月起每月资助 500 元给两孩子作为学习和生活补贴直至服务对象大学毕业。

4. 第四阶段：协助申请事实无人抚养儿童生活补贴

社工从服务对象的情况入手，将从县民政部门了解的儿童福利政策告知服务对象及其大伯，积极协助服务对象整理申请事实无人抚养儿童生活补助，2020 年 1 月至 12 月享受生活补贴 950 元／月，2021 年起享受生活补贴 1 200 元／月，缓解其经济困难，合力营造良好的健康成长环境。

5. 第五阶段：发掘优势，融入群体中，提升归属感

社工通过优势视角发掘服务对象对唱歌、跳舞兴趣较浓，帮助其融入舞蹈的群

体中，提升其归属感。

“姐姐，你来了，我们最近跟着视频自学了一段舞蹈”，服务对象随即便打开蓝牙音响播放音乐，开心地边唱边跳，并告知社工自己也很想和其他孩子一起跳舞。于是社工邀请服务对象参加了县未保中心携手武功山舞蹈学校在会展中心举办的手拉手活动，让服务对象能更好地融入其他孩子。服务对象目不转睛地看着不同年纪的孩子跳的舞蹈，直喊“太好看了，姐姐，你帮我录下来，我们回去也要学”。服务对象完全融入其中，并将自己的才艺也分享给了大家。此次活动，增加了案主的自信心，丰富其周末时光，助其更好地融入群体中，提升了其归属感和幸福感。

6. 第六阶段：持续跟踪，巩固社会支持网络阶段

中心持续开展服务并制定了“六个一”关爱计划，每周电话(微信)回访孩子一次，了解孩子学习生活情况；每半个月走访一次孩子家庭，与孩子谈心；每月与监护人针对孩子的生活、学习交流一次，每季度与孩子班主任面谈一次，了解孩子在校学习和生活情况，每学期陪孩子参加一次亲子活动，每年陪孩子过个节。

三、干预成效

通过近半年的走访和跟踪，服务对象家庭的氛围更为和谐，其大伯也变得自信起来，两姐妹性格逐渐开朗起来。通过持续动态的跟踪服务，提供家庭教育支持，帮助提升了大伯的养育能力，帮助服务对象拥有了温馨的家庭生活，闲暇之余学学唱歌、跳舞，家庭生活条件也有所好转，在家庭、学校愿意与人沟通。服务对象从刚开始回避社工，到慢慢主动接近社工，谈及生活和学习的问题。

四、社工反思

社工在该个案中主要运用了社会支持理论，过程中对服务对象运用了关注、引导、同理心等技巧，同时与服务对象建立了一种接纳和融洽的关系，为其创造了温暖和谐的家庭成长环境，通过多元化资源链接，帮助其解决基本生活，本案例服务的目标基本达到。

因家庭的贫穷，服务对象母亲出走下落不明，母爱被剥夺，后父亲又离世，更是不幸。幸运的是大伯一直守护着姐妹俩，即便在伯母的反对下，仍然养育孩子，亲情深入她们心中，通过介入孩子也在正轨上健康成长，再过两三年，孩子也即将步

入青春期，由于大伯是男性，还需继续跟进服务，预防风险发生，确保孩子健康成长。

吉安市安福县民政局　王聪羚

寒“霜悦”，暖心伴成长

专业点评：此案例中，两位服务对象的原生家庭及成长经历令人唏嘘，大伯一直以来的临时监护让我们深感人间真情。社工在案例中较好地运用了社会支持理论作为专业支撑，服务过程中运用了关注、引导、同理心等技巧和服务对象建立了融洽的关系，并积极给服务对象链接资源，帮助其解决困境。案例在社工反思中也提及针对异性监护人后期的跟踪问题，体现了社工服务的完整性和专业性。（况文静）

守护花开　相伴成长

——监管无力之事实无人抚养儿童救助案例

一、基本情况

1. 案例来源

本案例由上饶县公安局转介，反映在上饶县枫岭头镇居住的小女孩，因母亲故意杀害姨妈的女儿被公安机关依法逮捕，小女孩是母亲非婚生子，父亲不详，孩子面临监护困境，求助社工帮助。

2. 服务对象基本信息

小花(化名)，女，非婚生子女，接案时 4 岁，身体健康，身形瘦弱，不爱说话。

3. 服务对象家庭情况及成长经历

小花生母有精神病，非婚生育小花，生父不详。生母原来有一段婚姻，婚内育有一女，女儿已经结婚生子。事件起因是小花母亲因嫉妒外婆偏心姨妈，将姨妈的大女儿掐死后扔入池塘，后经公安机关侦破后被刑事拘留。

二、干预过程

(一) 多角度困境分析

1. 无监护人困境

社工通过服务对象信息分析，服务对象面临监护困境。生父不详，母亲即将入狱服刑，外婆有疾病是低保贫困户，无能力抚养服务对象；姨妈提出抚养，但作为死者家属，姨妈有侵害服务对象生命的可能性，出于儿童保护，姨妈不适合做其监护人，因此服务对象面临“无监护”的困境。

2. 心理困境

服务对象今年才 4 岁，脱离母亲监护，社工从儿童发展心理学幼儿情感依赖分析,其需要情感支持。

3. 学业困境

服务对象已经到了可以读幼儿园的年龄,需要落实受教育问题。

(二) 干预思路与目标

1. 干预思路

社会支持网络是由各种有形和无形的支持所构建的支持体系。该理论认为个体在生命发展历程中都会遭遇一些可预期和不可预期的生活事件,遭遇生活事件时,需要资源以应对问题,并获得情绪支持、物质援助、服务等。在本案例中,服务对象的生活得不到保障,出现无监护人,无亲人陪伴,无经济支持的困境。社会工作者为保护服务对象的权利,链接社会资源,重建服务对象支撑网络。

社工以儿童最大利益化为原则,在儿童政策依据下,从孩子的立场与角度考虑问题,在充分尊重其家人的前提下,帮助孩子创造有利的生活环境与条件。

2. 干预目标

(1) 短期目标

社工联系儿童福利院,对服务对象进行临时庇护,解决服务对象无人监护的问题,保障其生命安全和基本生活。

(2) 中期目标

社工联系民政部门为服务对象链接资源,落实基本生活保障,协助儿童福利院营造温馨健康的生活环境。

(三) 保护与服务过程

1. 第一阶段:进行临时庇护,确保生命安全

服务对象的外公早逝,外婆身体多病,一直靠政府低保维持生活,从身体和经济方面分析,外婆不具备监护能力。社工第一时间联系上饶县社会福利中心,为服务对象进行了临时庇护。

2. 第二阶段:定期心理辅导

上饶县儿童福利中心将服务对象安置在中心,聘用一对夫妇给予家庭式照养。社工根据服务对象目前的状态,联系专业儿童心理咨询师对其进行心理辅导,一是替代性亲情辅导,二是接纳新环境的心理辅导,通过定期辅导促进她融入性发展。

3. 第三阶段：落实儿童政策

社工针对服务对象现状，符合事实无人抚养条件，帮助其向地方民政局提交相关材料，落实事实无人抚养儿童政策保障。

4. 第四阶段：营造儿童生活环境

社工根据儿童发展规律，考虑到服务对象除了需要生活上的照料，还需要学习成长，于是向县儿童福利中心申请联系一位生活老师，照顾服务对象的生活起居，保障其生命安全。为进一步保障服务对象权益，提高其生活品质，社工对生活老师从科学养育常识、沟通技巧、具体的教育方法等多个角度进行亲职能力辅导。在服务对象进入机构生活早期，社工定期走访机构，关注服务对象在机构的生活和适应情况。社工通过陪伴服务对象融入福利中心，熟悉机构的人员，学会如何在机构与他人相处。通过一段时间的服务，服务对象逐渐熟悉了机构的生活，她的良好表现也让机构的其他人员接纳了这位新成员。

5. 第五阶段：儿童学习成长

为了让服务对象接受更好的教育，县社会福利中心通过与就近幼儿园协商，将服务对象送往幼儿园接受学前教育。社工通过与幼儿园教师协商，共同关注服务对象在幼儿园的学习生活。通过观察，服务对象能够很好地适应幼儿园生活，学习积极主动，与幼儿园其他孩子能和谐相处。

通过观察服务对象的表现，也基本可以判断，服务对象的心理状况得到极大改善，适应能力显著增强。

6. 第六阶段：巩固社会支持网络阶段

社工将持续跟进服务对象在中心的学习生活状态，通过链接社会资源，从物资、经济、成长等资源不断提升服务对象的综合能力，促进其健康快乐成长。

三、干预成效

社工解决了服务对象的多重困境。首先启动应急干预对其进行保护，再链接资源多方协作努力，妥善解决服务对象的监护照料、生活保障和安全就学问题，同时社工通过持续跟踪，提供社会教育支持，保障儿童发展。

在本个案中，社工提供了应急状态下，事实无人抚养儿童的救助案例处置参考和示范。服务对象因为母亲的过错，导致生命安全受到了威胁，随着母亲的入狱服刑，服务对象的监护缺失，政府与社工紧急介入，有效保障了儿童的生命安全，保护了儿童的健康发展。本案例从不同角度为处置应急事件下儿童个案提供了有用参考。

四、社工反思

① “生命至上”原则。面对儿童随时面临生命安全威胁时，社工及时干预介入，为儿童提供庇护，保障其生命安全。

② “最有利于未成年人”原则。面对监护缺失的儿童，社工做了综合评估后，提出了监护替代的方式由机构代养方式，家庭是最有利于孩子生活的场域，面对小花，社工始终秉承“最有利于未成年人”原则。

③ 社工专业性促进服务成效。社工能力包括理念、知识和技巧三个部分，尤其值得一提社工所运用的实务技巧中的面谈沟通。本案中，服务对象的姨妈有意愿抚养，但她是受害人的母亲，从冰山原理来看，人的行为是多个复杂的心理变化形成的，姨妈现在的行为是矛盾的，难免会有报复行为的发生。从儿童安全角度考虑，她不适合做服务对象临时监护人，为此社工对其进行了沟通引导，让服务对象可以在政府的庇护下生活，社工成熟的面谈沟通技巧发挥了重要的作用。社工以澄清、对质、同理心等沟通技巧打动人心，以同理心的服务理念提升信念。

上饶市广信区民政局　肖为清

守护花开　相伴成长

专业点评： 社工在服务过程中使用社会支持网络理论为服务对象链接资源进行临时庇护，进行心理疏导，同时协助民政相关人员为服务对象落实儿童政策，联系了福利中心生活老师，对服务对象进行专门化的服务。社工的支持者、协调者、资源链接者的角色均有较好体现，是较为常见的服务案例。本案例从不同角度为处置应急事件下儿童个案提供了有用参考。（况文静）

用爱照亮“迷途少年”人生路

一、基本情况

1. 案例来源

社区走访解到，某小区有一名男孩，家庭情况复杂，父亲因母亲出轨将其杀死被判入狱，孩子由奶奶一个人照顾。该个案由社工主动介入。

2. 服务对象基本信息

小迪(化名)，男，接案时 11 岁，身体健康，性格叛逆内向，有暴力倾向，拒绝上学，面临失学的困境，奶奶无力监管。

3. 服务对象家庭情况及成长经历

服务对象 7 岁时，父亲因母亲婚内出轨将其杀害，被判处死刑缓期两年执行，服务对象由奶奶监护。服务对象性格偏激，在校经常和同学发生恶性的打架事件，在家和奶奶有语言、肢体上的冲突。服务对象的行为给学校带来了严重的负面影响，后辍学在家，终日与手机、游戏为伴。

二、干预过程

(一) 多角度困境分析

1. 心理困境

服务对象性格内向，正在叛逆期，很难和人正常沟通，加上家庭的变故，经常遭受周围人异样的眼光，导致回避型人格，长期不出门，整天待在房间玩游戏。

2. 家庭关系困境

服务对象与父亲关系疏离，和奶奶矛盾较多，家庭关系较为紧张。由于家庭变故和观念问题，奶奶对孩子过于保护，不让其做任何家务。

3. 学业困境

服务对象小学阶段辍学，未正常接受义务教育，自身也非常厌学。

4. 人际关系困境

因特殊的家庭问题，周围邻居不愿意与服务对象及其家人来往。服务对象抵触外界的关注，甚至对与爱心人士接触也比较抵触。因此，服务对象和同龄人以及在学校、社区中很难建立正常的社交关系。

（二）干预思路与目标

1. 干预思路

一是以"最有利于未成年人"即《未成年人保护法》的原则——儿童利益最大化原则为首要原则和指导。在无合适的沟通、引导方式和前例遵循的前提下，在介入结果不明的情况下，要始终遵循该基本原则。

二是运用认知行为理论。即通过改变认知模式和行为模式来达到缓解不良情绪和行为的目的，将认知用于行为修正，强调认知在解决问题过程中的重要性，是认知理论和行为理论的结合。

在救助服务对象的过程中，南青基金、江西聆心、瑜伽树爱心公益及各方爱心组织从服务对象利益最大化出发，协助其享受到政府和社会救助应有的帮扶。在服务对象从学校辍学之后尊重服务对象的想法和需求，为其提供学习和生活的新环境；在其重返学校后，通过改变服务对象的认知模式，让服务对象学会接受自己不完美的家庭，不在意他人的眼光，学会爱自己，学习技能，承担起家庭的责任。

2. 干预目标

（1）短期目标

进行心理疏导，减少服务对象打架的频次；提升服务对象家庭人际关系的满意水平；为服务对象争取政府政策补助，减少奶奶的生活压力。

（2）长期目标

养成良好的学习习惯，提升责任意识，帮助服务对象制定积极的人生目标，形成积极的生活态度。

（3）工作愿景

通过对本案例复杂的服务过程进行总结提炼，探索形成可参考、可固化、可推广的服刑人员叛逆子女引导的服务经验。

(三)保护与服务过程

1. 第一阶段:了解情况,多方关爱

社工在了解到服务对象的紧急情况后,立即介入,确保其情绪稳定。

社工通过掌握服务对象的家庭关系、社区及学校情况以及与服务对象及其姑姑进行深入沟通,了解了服务对象的遭遇和成长过程,发现服务对象和学校及家庭都有严重的矛盾。因为家庭环境特殊,服务对象性格敏感、自卑,习惯通过暴力行为解决冲突,而且由于长期在家无所事事,服务对象和奶奶的关系逐渐激化,常常会发生剧烈争吵。

因服务对象对外界非常抗拒,社工通过多次走访,尊重理解服务对象,逐渐取得其信任并建立专业合作关系。通过认知行为疗法,让服务对象意识到家庭不由己,道路可选择,促使服务对象树立正确的人生观、价值观。

社工在与服务对象及其监护人沟通后,决定通过链接慈善资源,将服务对象安排在外地一所以暂时安置困境儿童为主要服务的"童梦村"进行生活,暂时解决其基本生活和安全问题。新的环境,也有利于服务对象重新审视自身行为,为下一步辅导工作做准备。社工联系了"童梦村"心理辅导专业人员,对服务对象开展一对一辅导服务,改善服务对象不良心理状况,促进其快速融入新的生活环境,适应集体生活。

2. 第二阶段:链接多方资源,建立支持网络

在"童梦村"生活期间,通过社工和心理辅导人员的介入,服务对象的敏感和焦虑的问题得到一定程度改善,但是暴力行为依然存在,与其他儿童发生过多次冲突。后因"童梦村"关闭,服务对象再次回到奶奶身边生活,偶有出现殴打奶奶的情况。

社工通过多方链接慈善资源和专业资源,在维持服务对象基本生活的前提下,通过上门一对一心理辅导、行为矫正、学习情绪控制等服务,帮助服务对象改善易怒、暴力等严重偏差行为。经过大约两年时间的持续服务和关注,服务对象逐渐接纳了家庭的现状和自身性格、行为的缺陷,能在一定程度上控制自身的情绪,并与他人和睦共处。

3. 第三阶段:提高自信,塑造全新自我

虽然服务对象的情绪和行为问题在一定程度上得到了解决,但因自身学习差、家庭困境等原因,仍然存在一定程度的自卑心理。社工通过链接夏令营资源,让服务对象在陌生环境中培养人际交往能力,提升自信心,进一步改善不良行为。

社工通过邀请朋辈群体与服务对象互动开展纸牌魔术游戏、建筑类手游以及读书小组等方式,鼓励服务对象积极交友。社工进一步为服务对象链接篮球培训资源,通过运动增强体质,进一步排遣不良情绪。

为进一步提升服务对象独立生存能力,社工通过南青基金会链接了专业烹饪培训单位、汽修服务单位,提供服务对象学习专业技术的机会。根据服务对象自己的意愿,决定在某汽修机构学习,服务对象自己也表示,希望能得到更专业的学习机会,将来有一技之长才能更好地生活下去。

4. **第四阶段:多方合力,探索未来发展方向**

服务对象的生活逐渐回归正轨,共同探索未来发展方向成为了服务对象工作的核心。为了让服务对象能够在感兴趣的领域里获得专业的技能教育,经过实地调查,在爱心人士的资助和学校的帮助下,服务对象进入某高职院校学习。服务对象非常珍惜这难得的学习机会,在入学军训期间表现良好,后期学习过程中也有良好的表现,各方面都朝着好的情况在发展。

5. **第五阶段:持续跟踪,巩固社会支持网络**

在服务对象重返学校读书之后,南青基金对服务对象进行了持续的资助。社工主动联系了校方的领导和老师,共同关注服务对象的身心健康以及学习发展状况,在校的生活表现等;为了保证服务对象能够持续学习下去,南青基金为其争取了国家和社会爱心人士的助学金,同时也委派专人了解孩子在校的情况,为服务对象对接在校的勤工俭学的机会。在重要的节假日与服务对象联系,让其感受到社会各界人士对自己的关心。

三、干预成效

① 服务对象的情绪控制能力得到了增强,基本能够融入社会,叛逆或暴力事件显著减少。

② 服务对象体验了不同职业的学习,如厨师和汽修,最终重返校园,结束了多年来辍学在家的状态,在技校预计学习三年的专业技能,目前已经学习一个学期,获得了一定的专业知识。

③ 为服刑人员叛逆子女案例处置提供了参考和示范。经过多年的对接和帮扶,拓展了叛逆青少年帮扶的相关资源,丰富了帮扶经验。

四、社工反思

① 服刑人员子女生存窘境需有关部门协同解决。父母服刑对于孩子乃至家庭来说影响巨大。在精神上，家庭受到外界的歧视以及不公平的对待；在经济上，因为成员在牢狱之中，很难履行家庭的经济义务。在本案例中，这种情况显得更为极端，服务对象的母亲去世，父亲被判无期，家庭完全失去了经济支柱，同时也陷入了巨大的舆论压力当中。综合这两方面情况，需要民政部门和社会公益组织对服务对象给予经济上的支持和精神上的理解，以促进像服务对象这样的服刑人员子女更好地融入社会。

② 严重青春期叛逆青少年融入社会难。服刑人员家庭、单亲家庭孩子发生较为严重的青春期叛逆的情况较为常见，需要更多的积极关注和引导。服务对象因青春期叛逆，发生暴力行为导致从学校辍学，甚至伤害唯一的亲人奶奶，这种种行为既是缺乏安全感的表现，也是对得不到社会认同的隐秘反抗。然而，在南青基金、江西聆心、瑜伽树爱心公益等爱心组织及个人对接的七年间，孩子感受到了平等接纳、循循善诱和包容理解，正是在这种条件下，才能够让孩子能够慢慢变得温和，融入社会。

③ 未成年失学儿童未来前途渺茫，易误入歧途。服务对象从小学三年级开始辍学在家，前途渺茫，面临困境。但是在社会各方爱心力量的帮助下，服务对象有机会去“童梦村”爱心基地、江西省佛学院、厨师学校、汽修公司和江西吉安应用科技学校进行学习，这让孩子能够一直保持学习的状态，不至于过于沉溺手机游戏，荒废掉大好青春时光，和社会脱节。

由于世俗的偏见和舆论的压力，给服刑人员子女幼小的心灵带来创伤，给他们的健康成长蒙上阴影。如何能够让服刑人员子女健康成长是社会的重大命题，需要相关部门和各界人士进一步重视并支持，持续关注，持续跟进，才能稳固帮扶效果。

江西省未成年人保护中心　詹玥

用爱照亮“迷途少年”人生路

专业点评: 此次个案服务是疑难复杂服刑人员未成年人子女案例引进社会服务机构参与处置的示范案例。此案例中,介入社会资源较多,包括南青基金、江西聆心、瑜伽树爱心公益和爱心人士,大家群策群力,以“最有利于未成年人”的原则和认知行为理论帮助服务对象,转换生活环境,进行心理疏导,改变错误的认知,同时为服务对象争取到了政府政策补助,帮助服务对象学习专业技能,承担起家庭的重担,为自己人生负责。此案例持续了七年时间,经过多年的对接和帮扶,拓展了叛逆青少年帮扶的相关资源,丰富了帮扶经验。(陈栩)

挥洒爱的阳光

——未成年人监护不力帮扶案例

一、基本情况

1. 案例来源

该个案是由村委会儿童主任入户摸排获知的，通过乡镇督导员将此信息上报给民政局未保中心，由民政局指导一线社会工作者介入。

2. 服务对象基本信息

小楠(化名)，男，2015 年出生，其母亲在出生后几个月便不知去向，从小与姑姑生活在一起。智力正常，体型偏瘦、偏矮，略有营养不良。

3. 服务对象家庭情况及成长经历

服务对象母亲在其出生几个月后离家出走，至今下落不明。据其父亲口述，母亲有精神问题，对自己的籍贯及娘家情况一概不知。服务对象父亲 2019 年 12 月在工地上干活，从楼上摔下导致大脑受损，后突然中风导致偏瘫，思维能力、行动能力和表达能力均受到严重影响。同年，服务对象祖母、姑姑、爷爷先后离世。服务对象家庭经济因此更加困难，只有十里之外的姑婆偶尔会去接济。经济困难也造成服务对象迟迟未能接受学前教育。因缺乏劳动力，服务对象家庭环境比较脏乱差。

二、干预过程

(一) 多角度困境分析

1. 心理困境

因家庭功能失调、家庭监护能力部分缺失，服务对象缺乏母爱、其他亲属的陪伴及同辈群体的交流，存在心理健康风险。

2. 家庭关系困境

服务对象服务对象的家庭监护人因出走、疾病死亡等原因造成监护能力不足，只能跟爸爸相依为命。

3. 学业困境

服务对象向往学校生活，因为未到义务教育入学年龄，学前教育学费对于该家庭来说负担较重。

4. 人际关系困境

其家庭所住地方比较偏远，周围没有同辈交流玩耍，性格比较内向，沟通技能差。

（二）干预思路与目标

1. 干预思路

社会支持网络是由各种有形和无形的支持所构建起来的支持体系，认为个体在生命历程中都会遇到一些可预期和不可预期的生活事件。遭遇生活事件时，需要资源以应对问题，并获得情绪支持、物质帮助、服务等。在服务对象的家庭遭遇当中，服务对象与父亲的基本生活陷入困境，使得其不能拥有平凡平静的家庭生活。服务对象的家庭社会联系弱，可链接的社会资源和支持网络非常少，不幸事件使得原本薄弱的家庭生态系统资源变得更加稀少，父亲突然中风带来生活上的重大打击，使原本不富裕的家庭变得更加贫穷。

2. 干预目标

① 链接社会资源，让服务对象能跟同龄孩子一样接受学龄前教育。

② 链接社会资源，改善居住环境。

③ 链接爱心帮扶企业，补贴家庭收入。

④ 正向引导，增权赋能，学会一些服务对象这个年龄该有的生活技能，如自己叠衣服，自己剪指甲，打扫卫生，给东西分类等。

在本案例中，具体的服务程序有如下环节：

① 建立服务关系和服务协议。澄清社工与服务对象各自角色和义务，澄清服务对象的服务期望，介绍社会工作者的职业伦理、服务职责和服务方式。

② 收集资料与诊断问题。通过访谈与观察方法收集服务对象个人生理、心理、家庭及社会等方面的资料，进而以此为基础与服务对象及其父亲一起面对生活中的困难。

③ 安排服务要素。以落实相关政策和服务为导向，与服务对象和其家长共同

讨论并选择合适的服务目标、服务内容与服务的优先次序，合理安排服务时间和地点。

④ 确定服务所需的资源。以服务目标为导向，识别服务对象及其所处环境中的可能资源，并建立资源链接。

⑤ 开展服务。按照计划，进入服务对象家庭，循序渐进开展服务。

（三）保护与服务过程

1. 第一阶段：建立专业关系

与服务对象建立良好的工作和信任关系，同时了解服务对象基本情况（包括家庭情况、个人兴趣爱好、成长历程中的重大事件等）。

在社工与服务对象接触初期，社工运用观察、尊重、倾听、同理心等技巧，与服务对象和其父亲进行面谈并建立工作关系，并对服务对象的问题进行预估。在第二次面谈中，社工运用聚焦、聆听、澄清等面谈技巧与服务对象和其父亲讨论预估问题，并明确服务对象想要达到的目标，从最迫切、最希望解决的问题着手。

2. 第二阶段：协助完善申请资料

服务对象家庭前期已经提交部分申请材料（申请最低生活保障金和事实无人抚养儿童补助金），由于服务对象父亲身体突发状况，不方便行动办理相关手续，民政局指导社工协助其办理直至落实。

3. 第三阶段：落实入园问题

社工在与服务对象父亲和村儿童主任的访谈中得知，服务对象非常渴望学校的生活，但是因为知道自己的家庭情况，从来都不会当面向父亲提要求（但悄悄向社工表达了心愿）。社工与当地乡政府沟通，社工在儿童督导员的协助下对接镇上的一所幼儿园，安排服务对象免费入园就学。由于服务对象家庭离学校路途较远，父亲行动不便，为了服务对象上下课的安全，社工对接村支部，由一名党员志愿者主动承担接送任务。

4. 第四阶段：清洁环境，改善生活

社工在后面几次的探访中发现，服务对象的父亲由于病情的原因，不能长时间地站立，无法清洁家里的环境及衣物，生活环境脏乱差。社工链接到当地政府和志愿者组织，以党员活动日和志愿团队负责制形式为该家庭清洁打扫卫生。对接社会资源，爱心企业为该家庭捐赠一台洗衣机和米、油等生活物资，社会人士为其提供书桌椅、衣柜和台灯等家居用品，尽可能地为服务对象改善了生活环境。

5. 第五阶段：增权赋能

社工定期去看望服务对象，有时会送去一些节日礼物。每次社工都会与服务对象玩一些互动游戏，通过这些游戏教授一些生活技能和常识(例如：讲卫生，自己剪指甲，扫地，叠衣服等)；同时也会讲些安全小知识(例如：防溺水，防拐，用电安全，突发自然灾害的应急保护及自救等)。

6. 第六阶段：增加家庭收入

社工积极帮助服务对象父亲寻找适合的工作——在家做手工活，这样既不用出门，还能照顾家庭。同时考虑到其父行动不方便，爱心帮扶企业主动将手工活送到家中，并定期来家中取已完成的手工成品，结算其劳动所得。

7. 第七阶段：跟踪回访

随着服务目标的完成，服务结束后，社工继续对服务对象进行一段时间的跟踪回访(面对面、电访等形式)。服务对象已经学会了一定的生活技能，如主动帮忙家里扫地、叠被褥衣物、简单收拾饭桌、清洗简单的衣物等。放学后会与父亲分享学校发生的快乐有趣的事情。

三、干预成效

社工与服务对象在服务过程中建立了良好的专业关系，服务对象父子高度配合，服务开展较为顺利。协助服务对象完成办理了最低生活保证金和事实无人抚养儿童补助金的相关手续，现已享受到了国家政策帮扶(服务对象家庭享受最低生活保障金 515 元／月，服务对象享受事实无人抚养儿童基本生活保障补助资金 1 200 元／月)；家庭生活环境也得到很大的改善；服务对象入园就学的问题也得到顺利解决；服务对象父亲对教育孩子的认识也有了很大的进步。

四、社工反思

社工在该个案中主要运用人本治疗模式，实施过程中运用社会支持理论。社工在该个案中担任政策影响者、支持者、服务提供者等角色。在服务中，社工巧妙地运用同理心、表达共情、无条件接纳等专业技巧，使服务对象参与后续服务更加积极主动。社工积极链接、整合资源，把当地志愿者协会、村委会，服务对象的邻居、学校，构建成服务对象一家身边的支持系统，建立帮扶联动机制，有助于改善服务对象一家的生态环境，为服务对象提供有力的精神和物资支持。

社工要不断学习提升专业能力，灵活地运用社会工作的理论，并把理论和实践相结合，从而在服务过程中为服务对象提供更好的服务。

贵溪市民政局　杨飞　饶敏

挥洒爱的阳光

专业点评：在本个案中，家庭的一连串不幸造成了服务对象的困境，社工不是单纯从服务对象个体出发，而是能够很好地运用社会工作理念和技巧，从家庭及家庭生态系统出发，充分地对接政府、社会组织、志愿者及爱心企业和社会爱心人士，将来自政府的资源和来自社会的爱心资源以个案管理的模式提供了满负荷帮扶，在较短的时间内完成了服务目标。但之后较高频率的探访还是必需的，因为服务对象父亲的身体状况的康复训练和持续治疗的问题，服务对象进入小学、中学、大学全过程的学习中可能出现的问题都是需要社工预判和关注的。（张翔）

绿叶对根的呼唤

——协调困境儿童母女关系

一、基本情况

1. 案例来源

服务对象是社工走访困境儿童时，儿童主任介绍的外展个案。

2. 服务对象基本信息

文文(化名)，女，2011 年 2 月出生，接案时 10 岁，就读小学五年级，家庭享受低保。服务对象 1 岁多时，父母离异，跟随父亲、祖父母及姑姑生活；8 岁时，父亲和祖父相继因病去世后，与祖母相依为命。

3. 服务对象家庭情况及成长经历

服务对象的父母在其 1 岁多离婚，母亲改嫁在本县其他村。服务对象从小随父亲、祖父母及姑姑一起生活。由于母亲离开时，服务对象年纪较小，后来的日常生活中，她与母亲接触较少，每年见面一至两次，母亲在这几年中也从没给过服务对象抚养费。随着年龄增长，服务对象把对母亲的感情寄托在祖母和姑姑身上。2018 年，服务对象父亲和祖父相继因病去世，生活的重担一下子压在祖母身上，既要照顾年幼的孙女，又要供女儿读大学(2021 年 7 月毕业，现就职于南昌某公司)，一家三口靠不多的积蓄和祖母每月 2 000 多元退休金维持生计，家庭经济特别困难。社区帮助服务对象家庭申请了最低生活保障，每月低保金 575 元。走进服务对象家中，给人的第一印象是居住环境整洁干净。据服务对象祖母介绍，由于服务对象母亲在离婚时与祖母之间有些嫌隙，现已另组家庭并生育了一个弟弟，家庭经济负担比较重等诸多原因，导致与服务对象极少来往，母女关系疏远。特别是生命中两个最亲近的人——父亲和祖父相继去世后，给服务对象的心理带来冲击，虽然祖母照顾得非常好，但是隔代抚育始终无法替代母爱，服务对象现在时常想念母亲。

二、干预过程

（一）多角度困境分析

1. 心理困境

服务对象1岁多时父母就已离婚，从小就缺少母爱，随着慢慢地成长，对母爱的渴望就越强，每逢节假日都渴望母亲的电话及见面，大多是希望开始却以失望收场，迫切需要母亲的关爱。

2. 人际关系困境

服务对象性格内向，平时除了与祖母、姑姑交流，很少主动与其他人交往，除了去学校上课，其他时间基本上待在家，不喜欢走出家门。

（二）干预思路与目标

1. 干预思路

优势视角理论以社会工作理论中的人本主义为价值取向，着眼于服务对象存在的潜能和优势，而不是着眼于问题和缺陷。社工强调关注服务对象的优势和可能性，相信人天生具有一种能力，即通过利用自身资源来改变自身的能力。聚焦服务对象的优势和潜能，认为人是可以改变的，每个人都有尊严和其自身的价值，都应该得到尊重。

根据马斯洛需求层次理论，归属与爱是个体渴望与人建立的一种充满感情的关系，也是人的重要心理需求。每个人都害怕孤独和寂寞，希望自己归属于某一个或多个群体，这样可以从中得到温暖。通过邀请服务对象参加夏令营活动，提升她的交际能力，让其主动融入群体；邀请服务对象母亲陪同她参加童模大赛，让其感受到久违的母爱。

2. 干预目标

① 通过多种渠道沟通，改善服务对象与母亲、母亲与祖母之间的关系，了解母亲的家庭及工作的实际情况，通过做母亲的工作，引导其以后多关心和陪伴服务对象。

② 通过链接社会资源，让服务对象参与社区活动，拓展其社交圈，认识更多的同龄玩伴，引导其积极地展示自己的兴趣爱好，增强自信心。

（三）保护与服务过程

1. 第一阶段

目标：与服务对象建立信任关系，收集其学习、家庭等方面信息。

社工与服务对象进行了初步接触，也通过社区间接了解其家庭的基本信息。为了获得服务对象信任，社工从其喜欢看书的兴趣着手，并运用同感、尊重、接纳等技巧获得了她的信任，谈话中进一步了解她的情况，如人际关系、学习成绩、家庭情况等方面。在交谈中服务对象都是小心翼翼的。通过第一次会谈，社工和她建立专业关系并约好下次见面时间。

2. 第二阶段

目标：深入了解服务对象的需求并与服务对象签订服务协议，一起制订服务计划。

通过与服务对象及其祖母深入沟通，社工了解到其朋友极少，放假期间基本是一人在家看书、玩耍；母亲给予她的关爱太少。服务对象希望社工能帮她改善与朋辈群体及母亲的关系。协商达成协议并制订服务计划。

3. 第三阶段

目标：通过参加“夏令营”活动，拓展社交圈及提升人际交往技能。

在为期七天的夏令营中，教练对服务对象的评价是：从刚进营时的腼腆、被动和不爱笑，到离营时有小闺蜜、与小朋友打成一片、能主动帮教练做事、积极参加活动、其间做了小主持人等，改变了许多。社工肯定了服务对象的进步，并鼓励她在生活中继续保持下去。

4. 第四阶段

目标：联系服务对象母亲，将服务对象的状况如实告知，从儿童成长的角度说服其多给女儿一些关注和关爱。

社工通过面谈和电话多次与服务对象母亲交流，了解到服务对象母亲再婚后生育一男孩，男孩先天有些残疾，家庭经济较困难，一心照顾儿子而忽略了女儿。通过同理和治疗性沟通，她承诺以后会多关注服务对象的成长，尽可能参与对女儿而言具有重要成长意义的活动。

5. 第五阶段

目标：以童模大赛为契机，增进母女俩沟通和亲近。

在整个童模大赛过程中，因为有母亲陪伴，服务对象非常兴奋而自信。服务对象在舞台上穿着一袭白裙，迈着优美的步伐，在妈妈和观众的面前展示出最美的一面，表现十分出色。表演结束后，服务对象像只快乐的小鹿迫不及待扑进台下母亲的怀抱，享受久违的母爱。

6. 第六阶段

目标：服务对象目前的主要问题，渴望母亲的关心已经得到了缓解，母女关系、母亲与祖母的关系都得到调适,结案时机成熟。

结案时社工邀请服务对象母亲一起同行,社工与母女俩共同回顾服务的整个过程,对服务对象的现状进行了鼓励和赞赏,鼓励其坚持做最好的自己。

服务对象母亲表示以后一定会多关注女儿成长,在征得奶奶的同意和不影响孩子学习的情况下,节假日会接女儿到她现在的家庭小住,平时也会通过视频和电话的方式多联系,时时关心和关注孩子的成长。这么多年来看到奶奶把孩子教育得这么好,培养得这么优秀,她也很欣慰,感恩奶奶这么多年的付出,也感谢党和政府及社会组织对孩子的关心。

社工和服务对象探讨结案事宜,服务对象有些不舍,社工告知服务对象有活动还会邀请她,以后生活中有困难可以找儿童主任或社工,一定会有专业人士帮助她的,服务对象欣然接受安排。

三、干预成效

经过 2 个多月的跟踪服务,服务对象和母亲的关系得到改善,母亲答应以后会关注女儿成长,关心她的生活、带她出去玩。

通过挖掘服务对象的优势和潜能,服务对象的自信心、社交能力有所提高,也变得更快乐、自信。从个人发展方面来说,服务对象还培养了自己的兴趣爱好。从家庭层面发展方面来说,随着服务对象的改变和进步,祖母与母亲的关系也更加和谐。

四、社工反思

① 建立良好的专业关系,取得服务对象及其家人的信任,是顺利开展个案的基础。

② 针对性格内向的服务对象,找到谈话的切入点非常重要,而且切入点通常是其感兴趣的事物,比如兴趣爱好。

③ 社工要善于运用社会资源为服务对象服务,比如推荐培训、比赛、志愿活动等社区资源。

④ 本案的成功关键在于社工介入从服务对象及其家庭双方面同时开展。通过服务的介入,服务对象母亲也意识到自身存在的问题和亲子沟通模式出现的问题,积极配合改善,从而达成服务目标。

九江市修水县民政局　周艳秀

绿叶对根的呼唤

专业点评：该个案父母离婚，后父亲不幸病逝，母亲再婚后生育一子。父母离婚不是对儿童忽视的理由，女儿成长中母亲是重要的教育者。社工从服务对象和其家庭两个层面同时介入，结合小组和社区活动为服务对象搭建了一个成长的平台。家庭作为一个系统，一个成员的改变会影响其他成员的改变，而且这个改变会循环往复。本案中的家庭成员形成了一个可喜的良性循环。家庭的和谐是社会文明的体现，社会文明的发展也将更加促进家庭的和谐。（张翔）

小安家　大关怀

——未成年人监护缺失保护案例

一、基本情况

1. 案例来源

社工通过查询辖区困境儿童调查数据,了解到服务对象基本情况,向民政局领导汇报后由社工主动介入。

2. 服务对象基本信息

小楠(化名),女,2011 年 1 月出生,接案时 9 岁,非婚生女,身体健康,存在自卑心理,不善于与他人交流。

3. 服务对象家庭情况及成长经历

服务对象生母个人身份不详,2013 年年底其母亲出走后杳无音讯。服务对象生父于 2019 年因贩毒被羁押,服务对象短暂寄养在父亲朋友家中,没有正式入学,曾借读过一段时间,如今处于辍学状态。

二、干预过程

(一) 多角度困境分析

1. 心理困境

服务对象从小缺少母爱,父亲服刑致使其居无定所等多种因素,服务对象极度缺乏安全感。同时,因在周围他人的闲言碎语中逐渐了解到自己非婚生子女的尴尬身份,加之很少有同龄人愿意与其交友,更加重了其自卑、敏感情绪。除此之外,服务对象没有正式学籍,处于借读状态,性格比较懒散,没有接受到良好的教育。

2. 家庭关系困境

服务对象生母离家出走,在公安、民政相关部门的努力寻找下至今没有结果。

服务对象父亲正在服刑,也难以尽到监护职责。虽然服务对象父亲的朋友龚某表示愿意抚养,但因其在公安部门有不良记录,家人不同意等原因,并不符合收养条件。

3. 学业困境

服务对象之前没有正式入过学,没有学籍,只在一些学校借读过,且成绩较差,没有良好的学习习惯,对学习缺乏兴趣。

4. 人际关系困境

服务对象性格内向,一直没有关系亲密的亲戚或朋友,在生活圈周围同龄人当中也缺少玩伴,很难在人际交往中获得满足感。

(二) 干预思路与目标

1. 干预思路

当前服务对象属于无人监护状态,亟须解决其基本生活照料问题。邀请相关专家参与讨论评估,为其安排合适的照护方式和监护人,保障其基本生活;针对其不良心理状态,链接专业资源关注和调适其心理,定期为其开展专业性的心理辅导,促使她身心健康发展。

2. 干预目标

(1) 短期目标

落实基本生活保障,确保服务对象获得良好的生活照护;使其回归学校,接受正常教育;改善其心理健康状况。

(2) 长期目标

帮助服务对象营造良好家庭环境,促使其获得正常的家庭生活。

(三) 保护与服务过程

1. 第一阶段:非指导性治疗

接案后,民政局、街道干部、区民政局社工来到服务对象暂住的龚某家,由于龚某交流能力有限,我们只能和他了解一下最基本的情况。而对于服务对象,我们向她了解学习情况和生活情况,更好地和她建立专业关系,以便于在以后的服务当中,寻找适合的切入点。

2. 第二阶段:当事人中心治疗

社工来到服务对象母亲生育的医院,尝试通过医院查找其母亲的联系方式。在医院所留的档案上没有任何母亲的联系方式。考虑到母亲离家出走多年一直没来看望服务对象，民政、公安的多方努力无果，以后取得联系的可能性非常小。社工转换工作思路，认为家庭代养是一个更有利服务对象的选择。社工通过与服务对象分析在 SOS 儿童村生活的利弊，建议服务对象到儿童村生活，服务对象表示同意。随后社工在民政部门的协调下，安排服务对象进入儿童村生活，落实了其基本生活照料的问题。社工未来将持续跟进服务对象在儿童村的心理健康问题。

3. 第三阶段：治疗的条件阶段。

民政局工作人员和社工接服务对象来到儿童村，一行人在工作人员的带领下参观了儿童村，工作人员还介绍了儿童村的详细情况，服务对象也渐渐熟悉了周围的环境，中途服务对象小声地和社工说："姐姐，我很喜欢这里。"看到服务对象纯真的笑容、童稚的面庞，众人倍感欣慰，真心为服务对象感到高兴。经过服务对象同意后，当天服务对象就留在了儿童村，并通知了龚某。

服务对象留在儿童村，需要面对新的家庭和新环境，儿童村的妈妈同时照顾 8 到 10 个孩子，虽然解决了吃饭和成长环境的问题，但存在如何和兄弟姐妹相处，如何与妈妈相处，如何适应新家的秩序和规定等新问题。社工和儿童村社工联合设计了小组融合活动，在服务对象的新家开展了破冰、我行我素、美食不可辜负、好歌连连唱、家是港湾、家庭会议等活动，用三周时间让其完全认同了新家。

4. 第四阶段：以人为中心的治疗

因服务对象无法按正当的程序办理户籍手续，面临无书可读的窘境，在民政局领导的努力协调下，启动西湖区未保联席会议，为其解决无户籍、无学籍的问题。如今她已开启了新的旅程，在校园的氛围中茁壮成长，逐渐找到了生活学习的乐趣。

5. 第五阶段：持续跟踪，巩固社会支持网络

后期社工不定期通过电话或视频联系服务对象，她回应在儿童村生活得很愉快。社工跟儿童村"妈妈"沟通，看服务对象缺少什么、喜欢什么，并在一些特定的日子携带一些需要的营养品、学习用品等去看望服务对象，关心其学习生活情况，维持必要的专业情感联系。服务对象也非常愿意将心里话告诉社工。

三、干预成效

服务对象目前获得了事实无人抚养儿童的补助，基本生活有了保障。服务对

象在儿童村生活得很愉快，有了一个正常的家庭氛围，能够正常与同学进行交流和交往，且拥有了积极的心态，培养了兴趣爱好——葫芦丝，经过练习，她已经能够演奏一些自己喜欢的曲子，不久前还登台进行了表演。

四、社工反思

① 虽然有了儿童关爱保护联席会议制度，但对于未成年人保护信息互通有无，常态化的信息沟通机制有待进一步完善。有效发挥各部门的联合作用，形成合力，更好地为困境儿童服务是社会文明发展的应有之义。

② 强化《民法典》《未成年人保护法》《预防未成年人犯罪法》《江西省未成年人保护条例》以及教育、社会保障等领域涉及未成年人权益法律法规的宣传实施，督促指导各部门及时制定出台配套政策。

③ 社工的专业性和个人能力需要不断提升，面对不同需求的服务对象提供个性化服务时就不会成为无源之水。

南昌市西湖区民政局　江秦岭　文维

小安家　大关怀

专业点评：该个案母亲失联、父亲进了监狱、父亲的朋友不合适收养。服务对象最大的问题是安家，其次就是受教育。非婚生的孩子加上不靠谱的父母，让一些普通人的平凡事成了难事。社工专业介入，对接资源，启动关爱保护联席会议，用危机干预的思路，快速地为服务对象解决了当下最紧迫的事项，为其找到了一个爱她的家。司法系统的案件中如果能及时反馈服刑人员家中儿童的信息，可以更好地保护未成年人合法权益，全社会都应该具有儿童权益保护的意识。（张翔）

关爱在左　引导在右

——事实无人抚养姐妹介入个案

一、基本情况

1. 案例来源

社工通过开展困境儿童入户走访接触到个案，了解到服务对象的基本情况。本案由社工主动介入。

2. 服务对象基本信息

小霄(化名)，女，事实无人抚养儿童。接案时15岁，初二学生，现升入初三就读。

妹妹？

3. 服务对象家庭情况及成长经历

服务对象父亲2019年因病去世，母亲患有精神分裂症。父亲去世后，母亲无人照顾，由帮扶干部送至县康复医院治疗。奶奶平常在家种菜和捡破烂，现年77岁，记性不太好，喜欢自言自语。

服务对象有个就读同所中学的妹妹。平时都住校，若不上晚自习，便骑自行车回家。二人住于约80平方米的平房，内设家具和电器非常老旧。自从父亲去世，服务对象就承担了照顾奶奶和妹妹的责任，姐妹俩有较强的生活自理能力。家事由在外务工的大伯做主，大伯对姐妹俩很关心，时常电话询问两人生活学习情况。

服务对象初一时成绩中上，升入初二物理不及格，其他科目一般。自从父亲去世，常因家务与妹妹发生口角，姐妹关系紧张。

2013年，服务对象一家四口被纳入低保常补对象，父亲过世后姐妹俩被认定为事实无人抚养儿童，同时享受了教育扶贫补助、事实无人抚养儿童补贴，家庭成员均落实了基本医疗保障。

二、干预过程

(一) 多重困境分析

1. 家庭关系困境

家庭变故让服务对象在家中承担的责任发生变化,不知该如何承担姐姐的责任,认为姐妹年纪相仿,需要照顾彼此,面对妹妹的要求,一般采取不理会或无所谓态度,两人互动减少,沟通消极。

2. 学业困境

服务对象已升初三,成绩一般,自认为学习很认真,但成绩不理想,如果未考上高中,只能外出打工,对未来学习倍感焦虑。

3. 人际关系困境

假期因要做家务、写作业等,同村年龄相仿玩伴不多,且平时住校,虽对外界充满向往,但缺乏娱乐玩耍机会。

(二) 干预思路与目标

1. 干预思路

(1) 优势视角理论

优势视角相信人可以改变,每个人都有自己解决问题的力量与资源,即便是处在困境中倍受压迫和折磨的个体,也具有自身都不曾知道的潜能。在社工助人实践过程中,关注的焦点应该是服务对象个人及其所在环境中的优势和资源,而非问题和症状。

(2) 社会支持理论

社会支持理论是指通过一种人与人之间的接触,个人得以维持社会身份,获得情绪支持、物资援助和相关服务。社工需要为服务对象构建群体交往环境,鼓励其参加群体活动,获得更多的交友机会,拓展自己的朋友圈,增强其信心,提升其自助能力。

(3) 结构式家庭治疗理论

结构式家庭治疗模式致力于改变家庭成员之间的互动方式。服务对象自家庭变故,为家务等事常与妹妹发生口角,不当的沟通方式影响正常交流。社工采取增进彼此之间交流、互动、谅解的策略,改善姐妹关系。

2. 干预目标

① 激发服务对象内在学习动力,帮助其掌握正确学习方法,提高学习成绩。

② 引导服务对象发掘自身潜能，提高社会交往能力，帮助构建同辈群体社会支持网络。

③ 提供青春期性教育及安全教育，提高自我保健和保护意识。

④ 帮助姐妹俩改变交流模式，增强互动，缓和关系，面对家庭困境引导共同承担责任。

（三）保护与服务过程

1. 第一阶段：收集资料，建立关系

① 资料收集：干预前期，社工通过联系在外的大伯了解到服务对象情况，通过儿童主任了解到其家庭 2013 年被确定为精准扶贫对象，驻村干部定点帮扶，于 2019 年脱贫。自同年 5 月其父亲过世后，儿童主任会定期探访姐妹俩家，还对接社会爱心人士支援。

② 入户探访评估：2021 年 2 月 3 日，社工以入户探访方式进入其家。通过观察评估，姐妹俩处于青春期，内心敏感、防备心重，对于社工初访，表现出紧张和好奇。社工主动介绍自己及服务内容，送上伴手礼等，消除与其初见时紧张感。社工秉着尊重、平等原则与其交流并建立专业关系。

2. 第二阶段：开阔视野，拓展社交

由于家庭经济条件限制及环境影响，服务对象与外界接触少。于是社工邀请姐妹俩参加户外活动，帮助其融入朋辈群体，增进人际关系以促进自我改变。

社工观察到姐妹俩在活动中表现出兴奋和开心，积极参与各环节活动，融入团体，配合队友完成任务，建立了良好同伴关系。活动结束后分享活动感受及收获，告知社工很开心认识了好几个朋友，回家后还将此次活动拍摄的照片制作成视频转发给社工。图 1 为视频中活动心得体会的截图。

3. 第三阶段：链接资源，学业帮扶

(1) 经济救助

“六一”节，社工协助县民政局梳理“解忧暖心传党恩”助学活动名单，民政局领导在儿童主任及社工的陪同下，为姐妹俩送上每人 1 000 元助学款及课外书籍，让她们感受到来自党和政府的关爱。

(2) 学业帮扶

服务对象在学习上很努力，但成绩一般，特别是物理很吃力。社工对此表示理解，引导服务对象反思，碰到问题积极探寻解决方式，鼓励其主动寻求老师和同学的帮助，与同学多交流。社工为其对接志愿者，针对她的物理学科进行辅导。志愿

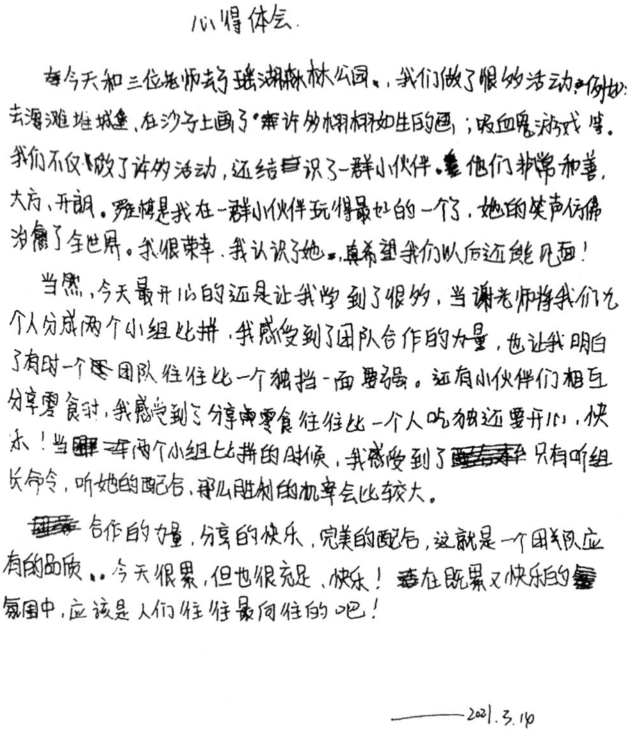

心得体会

今天和三位老师去了瑶湖森林公园，我们做了很多活动，例如：去海滩堆城堡、在沙子上画了许多栩栩如生的画；吸血鬼游戏等。我们不仅做了许多活动，还结识了一群小伙伴，他们非常和善、大方、开朗。罗雅楠是我在一群小伙伴玩得最好的一个了，她的笑声仿佛治愈了全世界。我很荣幸，我认识了她，真希望我们以后还能见面！

当然，今天最开心的还是让我学到了很多，当谢老师将我们九个人分成两个小组比拼，我感受到了团队合作的力量，也让我明白了有时一个团队往往比一个独挡一面要强。还有小伙伴们相互分享零食时，我感受到了分享零食往往比一个人吃独还要开心，快乐！当两个小组比拼的时候，我感受到了只有听组长命令，听她的配合，那么胜利的机率会比较大。

合作的力量，分享的快乐，完美的配合，这就是一个团队应有的品质。今天很累，但也很充足、快乐！在既累又快乐的氛围中，应该是人们往往最向往的吧！

——2021.3.14

图1　服务对象所写的户外活动心得体会

者与其就学习问题不断交流，问题解答和知识重难点辅导让服务对象学业明显进步。

(3) 志愿帮扶

服务对象升初三，原班主任调离，社工联系新班主任，了解到服务对象是一个好学生，团结同学，上课认真，但成绩一般。班主任反馈，对于其家庭情况，已有所了解，针对这类困难学生，班级组织指导学生与学生之间建立帮扶小组。社工对学校老师的帮扶措施表示赞许和感谢。

4. 第四阶段：青春教育，安全随行

(1) 安全教育

服务对象家处于村庄最西边的位置，周围都是稻田，社工针对环境存在的安全隐患，与儿童主任约定，服务对象家为每月定期走访对象。同时链接驻村干部的帮扶，还组织村里的志愿者定期上户服务，关注其居住环境周围的安全风险，教授有关安全知识。

(2) 青春期卫生教育

姐妹俩都处于青春期,社工从女性角度与她们进行健康和安全教育,从青春期生理心理、健康卫生常识,再到防侵害知识,帮助两人提高自我保护和防范的意识,并明确遇到问题该如何处理,鼓励姐妹俩如遇问题,及时寻求社工的帮助。

5. 第五阶段:认识优势,建立自信

(1) 成绩提高,信心大增

学期结束后,服务对象发朋友圈告知大家自己成绩有所提升。还感谢志愿者,为物理及格感到很开心。

2021年8月初,社工适时引导服务对象思考自己的未来并确立人生目标,肯定她在学习方面的努力,鼓励她相信自己,并建议她做好学习的合理规划,调整好作息时间。

(2) 认识优势,树立信心

社工为服务对象分析自身优势、主动学习及对未来规划,激发她看到自身潜能和价值,鼓励其参与同辈群体的互动活动,提高人际交往能力,树立对未来生活的信心。

6. 第六阶段:介入家庭,改善互动

(1) 姐妹关系现状

2021年8月中旬,社工与服务对象访谈了解到,服务对象在处理姐妹间的问题上,依旧是持回避态度。妹妹成绩好,也很懂事,父亲在世时很疼妹妹。父亲离世对妹妹影响很大,这一年来妹妹总是挑剔姐姐做的饭菜没有父亲做的好吃。服务对象表示,自己也是父亲离世后才学会做饭,自己上课已经很辛苦了,回到家还要做饭,妹妹不仅不帮忙还多次挑三拣四,让她很伤心,也不想理会妹妹的无理取闹。

妹妹告诉社工,挑剔姐姐做的饭菜不好吃是因为姐姐炒菜又咸又辣,奶奶也不习惯,说了很多次,但姐姐听不进去,总说爱吃不吃。

(2) 家庭结构模式访谈

社工引导服务对象与妹妹共同探讨健康饮食知识、身体健康要点及两人分歧。其间妹妹情绪激动,语气中对姐姐多有不满。妹妹向社工透露,父亲离世对自己心理有很大影响,开始很不适应,感觉没人疼爱,失去依靠,而姐姐并没有因此好好关心自己。挑剔姐姐的饭菜是因为以前父亲做的饭菜很合口味,姐姐的饭菜好咸好辣不合口味,因此很怀念父亲。

社工通过自我披露、角色扮演等方式,分享与姐姐之间的事情,引导姐妹思考,尝试使用换位思考,试着去理解对方的感受。姐姐要理解妹妹怀念父亲的心境,妹妹要体谅姐姐对家人的付出及承担的压力。通过服务,促使服务对象姐妹认识到自己的问题,表示今后将多理解对方,共担责任,形成合力一起面对生活中遇到的困难。

(3)姐妹共同烧烤

2021 年 9 月,社工邀请姐妹俩参加野外烧烤。社工观察到服务对象协助妹妹搭好烧烤架,主动将自己烤好的肉串先给妹妹,妹妹感受到来自姐姐的关爱表现很开心。社工邀请两人拍照留影、收拾物品,两人的互动中少了抱怨,多了亲近,姐妹俩回家后还将照片制作成视频发给社工留念。

(4) 姐妹共同观影

2021 年 10 月,社工邀请姐妹俩观看电影《长津湖》,姐妹俩这是第一次来电影院,感觉很新奇。在观影时服务对象选择与妹妹紧挨座位,与妹妹分享零食。结束后点餐选择适合妹妹口味食物。社工引导她微信分享观影感受。服务对象表示电影里哥哥伍千里保护弟弟伍万里的场面让自己感触很多,以后会尽量减少姐妹之间矛盾,承担更多责任。社工对服务对象的反思给予肯定,表扬她的努力,鼓励多沟通,比如可多与妹妹商量着做家务,选择共同认可的方式。

7. 第七阶段:肯定进步,处理离别

(1) 结案处理

社工与服务对象共同回顾服务过程,对其成长与改变给予肯定和支持,告知结案时间。服务对象对社工离开表现出不舍,询问是否还会来看望她们。社工告知结案后的安排计划,服务对象得知后坦然接受安排。

(2) 结案跟进

在结案后,社工不定期对服务对象进行间接回访,了解到服务对象升初三成绩保持中游,能利用资源解决问题。姐妹关系融洽,碰到问题时两人可以充分交流,没有因家务发生口角;妹妹的成绩重新回到上游,学习上两人能相互促进。社工对服务对象的成长由衷地感到高兴,学期末邀请姐妹俩到家里包饺子,观察到姐妹在互动中多了理解与默契。

三、干预成效

通过将近 8 个月的服务,服务目标基本达成。服务中,社工遵循专业价值理念,用平等、接纳和同理心给予服务对象专业支持,结合活动为其提供个性化服务,鼓励其发挥自身优势,服务对象变化明显。具体来说:

① 学习上有了自信和方向，物理成绩及格，期末成绩有所提高，升学目标明确。

② 姐妹关系缓和，交流模式从拒绝沟通逐步变为良好沟通。

③ 对青春期的卫生知识基本掌握，有了自我保护意识，知道紧急状况下如何寻求帮助。

四、社工反思

家庭成员相互依赖和影响。服务中，除了对服务对象的需求及时给予反馈，还需对妹妹同时进行辅导。本案例服务目的虽达到，但其家庭根本改观还要时间，两个青春期的女孩成长路上还会有波澜，社工和儿童主任要护佑她们步入未来。

此次个案服务，社工关注的焦点是姐妹俩，其奶奶是空巢留守老人，年事已高，照顾自身和服务对象都存在困难。社工服务还需关注服务对象的家人及其周围环境，后续社工计划尝试链接邻里志愿服务为奶奶提供帮扶，这样才能真正为服务对象及其家庭构建更加完整的社会支持网络。

南昌市安义县民政局　帅萍　黄芳芳　肖龙生

关爱在左　引导在右

专业点评：该个案既有监护缺失又有困境儿童自身成长中的烦恼。社工从其家庭的实际困难入手，充分落实相关政策，链接周围资源；同时用优势视角充分发掘服务对象的潜能，将家庭的不幸和困境化为成长中的动力。建议社工和儿童主任在对该家庭定期巡访探视的基础上，对青春期女孩的心理、生理等变化做好预判，及时跟进做好跟踪服务。（张翔）

情暖服务，为困境儿童撑起护航伞

——监护缺失困境儿童危机干预服务案例

一、基本情况

1. 案例来源

社工通过查阅泰和县困境儿童调查数据，走访调查服务对象基本情况后主动介入。

2. 服务对象基本信息

小凡(化名)，男，出生于2017年2月8日，非婚生子，接案时，身体机能各方面良好，比较腼腆胆怯，不爱说话。

3. 服务对象家庭情况及成长经历

服务对象母亲离异后进入本辖区生活，无业游民，靠贩卖毒品度日。服务对象出生后一直居无定所，其母为了逃避警方的打击，一直在东躲西藏。2018年，服务对象母亲被泰和县公安局逮捕归案后，服务对象面临着监护缺失困境。

二、干预过程

(一) 多角度困境分析

1. 生存困境

服务对象需要得到基本生活照料，既包括养育照料，又包括高质量的健康医疗照料。同时，服务对象有权利获得社会身份，通过了解，由于其一直未落实户口问题，导致一直处于无户状态。

服务对象自出生以来一直跟随母亲在外飘零，居无定所，迫切需要一个稳定的生活环境和受教育环境。

2. 心理困境

服务对象一直以母亲为中心，从未得到父亲的关心和爱护，接触的人际圈均为社会边缘人士，导致从小缺乏来自父母的教导、关爱和呵护，形成了自卑、胆怯、腼腆及缺乏安全感的性格。

3. 家庭关系困境

服务对象所有直系亲属明确表示家庭经济困难，无力抚养他，放弃抚养权。而服务对象同母异父的姐姐也还在接受教育，不具备抚养他的条件，服务对象直接面临家庭结构缺失。

4. 人际关系困境

服务对象没有同伴玩耍和交流，也没有兄弟姐妹的陪伴。

（二）干预思路与目标

1. 干预思路

计划采用社工“独特的专业价值理念”和专业的工作方法，解决儿童面临的问题及需求，遵循儿童发展、个别化及参与的原则。在本案例中，服务对象年龄较小，又经历诸多变故，其身心各个方面都受到很大的影响，在开展个案工作时，倡导以儿童为中心，一切以儿童的权益和利益为出发点，给予全方位的服务。

2. 干预目标

① 链接相应资源，解决服务对象生存和照顾的需要，为其提供一个良好的生存环境空间和娱乐休闲场所。

② 依据服务对象的心理特点，为其提供心理安抚和慰藉。

③ 响应国家相应政策，寻找资源，为服务对象提供一个良好的校园环境。

④ 根据服务对象母亲的意愿，为服务对象寻求资质齐全、利于其成长的养育机构，为其创造和谐的家庭氛围。

针对本案，干预策略具体为：

一是与服务对象建立良好的、信任的专业关系。

二是跟进服务对象后期的生活状况，建立生活照料计划。

三是为服务对象建立同伴支持网络，促进其正确的自我认知，让其渐渐从之前的阴影中走出来。

四是为服务对象提供教育环境。

（三）保护与服务过程

社工前往服务对象母亲户籍地多方调查和协调，无人愿意接受孩子的抚养权。为解决服务对象的生存和照顾需求，经与县政府部门沟通协调，将其安置在县福利院生活。

社工通过前期沟通,了解服务对象的基本情况及喜好,为其准备喜欢的玩具,向其主动介绍自己,并以玩具作为突破点,架起沟通的桥梁,通过与服务对象拥抱等肢体接触的形式,使其得到身心放松。社工充分利用倾听和询问的沟通技巧,认真观察服务对象的变化,及时回应他的需求,与之建立一种宽容、接纳和融洽的信任关系。

服务对象刚离开母亲身边,进入到福利院这个大家庭,对周围的环境和人都比较陌生,对福利院的孩子和护理妈妈有排斥心理,经常会欺负同龄小朋友,会用一些偏差行为来引起同伴和护理妈妈的关注。社工对护理妈妈开展亲职辅导,引导护理妈妈经常陪服务对象聊天、讲故事,让他感受到大家对他足够重视、尊重和接纳。同时引导护理妈妈多关心他,表扬他,帮助服务对象自由、放松地释放和宣泄自己,帮助他建立自尊心和自信心。通过一段时间的耐心护理,服务对象逐渐融入福利院这个大家庭。同时,也发现服务对象容易产生孤独感,不敢独自一个人玩耍,而且有很强自尊心。为了更好地提供生活照料和情绪安抚,社工根据护理妈妈提供的情况,制订了详细周密的生活照料计划,并定期对护理妈妈进行专业的亲职辅导,让孩子感受到大家庭对其最大的关怀。

考虑到服务对象处于幼儿早期,这是人格的可塑性阶段,也是智力发育的关键期,社工利用音乐治疗室、心理咨询室、功能训练室、儿童乐园等场所,有计划地安排服务对象与院里面的孩子一起参加早教训练;利用增能理论,通过环境刺激、观察、游戏示范、提问和发现等各种早教方法促进孩子大脑的发育,情感的交流和放松,获得同伴的认可,增进同伴关系。

随着服务对象逐渐地适应福利院生活,社工结合服务对象现状,综合了解和分析处于不同成长阶段的儿童心理、生理发展问题(包括身体康复,情绪辅导),传播理念和知识,培养服务对象探索、发现问题和解决问题的能力。随着年龄的推移,为其提供与不同年龄段发展需要相符合的社会化引导服务,让其各方面都能得到发展,在福利院这个大家庭中健康快乐地成长。

针对服务对象无户口的现状,社工积极与县政府相关部门联系,链接和整合资源。在无明确国家政策制度和前例遵循的前提下,首先,与当地政府及财政部门联系,确定财政拨付服务对象生活费、教育费、护理费至泰和县社会福利院。其次,协调相关部门共同为服务对象补办出生证明,为解决服务对象户口问题做好铺垫。经过协调沟通,将服务对象户口落户服务对象母亲户籍上。考虑服务对象户口跨省不利于其后期医疗、教育等的需要,最终将服务对象户口迁入福利院集体户口。社工通过链接整合多部门资源，成功解决服务对象户口落户难题。

随着服务对象户口难题的破解，服务对象就学问题也顺利解决。为保障服务对象正常教育权益，经过社工对周边多家幼儿园进行综合评估，安排服务对象在最近幼儿园上学。目前，服务对象就读于幼儿园中班，社工也定期与服务对象班主任开展会谈。服务对象班主任说，服务对象虽然看起来调皮、好动，其实孩子还是有一颗善良的心，很多事哄着来，孩子还是会听，老师布置的教学任务也会认真完成。社工与班主任说明孩子特殊的家庭情况，并表示希望老师在学校多关心和照顾他。

三、干预成效

经过一年的努力，服务对象在福利院的人际关系得到改善，自我认同感增强，在学校的表现也得到了老师和同学的认可。服务对象在福利院与同伴关系融洽，社会支持网络逐渐巩固；服务对象的学业、情感交流及语言表达能力等各方面也得到很好的发展；服务对象能积极参加学校和福利院举行的各项活动和游戏，得到大家的一致好评。

四、社工反思

社工在该个案中主要运用社会支持网络理论及增能理论、倾听和咨询沟通技巧。辅导过程中，对服务对象提供情感支持和关怀，为其创造了一个和谐、信任、宽松的辅导环境。利用同理心，适时采用自我披露的方式，用平等、非评判、循序渐进的原则，为服务对象提供多方面支持。本案服务中的不足之处有：社工还要加强与福利院及幼儿园三方的互动，加强辅导力度，制订长期有效的辅导方案；加强对服务对象家庭、亲职辅导力度，开拓团体辅导新思路；建立严密的规章制度，详细的照护计划，给服务对象一个稳定、良好的生活、学习环境。

吉安市泰和县民政局（社会福利院） 王红衍 周丽华

情暖服务，为困境儿童撑起护航伞

专业点评：该案例特别表现出对困境儿童的及时帮助，解决服务对象的生存困难和就学困难。社工在服务过程中运用社工专业理论，采用倾听和咨询沟通技巧，为服务对象提供情感支持和关怀，为其创造了一个和谐、信任、宽松的条件，助其适应福利院的生活环境。

该案例中体现出社会对困境儿童的关心、关爱之情，通过链接资源，帮助服务对象拥有正常生活，特别是在解决服务对象户口落户的问题上，有一定的经验借鉴性。（刘宏涛）

“问题学生”变形记

——任务中心模式介入困境儿童保护服务的案例

一、基本情况

1. 案例来源

社工在儿童之家开展社会工作服务时了解到服务对象存在学业困境、人际关系困境、心理困境等问题，主动介入为其提供个案服务。

2. 服务对象基本信息

江军(化名)，男，接案时10岁，父母离异，家庭贫困，平时由年迈的爷爷奶奶照顾，缺乏来自家人的关爱。在学校，服务对象是老师同学眼中的“问题学生”：学习成绩很差，从不完成家庭作业；上课期间也总是睡觉、讲话、捉弄同学，为此班主任经常惩罚服务对象，并将其调整至教室最后一排的角落里。在与同学交往时，由于他经常骂人、打架的行为，同学都不待见他。

3. 服务对象家庭情况及成长经历

服务对象家庭经济贫困，父亲性格暴躁，没有稳定工作，经常酗酒、家暴；服务对象奶奶性格强势，对儿媳妇意见颇多，婆媳矛盾突出。2016年，服务对象母亲不堪忍受，抛下兄妹三人离家出走，至今未归。

三兄妹中服务对象是老大，另有一个弟弟、一个妹妹，三人都在村小学读书。由于服务对象父亲常年在外打工，年迈的爷爷奶奶承担着兄妹三人日常照料的责任。服务对象奶奶性格强势，与村民关系不好。服务对象受家庭环境影响，也从不与人打招呼，性格自卑、暴躁。

二、干预过程

（一）多角度困境分析

1. 心理困境

服务对象从小深受奶奶言行举止的感染，形成了他性格暴躁、以自我为中心的一面，经常与伙伴发生矛盾。与此同时，服务对象父母离异、父亲常年外出打工导致家庭结构不完整，使他自小缺乏来自双亲的教导、关爱，又促使他形成了性格中自卑，渴望关注、认同的一面。

2. 家庭关系困境

服务对象父亲常年外出打工，只在节假日回家，很少与家里打电话，与服务对象缺乏必要的亲子沟通。爷爷奶奶年迈，教养观念落后，且要承担繁重的农业劳动，没有过多精力去照顾服务对象三兄妹，存在对他们生活照料上、精神照料上的缺失与忽视。

3. 学业困境

服务对象缺乏学习兴趣，从不完成家庭作业，学习成绩差。爷爷奶奶由于精力有限、文化水平低，无法为服务对象提供学习辅导，也缺乏对他学习的关注和督促。

4. 人际关系困境

服务对象喜欢骂人、打架，不受伙伴的喜爱，朋友很少。学校伙伴因与服务对象发生冲突导致其受伤、衣服破损，便遭到服务对象奶奶的破口大骂。因此，学校同学不愿意再与服务对象玩耍。

（二）干预思路与目标

1. 干预思路

社工计划采用任务中心模式为服务对象开展个案服务，相信服务对象自身拥有自主性，尊重服务对象改变愿望，尽可能地挖掘和激发服务对象潜能，让服务对象面对自己生活中问题，并且鼓励服务对象采取积极行动改善目前生活状况。为服务对象开展个案服务项目计划如下：

① 与服务对象建立信任的专业关系。

② 与服务对象共同制定服务计划，就任务完成情况共同评价。

③ 为服务对象照顾者普及儿童教养知识，改变教养观念。

④ 与服务对象老师沟通，建立家庭—学校帮教网络。

⑤ 建立同伴支持网络,为服务对象提供自我认识知识学习。

2. 干预目标

① 改变服务对象学习态度,促进学业进步。

② 传授服务对象人际交往技能,促进其良好的同辈交往。

③ 改变服务对象监护人教养观念,使服务对象得到妥善的家庭照顾。

(三) 保护与服务过程

1. 第一阶段:建立专业关系,制定服务目标

服务对象来到青少年活动中心参加活动时,总是一个人坐在一旁不出声,也不积极参与活动。社工注意到他的情况,于是走近,俯下身来拍拍他的肩膀,鼓励他参与团队游戏互动。活动结束后,社工邀请服务对象一起打扫活动中心,服务对象把椅子一个个叠起来摆放整齐,社工对他给予表扬。社工以本次活动为契机,拉近与服务对象的关系,并迅速建立起合作关系。

2. 第二阶段:社工与服务对象共同制定具体的任务

社工与服务对象会谈时,首先询问阅读书籍情况并建议服务对象阅读时可以写一些读后感或者给故事改编新情节,以提高语文水平。同时他鼓励他完成"学业进步"总目标。社工与服务对象围绕这个目标充分讨论,结合他自身的能力、意愿、资源等主客观条件,共同制定了以下具体任务:①"多读书","每天阅读 30 分钟";②"按时完成老师作业",每天放学后优先完成作业,再安排其他娱乐活动。针对服务对象人际交往问题,社工建议他先从文明举止、不骂人打人开始。鼓励他相信自身有改变自己的力量,并与他共同制定人际交往方面的具体任务:① 文明举止,不与同学吵架、打架;② 每周学会一些人际交往技巧,由社工传授。最后,社工与服务对象重申了任务重要性,并鼓励他完成。

3. 第三阶段:指导家庭成员儿童照顾技巧,改变教养观念

本次会谈社工首先查看了服务对象学习任务、人际交往任务完成情况,在得知其任务完成良好时,社工总结了他这一周的进步并给予他鼓励支持。社工还对服务对象监护人——奶奶开展了教育引导。社工向服务对象奶奶普及了儿童生活照料中诸多需要注意的生活细节,以及儿童精神照料的重要性、注意事项。社工鼓励她给予服务对象更多精神关爱,多鼓励和赞赏孩子,以弥补父母关爱的缺失。

4. 第四阶段:强化学校支持网络

除了关注服务对象自身的问题,也注重强化服务对象学校支持网络。社工与服务对象班主任开展会谈,告知班主任服务对象特殊的家庭情况,希望老师在学校

多关注、引导他。社工还告知了自己与服务对象约定的学习任务和他前期的进步情况，请老师协助监督，并给予他更多鼓励支持。班主任老师表示非常乐于协助促进服务对象的学习能力提升。

5. 第五阶段：学会情绪管理，促进同辈交往

传授服务对象人际交往技巧——控制情绪。社工首先邀请服务对象与伙伴们玩“猫抓老鼠”的游戏，为他提供一个与同辈群体互动的机会，增进他们之间的了解。社工传授服务对象控制负面情绪的方法，用好的方法表达情绪，让他做决定时一定要三思而后行，不伤害自己和他人。

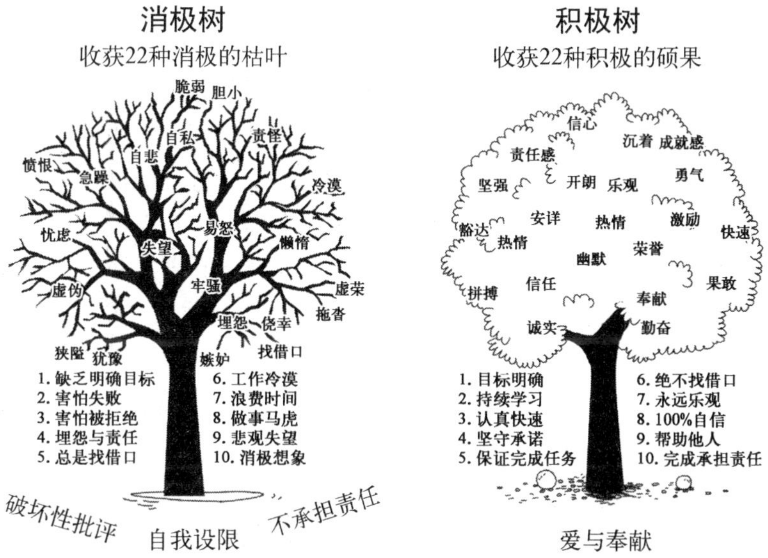

6. 第六阶段：回顾任务完成情况，顺利结案

总结服务对象在服务期间发生的积极变化，社工鼓励他继续保持下去。随后，社工赠送服务对象学习物资——一盏台灯、一张书桌，以作鼓励。服务对象承诺会继续保持学习热情，认真完成作业，也会与朋友好好相处。最后社工与服务对象一起分析个案目标达成情况，在他的同意下结束个案。

三、干预成效

经过 6 周的个案服务，服务对象的学习情况得到改善，养成了较端正的学习态度、掌握了较好的学习方法，喜欢上了阅读，学习成绩也有所提高。在最近这段时

间,服务对象不再与同学打架,与同学相处融洽,上课会主动举手发言,在班级里的表现得到老师和同学的认可。服务对象班主任告诉社工:服务对象现在会及时提交作业,虽然正确率有待提高,但他的学习态度有了很大改变。

服务对象也得到了更为妥善的家庭照顾,他更加注重个人卫生,头发剪短、衣服整洁;现在奶奶在家会帮他把衣服洗干净。同时家庭亲子沟通改善,服务对象爸爸打电话回家的次数增多。服务对象的家庭支持网络、同辈社会支持网络都逐渐巩固,他的潜力得到激发,勇于改变自我,达到了预期的服务目标。

四、社工反思

社工在该个案中主要运用任务中心模式,同时注意结合增能理论等专业技巧。在辅导过程中,社工注重挖掘和激发服务对象的潜能,让服务对象直面自己生活中的问题,鼓励服务对象采取积极行动改善目前的状况。在此指导下,社工与服务对象充分讨论,结合他自身的能力、意愿,共同制定了明确的介入目标,并督促、鼓励他分阶段逐步完成各项任务。整个服务介入周期较短,但焦点一直聚焦在提供简要有效的服务上,因而取得了较好的服务效果。

九江市都昌县民政局　刘美玲

“问题学生”变形记

专业点评： 该案例能够运用任务中心模式、增能理论注重挖掘和激发服务对象的潜能，改善亲职关系，提升朋辈交往能力，帮助服务对象形成积极的人生态度。

社工能充分认同服务对象的能力价值，尊重服务对象自决，构建社会支持网络，发掘服务对象自身优势等，更好地用专业理念服务于案例，帮助服务对象成长。同时，社工的及时介入有助于缓解服务对象在生活和学习上的困境，避免在心理上留下阴影，形成积极的人生导向。（刘宏涛）

关爱留守儿童成长　一起点亮未来之光

——未成年人关爱保护工作典型案例

一、基本情况

1. 案例来源

社工通过查阅章贡区困境儿童调查数据,了解到服务对象的基本情况,主动介入。

2. 服务对象基本信息

小刘(化名),男,接案时10岁,父亲去世,母亲失联。家庭贫困,属于事实无人抚养儿童。

3. 服务对象家庭情况及成长经历

服务对象母亲在其2个月大时外出打工,现已失联;父亲4年前去世。服务对象目前居住在大伯家,由爷爷奶奶照顾,大伯比较关心他,大婶对服务对象的关心较少。服务对象有两位姐姐,一位小弟弟跟随大伯大婶生活,小弟弟得到大伯大婶更多的关爱,同时因为孩子较多,导致监护人对服务对象缺乏足够的重视与关心。

二、干预过程

(一) 多角度困境分析

1. 心理困境

服务对象心理健康水平低,内心极度缺乏安全感,表现为逃避行为和找借口寻求关心。

2. 家庭关系困境

监护人对服务对象缺乏足够的重视与关心。服务对象在家中与爷爷和姐姐相处不融洽,时常与姐姐吵架。

3. 学业困境

服务对象对学习不感兴趣，上课好动不专心，记忆力不佳，很少做作业；学习过程中总是找各种借口逃避学习，例如肚子疼、上厕所。

4. 人际关系困境

服务对象的人际关系较为紧张，只有一位好朋友，因为成绩差被同学差别对待，性格好动，在学校容易和其他同学发生矛盾冲突。

（二）干预思路与目标

1. 干预思路

社工运用社会支持理论，帮助服务对象分析与他人沟通不善的原因，评估服务对象心理健康水平，协调服务对象社会关系之间的矛盾问题，帮助服务对象分析自己行为原因导致被老师和同学差别对待，制订改正计划。

协调好服务对象家庭成员之间的关系，建立良好的家庭环境氛围。通过与服务对象监护人沟通，社工了解到服务对象目前现状，希望监护人采取更耐心且直观的教育方法，帮助服务对象建立学习信心，多给予服务对象一些认可和鼓励。社工通过亲职教育为监护人教育孩子提供有效帮助，使监护人能够用科学的理念进行指导，从而为儿童的健康成长提供保证，使监护人明了如何尽监护人职责与职分的教育。

2. 干预目标

① 帮助服务对象学会全面客观地认识自身存在的一些问题，使其学会正确积极地面对现实而不是逃避。

② 促进服务对象与家庭成员间的沟通交流，巩固和加强服务对象和家人的家庭关系，增进彼此了解，为服务对象营造一个良好的家庭生活环境。

（三）保护与服务过程

1. 第一阶段：建立专业关系，制定服务目标

通过运用社会支持亲密关系，社工从服务对象感兴趣的话题入手，着手建立与服务对象的专业关系，并澄清社工角色。

2. 第二阶段：社工与服务对象共同制定具体的任务

① 社会支持功能层次：社工邀请服务对象参与小组活动，通过成员相互支持，进行充分的沟通交流，共同分享沟通技巧，在活动开展服务过程中进一步促进服务对象与成员们的互动关系（使个体相信他属于团体一员）。

② 规则意识进一步增强：社工与服务对象进行双人游戏，社工与服务对象再三约定游戏规则后开始游戏，服务对象表示同意。几轮互动下来，服务对象从一开始打破规则到遵守规则，逐步加强了规则意识。

3. 第三阶段：培训监护人亲职教育，改变教养观念

本次会谈社工首先查看了服务对象学习任务、人际交往任务的完成情况，得知其学习基础较差，不愿意做作业甚至让爷爷代写作业是因为没有掌握所需知识，寻找借口拒绝学习，逃避问题。因为隔代教育的局限性造成了服务对象存在沟通障碍，社工通过社会支持理论来疏导服务对象。社工还对服务对象的主要照顾者——爷爷开展了教育引导。社工向服务对象爷爷普及了儿童生活照料中诸多需要注意的生活细节，以及儿童精神照料的重要性、注意事项。社工鼓励他给予服务对象更多精神关爱，多鼓励和赞赏孩子，以弥补父母关爱的缺失；并告诫他切勿通过打骂来教育孩子，要谆谆教导。同时就服务对象爷爷的教育方式提出几点改进的意见，加强约束和给予更多耐心。

4. 第四阶段：强化家庭支持网络

本次会谈社工和两位老人共同分析了造成服务对象某些行为偏差的原因，缺乏有效的沟通是隔代教育不可避免会出现的问题。同时让两位老人意识到在与孩子的交流过程中应把握平等的原则和给予更多耐心，尊重孩子，真诚相待，让孩子感受到家庭的关爱。社工运用自我披露的技巧，向服务对象爷爷奶奶介绍了自己在沟通方面的亲身经历，为两位老人提供参考。

在社工和服务对象爷爷奶奶交流结束后，社工单独与服务对象进行了一次交流。通过引导服务对象换位思考去理解爷爷奶奶难处，认识到自身学习态度不端正问题。同时社工引导服务对象姐姐要作为服务对象课后作业的辅导老师，慢慢端正服务对象学习态度，培养其正确的学习技巧和方法。

5. 第五阶段：学会情绪管理，促进人际关系交往

① 有的放矢，增强信心：在系列小组活动开展过程中，特别是服务对象与成员间的互动中，其他成员们鼓励服务对象回答问题，并及时给予赞扬。经过若干次小组活动后，服务对象开始主动举手示意回答问题，与成员们的交流也变得更加密切，社会支持网络得到进一步提升。

② 分享与倾听：服务对象告诉社工，通过几个阶段的服务，服务对象与家人的关系有了改变，向社工举了几个生活片段体现服务对象与爷爷沟通交流的变化。同时，服务对象向社工分享其学习到的经验与技巧，同辈群体相互间互助与支持。在愉快的交谈之中，社工发现服务对象性格较之前积极了许多。当社工倾听完服

务对象的叙述后,社工向服务对象表露了喜悦与表扬,并且鼓励服务对象在以后的生活中能够继续巩固在服务过程中学会的经验,更好地面对将来的学习生活。

③ 回顾以往经验：在本次服务结束时社工与服务对象一起回顾了以往的服务经验,社工让服务对象用笔写出自己的改变,通过这些方面改变,社工再次巩固了服务对象的改变,引导服务对象形成一个正确的自我认知,鼓励服务对象运用在服务过程中的沟通技巧,同时让服务对象学会如何在以后的学习生活中处理自己的问题,并且使与家人的关系更加正常化。

6. 第六阶段：回顾任务完成情况,顺利结案

通过之前的教育与引导,服务对象的人际关系、家庭关系、学习状态有了很大的提升。本次活动结束后,服务对象主动留下,帮助社工打扫教室整理物品。在与服务对象奶奶的沟通交流中社工得知：服务对象现在会在家中做些家务事,学校老师也打电话过来说服务对象成绩现在比较稳定。

三、干预成效

经过 2 个多月的努力,服务对象的家庭关系得到改善,自我认同感增强,在班级的表现得到老师和同学的认可,在家里和爷爷奶奶与姐姐的关系得到改善。服务对象的社会支持网络逐渐巩固,学习、助人及语言表达能力得到发展,学习方法得到改进,如会做课堂笔记,对做错的题目进行订正,有问题主动问老师和同学。

四、社工反思

社工在该个案中主要运用人本治疗模式,过程中运用社会支持理论。辅导过程中,对服务对象提供无条件支持和关怀,为其创造了一个和谐、信任、宽松的辅导环境,社工完全接纳服务对象,适时地采用自我披露等方式,用平等、接纳、同理心,给予服务对象强有力的专业支持和情感支持。经过干预,服务对象的朋辈交流、感恩及反思等能力得到发展。

本案例服务的目标基本达到,但每个人的改变都不是一蹴而就的,习惯的养成需要长时间的沉淀,服务对象思维模式的改变还需很长的一段时间,这些需要后续服务跟进,才能保持良好的服务效果。

赣州市章贡区民政局　梁津豪

关爱留守儿童成长　一起点亮未来之光

专业点评：该案例运用人本治疗模式、社会支持理论等社工专业知识开展活动，社工从游戏环节开始入手，逐渐与服务对象建立互动关系，形成良好的“助人自助”局面。同时，社工适时地采用自我披露等特点，用平等、接纳、同理心，给予服务对象强有力的专业支持和情感支持，服务对象感恩、反思等能力得到发展，后续干预也更容易让服务对象接纳。

社工通过帮助服务对象学会全面客观的认识自身存在的一些问题，使其学会正确、积极地面对现实，服务对象学会了独立。同时促进了服务对象与家庭成员间的沟通交流，巩固和加强了服务对象和家人的家庭关系，增进彼此的了解，为服务对象营造了一个良好的家庭生活环境。（刘宏涛）

同心护蕾　阳光成长

——人本治疗模式介入困境儿童保护服务案例

一、基本情况

1. 案例来源

社工通过乡镇困境儿童数据排查，以走访调查服务对象基本情况的形式主动介入。

2. 服务对象基本信息

小欣(化名)，女，10 岁，学习成绩一般，与同辈交流较少，性格内向。家庭经济及生活环境较差，但个人生活自理能力较强。

3.服务对象家庭情况及成长经历

服务对象父亲无正式工作，无稳定经济来源，日常靠打零工维持家庭生计，生活困顿。母亲患有精神残疾，患病发作时会有暴力攻击他人的行为。服务对象家庭生活环境较差，家中没有任何家具，其中最醒目的是一张 2 米多用床板拼起来“大床”，服务对象介绍说那是父女俩的床。

服务对象在生活上较独立，可以照顾好自己。母亲发病时，父亲需要陪同其一起去医院治疗，服务对象基本就一人在家独居。外婆那边的亲戚基本不和服务对象家里来往。而爷爷奶奶也已离世，只有和姑姑会偶有来往。

因为平日课业无人辅导、家庭作业无人监管等客观原因，导致服务对象学习成绩一直不是特别理想。生活中也无人引导其注意个人卫生，特别是女性生理卫生，偶尔也会有一些焦虑紧张的情绪出现。而母亲患病和父亲的无暇照料、居家环境等实际情况，也给她增加了无形的压力。

服务对象性格偏内向，平时话语不多，在学校和同学关系一般，只和同班一位同学关系较好。经社工了解，服务对象与父母沟通少的主要原因是父亲年纪偏大，有时说的话只停留在成绩好坏和吃饱穿暖等话题上，更深入的交流不多；考虑母亲的病因交流更少。

服务对象在与陌生人交流时声音非常轻，说话轻声细语，也不主动与他人打招呼问好，在社工探访、与她交流时她也只是看着社工腼腆微笑。

在社会层面，会有领导或者村干来探望服务对象的家庭，给予基本的生活慰问；家庭层面，服务对象的爸爸和姑姑是家庭支援网络；同班同学，是服务对象的唯一朋辈支持。

二、干预过程

（一）多角度困境分析

1. 心理困境

父母陪伴缺失是服务对象童年成长过程中的遗憾，未能从父母身上寻求到安全感也令她心生卑怯。母亲发病时存在无差别攻击行为，会殴打服务对象，给服务对象带来身体和心理上的双重伤害。服务对象在学校遭受同学的歧视，被朋辈群体区别对待。

2. 家庭关系困境

沟通不顺畅，亲职关系有待改善。父亲年纪偏大，又承担了家庭生活的重担，也很少和服务对象过多交流。

3. 学业困境

服务对象智力正常，由于受到个人、家庭、学校的因素影响，学习效率比较低，成绩不是很好。

4. 人际关系困境

因家庭因素被同学“贴标签”，服务对象不能获得同伴的认可与他们成为朋友，成为同伴排斥的对象。

（二）干预思路与目标

1. 干预思路

本案运用人本治疗模式等专业理论支持服务对象改变。社工与服务对象通过面谈、直接辅导来培养服务对象的自信心；通过行为指导锻炼服务对象的情绪处理能力；进行作业辅导和规划生活指导；对服务对象父亲开展亲职能力辅导；协调邻里关系搭建，帮助建构社邻互助网络；引导服务对象培养兴趣爱好；协调建立同辈支持关系。

2. 干预目标

对服务对象采取明确有效措施，从而改善人际关系、提高自信心。具体干预目标如下：

① 建立个人档案，建立友好的、信任的双方合作关系。

② 申请政策补助，建立长效帮扶机制。

③ 生活技能指导服务。

④ 提供心理疏导与陪伴服务。

⑤ 改造独立居住空间。

⑥ 提供微心愿等关爱服务。

（三）保护与服务过程

1. 第一阶段：了解服务对象真实想法，建立信任关系

社工为服务对象提供建设性的情感宣泄机会，通过了解服务对象的生活、学习情况，采用接纳尊重、积极倾听等支持性技巧，降低服务对象的焦虑与不安，使服务对象能够体会到社工对自己的尊重和同理心，并进一步建立起相互信任的关系，使双方关系处于一种真挚、和谐的状态。

2. 第二阶段：社工多渠道支持

① 申请政策补助，建立长效帮扶机制。社工走访了当地村委，与周围的邻居调查访谈，两次探访服务对象及其家庭，详细了解服务对象家庭困境存在的客观原因，并与民政部门沟通，为服务对象申请相关政策补助。

② 通过和服务对象的沟通，带领服务对象知觉自己与同伴的关系问题。社工鼓励服务对象积极参加集体活动、学会尊重包容，从而建立良好的同伴关系。

3. 第三阶段：引导服务对象认清自我和现状，订立适当计划

让服务对象认识自己现在处境，以便改变现状。通过社工的沟通，使服务对象和她父亲意识到父女睡在一起问题的严重性，并一致同意社工的建议，布置一个房间让服务对象单独居住。

4. 第四阶段：链接社会资源，改善居住环境

链接社会爱心力量，为服务对象布置出一个房间，保护青春期女孩隐私，让服务对象身心健康成长。服务对象和社工一起参与新房间布置工作，完成后服务对象看着布置妥当的房间，摸着蓝碎花的窗帘，露出满足的微笑。

5. 第五阶段：给予服务对象支持和鼓励，疏导心理压力

经过社工多次沟通和引导，服务对象和社工已经由陌生转变为熟悉。这次的

服务目标是通过谈心对服务对象进一步了解。通过回访,与服务对象共同制订了暑期生活计划,同时,运用自我披露技巧,分享彼此的秘密“糗事”和趣事拉近彼此的距离。在服务过程中,社工运用探讨、描述、疏通和反映等技巧,与服务对象一起探讨对自己和内心深处的认识,帮助服务对象表达感受,减轻心理压力。

6. 第六阶段:促进服务对象自我认知,增加自信心,做好结案准备

探访服务对象的暑假规划执行效果,辅导服务对象的暑期作业。通过继续运用反应性技巧和回顾技巧,帮助服务对象回忆社工服务过程中自己的改变,经过社工一系列的专业服务,让服务对象拥有表达自己内心感受和认识自我的能力,告诉服务对象结案以后,即使没有社工在旁,相信她也能很好地处理自己的人际关系,很好地融入朋辈群体,自然地交友、生活、学习。

三、干预成效

经过社工介入和服务,服务对象能够积极举手回答老师的课堂提问,主动表达自己的想法,在班级的表现得到老师和同学的认可;自我认同感增强,改善了人际关系。

房间微改造,让服务对象有了自己的私人空间。社工填补了服务对象暑假作业无人辅导的空白,监督假期无规律的生活习惯。服务对象在社工面前也更加愿意释放自己的个性,更愿意表达情感,这有利于服务对象的生活、生理和心理的健康发展。

四、社工反思

社工在接触服务对象后,运用个案工作技巧,利用倾听、引导、反馈、总结等沟通技巧,寻找服务对象感兴趣的话题,由此进入服务对象的内心世界和成长背景。在服务过程中,积极引导服务对象多思考,由其主动提出解决方法,提高了其自决的能力,达到了助人自助的目标。

社工在跟进过程中,通过灵活运用引导、澄清、鼓励、挖掘优势等社会工作理论,理论和实践相结合,在个案跟进中为服务对象提供了好的服务。

社工在个案工作中也存在一些不足,如链接外部资源能力有待提高,实务经验不足,专业技巧应用不熟练。

庐山西海风景名胜区未成年人保护社会工作站 张梦颖 谈琼菲

同心护蕾 阳光成长

专业点评：该案例运用人本治疗模式、优势视角理论等作为理论支撑，通过改善亲子关系，帮助改造房间等方式为服务对象提供良好的生活和学习环境。特别是与服务对象共同整理家庭内务，增强了服务对象的安全感、获得感、幸福感。

社工专业化的帮扶有助于服务对象感受到党和国家对弱势群众的关心和关爱，促进他们自强、自立，心灵更加阳光灿烂。（刘宏涛）

一片冰心在玉壶

——人本治疗模式介入困境儿童保护服务

一、基本情况

1. 案例来源

社工在修水县杭口镇茅坪村走访时,了解到服务对象的一些基本信息,该个案由修水县杭口镇转介而来。

2. 服务对象基本信息

心心(化名),女,12 岁,六年级。

弟弟皓皓(化名),男,10 岁,四年级。

3. 服务对象家庭情况及成长经历

姐弟俩的父亲是江西人,母亲是贵州人,父母是在外面打工认识的,两人没有领取结婚证,以夫妻的名义非婚同居并生育了姐弟俩,一家人一直在浙江谋生。其父一直没有正当职业,靠打短工为生;其母因为无法忍受家庭贫穷,离家出走至今杳无音讯。姐弟俩跟着父亲生活,饱一顿饥一顿,由于家庭的不完整和长期得不到父母的关爱,姐弟俩的性格均出现一定的问题,一个自卑、敏感,一个狂躁、焦虑。2020 年 9 月,服务对象的父亲因购买假币被批准逮捕,姐弟俩因无人监护被送回江西老家。

二、干预过程

(一) 多角度困境分析

1. 心理困境

服务对象即将进入青春期,性格敏感又抑郁、自卑,拒绝与人沟通;服务对象弟弟性格暴躁、焦虑,对他人敌视,经常跟同学打架,缺乏责任心,总是找各种借口推卸自己的责任。

2. 家庭关系困境

父亲服刑，母亲失联，爷爷奶奶已经不在人世，唯一的大伯在广东谋生，而同村居住的大爷爷(服务对象爷爷的兄弟)年事已高，无法照料姐弟俩，姐弟俩住在自己家里，每天到不同的亲戚家轮流吃饭，无稳定的寄养家庭进行有效监护，这样无稳定的寄养家庭环境对于姐弟俩的成长十分不利。

3. 学业困境

学业无人辅导，没有良好的学习习惯，姐弟俩沉溺于手机虚拟的网络世界。服务对象的成绩在班里中下，弟弟的学习成绩在班上垫底，连作业都无法按时完成，姐弟俩的学习自觉性差，学习习惯不好。

4. 人际关系困境

由于父亲服刑，从小又被母亲抛弃，姐弟俩长期在外地长大，本地又无至亲，缺少亲人的关爱和肯定；加之父母的原因，在当地族人间的口碑很差，与家族中其他成员也基本不来往。

(二) 干预思路与目标

1. 干预思路

马斯洛需求层次分成生理、安全、归属与爱、尊重和自我实现需求五个层次，根据马斯洛的需求层次论，如果个人生理和安全的需要都得到了满足，那么就会出现感情、友谊和归属的需求，如渴望父母、朋友、同学等对其表现爱护和关怀、温暖、信任、友谊以及爱情等。

人本治疗模式理论认为，人的本质是好的，人具有能力发展自己并能够和谐地与别人合作，逐渐变得成熟，人性本善而且蕴藏着无限的潜能，主张改善环境以利用于人性充分的发展。

2. 干预目标

① 引导姐弟俩学会感恩，学会替寄养家庭分担家务，培养基本的劳动技能，用积极阳光的心态融入寄养家庭。

② 开展亲职教育，提升监护人家庭教育的能力。

③ 协助姐弟俩养成良好的学习习惯，建立学习目标，提高学习兴趣，及时完成规定的学习任务。

④ 帮助姐弟俩认识到自身优点，增强自己的自信心，掌握人际沟通技巧，与同学形成良好互助、和谐的人际关系。

(三)保护与服务过程

1. 第一阶段:良性沟通,建立信任关系

针对服务对象的实际情况,社工积极介入,与村干部和服务对象的大爷爷就姐弟俩的寄养问题进行了多次沟通,分别对不同的寄养家庭进行了监护意愿和监护能力比对和评估。最后确定了家族中的三奶奶家为服务对象姐弟俩的最终寄养家庭。三奶奶本人是村里小组长,为人热情,性格比较开朗,家庭成员关系简单,居住在学校对面,方便服务对象上学。

在回访过程中,姐弟俩非常高兴地告诉社工,现在每天都可以吃到三奶奶做的饭菜,三奶奶还给他们零用钱、买新衣服。社工告诉服务对象,三奶奶以后就是他们的临时监护人,有教育他们的权利和义务,应该学会感恩,帮助三奶奶分担家务,尊重和体谅三爷爷和三奶奶的不易,一起努力共同维护好这个家。

2. 第二阶段:建立家庭互动关系,优化监护方式

社工向三奶奶示范运用优势视角和正面管教的方式,提高三奶奶的亲职能力,及时发现和鼓励姐弟俩的优点和进步,建立家庭互动关系。三奶奶改变了之前以批评为主的教育方式,采用赞赏教育,多去发现姐弟俩的优点。

在三奶奶一家的关爱下,姐弟俩有了家的温暖,性格开朗了不少,可以和同学正常交流,并结识了新的朋友,姐姐的学习也进步了很多,考试成绩排到了年级前十五名,有心事也会主动与社工沟通;弟弟基本不跟同学打架,因为离学校比较近,也不迟到早退了,只是作业有时还是不能够按时完成。姐弟俩现在不玩手机了,手机被三爷爷没收,规定周末做完作业后可以玩不超过3个小时。

社工再次跟姐弟强调了学习的重要性,特别是弟弟一定要按时完成作业。对于姐弟俩的变化,社工给予了肯定和表扬,并承诺如果继续保持,下一次会给他们一个意想不到的奖励。

3. 第三阶段:链接资源,建立外部支持

新年到来前,社工协助姐弟申请了事实无人抚养儿童救助,每月按时发放基本生活补贴1 200元/人,服务对象基本生活得到了有效的保障。

社工信守承诺,邀请姐弟俩到县城来玩,链接爱心人士捐款1 000元,社工带姐弟俩去理发,吃美食;购买了全套的新衣、新鞋、被子等生活用品。社工还邀请了心理咨询师志愿给姐弟俩做心理评估,心理咨询师开展"自我认识"主题知识教育,通过一对二的辅导方式,挖掘其内在潜力。社工通过游戏的方式打开话题,以同理心给予服务对象支持,在社工真诚的接纳和理解下,姐弟俩讲述了以前与父亲一起的快乐往事并表达了对父亲的挂念,社工认真聆听,并对其父亲给姐弟的关爱给予肯

定和鼓励,引导姐弟俩要感恩父爱和社会的关爱。

4. 第四阶段:对接老师,建立学校支持体系

社工针对服务对象姐弟的自身情况,建立学校支持体系,多次走访服务对象所在学校,对接各任课老师,恳请老师对姐弟俩的课业多加辅导;通过让姐弟俩担任班干部的方式,提高姐弟俩的自信心和责任心,建立学习目标,提高学习兴趣。社工还手把手教导姐弟俩做些力所能及的家务事,培养姐弟两人的生活自理能力。

5. 第五阶段:鼓励服务对象积极参与抗逆力团辅活动

为了提高孩子们抵抗挫折的能力,社工邀请服务对象免费参与了暖冬公益举办是"栀子花开"公益夏令营活动。

在夏令营活动中,社工和志愿者们设计了抗逆力团辅活动"叠纸牌"。在搭建过程中社工发现服务对象姐姐中途失败几次,社工及时鼓励:"不要轻易放弃,即使失败,我们也可以选择重新开始,一定要相信自己一定行。"在弟弟和同伴的帮助下,姐姐终于搭建好了三层纸牌,社工告诉姐弟俩:"遇到困难不可怕,我们一定要相信自己,不要轻易放弃,我们要学会寻求帮助。"社工还让弟弟跟大家介绍了他是如何又快又稳地搭建好三层纸牌的。通过这个活动,让服务对象姐弟了解自己的优势,极大提高了姐弟俩的自信心和参与感,拓展了社交圈,认识了更多的同龄玩伴。姐弟俩也变得更加开朗,与朋友也能够很好地相处。通过夏令营七天的朝夕相处,姐弟俩与社工成为无话不谈的朋友,在结营的时候,姐弟俩还留下爱吃的鸡腿,送给社工表示感谢。

三、干预成效

经过修水县民政局未成年人关爱保护中心长达 7 个月的服务,面对个案中服务对象姐弟之前所面临的多重困境,通过与多方协同合作解决了姐弟俩的长期稳定的寄养家庭问题;修水县民政局第一时间将服务对象姐弟俩纳入事实无人抚养儿童救助体系,每月按时发放事实无人抚养儿童基本生活补贴 1 200 元/人,使得个案服务对象基本生活得到了有效的保障;社工链接各方资源一起构建服务体系,为姐弟俩链接学校资源,开展关爱引导、心理情绪疏导,给予爱心资助,免费参加夏令营活动以及抗逆力训练等服务,姐弟俩在大家的帮助下慢慢地愿意走出家门,并与家人、同学和朋友建立了和谐的人际关系,提高了学习兴趣,脸上的笑容越来越明媚,身边的小伙伴越来越多,姐弟俩也越来越愿意参加学校组织的活动,享受集体活动带来的快乐。

四、社工反思

社工在该个案的服务过程中，主要运用人本治疗模式、马斯洛需求层次理论。在辅导过程中，社工运用观察法、引导、访谈等专业方法和技巧，与服务对象姐弟建立了真诚的沟通与交流，进行了良好的互动，为服务对象姐弟提供无条件支持和关怀，协助创造了一个和谐、信任、宽松的辅导环境，社工完全接纳服务对象姐弟俩，用平等、接纳、同理心，给予了强有力的专业支持和情感支持。

本案例的服务目标基本达到，服务对象姐弟俩的事实无人抚养儿童救助补贴已经领取，在寄养家庭和学校老师的关爱下，姐弟俩的性格改善了许多，自信心也得到了提高，与同学的关系得到改善。但每个人的改变都不是一蹴而就的，习惯的养成和心灵创伤需要长时间来慢慢抚平，服务对象姐弟俩的改变还需要很长的一段时间，这些需要后续服务的跟进，才能巩固良好的服务效果。

愿我们的萤光之爱能抚慰孩子们幼小的心灵，愿他们在今后成长的路上，不管遇到多少风雨，都会被这段平凡的日子所温暖。

九江市修水县民政局　杨晋

一片冰心在玉壶

专业点评：面对监护缺失的困境儿童个案，社会工作者积极探索“以服务对象为中心，以社工为主导，寄养家庭为基础，乡村（社区）、学校为平台”的社会工作模式，充分运用社会资源，构建社会支持系统。社工运用专业方法与服务对象建立了良好的信任关系，探讨个案所急需解决的问题，商定目标，制订服务计划，积极引导服务对象自我接纳，协助服务对象重建自信，保持积极乐观向上生活心态。社工真诚的接纳和感同身受的同理心，最终让服务对象姐弟打开了心扉，融入社会，健康成长。（陈栩）

我可以变得更好

——社会支持理论模式介入事实无人抚养儿童关爱服务

一、基本情况

1. 案例来源

社工通过共青城市事实无人抚养儿童入户走访,了解到服务对象基本情况。该个案由社工主动介入。

2. 服务对象基本信息

成成(化名),女,2008年6月11日出生,接案时13岁,父母精神残疾,家庭贫困,属事实无人抚养儿童,享受相关政府补贴。

3. 服务对象家庭情况及成长经历

服务对象一家六口人:爷爷、奶奶、爸爸、妈妈、服务对象和弟弟。家里整体环境一般。爷爷今年73岁,无劳动能力;奶奶今年72岁,在家照顾家庭;爸爸患有精神分裂,2020年病情再次复发,发病时将自己的右手砍断,送往南昌住院治疗,伤情好转后,家里人将其转至共青城红十字医院精神科,每个月需交450元伙食费。服务对象妈妈智力残疾四级,具备简单的生活自理能力,可正常交流,脾气比较暴躁,现住在娘家。服务对象爷爷、奶奶、爸爸和妈妈均享受低保。弟弟,小学六年级在读,性格非常内向,学习成绩一般,身体健康。

二、干预过程

(一) 多角度困境分析

1. 心理困境

服务对象因其原生家庭中父母亲情的缺失,时常觉得自己很孤独,感觉别人老用异样的眼光看自己,看不起自己。

2. 家庭关系困境

服务对象与弟弟关系较差，常因为一些小事与弟弟争吵，有时想教弟弟学习，弟弟却总是不听服务对象的话；与爷爷奶奶关系不够亲近，原因是觉得爷爷奶奶对待弟弟时与对待自己时有差别。

3. 学业困境

服务对象学习成绩一般，对学习成绩不满意，想改变学习状态，掌握学习方法，提升学习成绩。

4. 人际关系困境

服务对象在学校知心朋友不多，因为服务对象总是觉得同学都看不起她，慢慢变得不爱与人交流，为了维系仅有的几个好朋友的关系，会有讨好的行为。

(二) 干预思路与目标

1. 干预思路

社会支持网络指的是一组个人之间的接触，通过这些接触，个人得以维持社会身份并且获得情绪支持、物质援助和服务、信息与新的社会接触。依据社会支持理论的观点，一个人所拥有的社会支持网络越强大，就能够越好地应对各种来自环境的挑战。社会支持理论取向的社会工作，强调通过干预个人的社会网络来改变其在个人生活中的作用。特别对那些社会网络资源不足或者利用社会网络的能力不足的个体，社会工作者致力于给他们以必要的帮助，帮助他们扩大社会网络资源，提高其利用社会网络的能力。

2. 干预目标

① 整合社会资源，加强服务对象的社会支持力量。

② 帮助服务对象解决学习困难等问题，制定学习计划，掌握学习方法，提高学习成绩。

③ 帮助服务对象掌握人际关系技巧，正确处理与弟弟的关系，与朋友的关系，学会与爷爷奶奶正向沟通，合理解决问题。

(三) 保护与服务过程

1. 第一阶段：运用沟通技巧，建立信任关系

社工通过运用注意、解释和情感反应等技巧与服务对象交谈，了解其生活情况、学校的学习情况和同学相处情况，确定服务对象是否愿意接受社工服务，与服务对象建立信任关系，明确服务对象的需求，并与服务对象达成共识。

2. 第二阶段：链接社会资源，构建社会支持网络

经过前一次会谈，社工了解到服务对象希望找补习班，通过补习来提升自己的学习成绩，在得知服务对象家经济困难后，社工帮助服务对象链接社会培训班。此次与服务对象会谈过程中，社工了解到服务对象觉得爷爷奶奶更偏爱弟弟，对自己很不公平，就比如姐弟两人同时在看电视，与弟弟发生矛盾，爷爷、奶奶会更偏袒弟弟一些，学习方面，爷爷也会对服务对象要求更严厉些，且爷爷奶奶对服务对象的严厉，给了服务对象很大的压力。久而久之服务对象觉得家里人没有人能够理解她，不愿意与家人沟通，觉得自己很孤独，不良情绪积压在一起，导致情绪失控。

本次会谈过程中，社工采用家庭治疗模式，了解服务对象家庭的基本结构以及家庭成员的关系，通过改变家庭结构和交往方式消除服务对象的问题。社工帮助服务对象掌握了基本人际沟通技巧，与爷爷奶奶好好沟通，在家庭内部促进谅解，增进情感交流和相互关心，有问题及时处理，不要积累至发脾气；采用同感倾听技巧，帮助服务对象学会情绪管理的办法。

3. 第三阶段：互相尊重，促进改变

此次会谈，社工通过与爷爷奶奶交谈，了解服务对象的近况。爷爷奶奶反映姐弟俩经常因为一些小事争吵，发生矛盾。社工了解到姐弟之间的主要矛盾后，使用自我披露的专业技巧，披露了一些自己与自家的哥哥姐姐是如何相处的，有矛盾时是如何解决的。引导服务对象姐弟俩正确看待姐弟关系，帮助服务对象姐弟俩学习如何能够更好地相处，比如两人之间要互相尊重，姐弟之间要平等相处，遇事共同商量，民主解决彼此之间的问题。

通过与姐弟俩的沟通，姐弟俩表示改变是需要一定的时间，但都愿意为对方做出改变和让步。

4. 第四阶段：提升自我价值感，学会拒绝

在本次会谈中，社工主要了解到服务对象在学校的情况。服务对象说自己在学校只有两三个朋友，但因为原生家庭原因，自己总会有种感觉，觉得他们看不起自己，而且，每次跟他们在一起，他们的话题自己很难融入，但自己又很想与他们和谐共处，所以当他们叫自己帮忙的时候，会委曲求全，不会拒绝，哪怕自己很不愿意，也会强迫自己去做，认为这样他们就会愿意跟自己相处。

社工告诉服务对象，人之所以不能主动交往，主要原因是在交往过程中缺乏自信，所以要首先树立自己的自信心，提升自我价值感，要找到自己的优点，正确地评价自己；学会倾听，多给别人鼓励和表扬，尽量避免批评、指责和抱怨；每个人的个

性不同，兴趣也不同，但你要想好好地融入这个社会，就应该寻找到大家共同的话题，并积极参与进去，共同讨论。服务对象表示以后会采取社工的建议，提升自我价值，找到自己的优点，既要真诚地和朋友相处，也要学会表达自己的需要和请求，学会拒绝。

5. 第五阶段：持续跟踪，巩固社会支持网络阶段

本阶段的主要目标是帮助服务对象做好学科分析，制定学习计划。本次会谈中，首先，社工向服务对象传授自己以前在学习过程中的做题技巧和学习经验，让服务对象意识到学习成绩取决于自身学习态度和学习方法，而非自身的智力和能力问题；其次，社工通过自我披露初中、高中乃至大学的美好经历引导服务对象向往未来的学习生活，从而让服务对象产生进一步学习的兴趣和动力；最后，社工与服务对象沟通并制定自主学习计划，如制订一个学习计划表，每周末完成一份学科测验试卷等。

经过社工的帮助，服务对象建立起对学习的动力和信心，同时社工和服务对象确定了学习目标，制定了学习计划，服务对象也承诺会按学习计划完成学习任务。

此次访谈前，为了了解服务对象的学习状况，社工联系了服务对象的补习班老师，老师对服务对象的学习和改变给了很大的肯定和夸赞。服务对象目前的主要问题已经得到缓解，并朝着好的方向发展，社工认为可以结案。社工告诉服务对象老师是如何夸赞和肯定她的，并且和服务对象一起回顾服务历程，在回顾的过程中多次对服务对象表示肯定以及赞赏。最后，社工通过个案评估表来做评估调查，服务对象根据内心的想法完成了表格填写。社工告诉服务对象，虽然服务暂告结束，后期还会进行跟踪服务。

三、干预成效

经过大半年帮助，服务对象逐渐成长，首先，学习积极性大有提高，变得爱笑了，也敢大声的讲话，并且会表达自己的意见；其次，她对待事情的态度，不再采用那种消极回避的态度，而是遇到问题，解决问题，甚至会提出新的问题；再次，她和同学之间的相处变得融洽，课堂积极表现，听懂题目之后会主动给不懂的同学讲解，乐于交友，乐于助人；最后，成绩上也取得了十分大的进步，整个人呈现出一种积极向上的精神面貌。

据家长层面反映，服务对象在家的变化也比较大，会主动与爷爷奶奶打招呼和聊天，脾气好了很多；和弟弟和睦相处，出现分歧的时候，两人会共同商量，服务对

象还会主动辅导弟弟的作业，对弟弟比之前更有耐心。

四、社工反思

通过此个案服务，社工发现：第一，建立良好的专业关系，取得服务对象及其家人的信任，是顺利开展个案的基础；第二，针对性格内向的服务对象，找到谈话的切入点非常重要，而且切入点通常是服务对象感兴趣的事物，比如兴趣爱好；第三，服务对象的许多问题都是相互联系的，核心问题的解决通常能够使其他问题得到缓解；第四，社工要善于运用社会资源为服务对象服务，比如帮助服务对象链接补习班，帮助其学习得到提升。

频繁有效的沟通是社工与服务对象拉近距离、了解需求的最好途径，本个案服务中，社工每个星期都会通过电话或者入户的形式与服务对象沟通，尽管是短短的几分钟、简简单单的几句问候，可对服务对象来说，这代表着社工对她的关心，促使服务对象愿意倾诉内心真正的想法，进而挖掘出其深层次的需求。

共青城市民政局　刘子燕

找到最好的自己

专业点评：服务对象因父母精神残疾，在生活中父母亲情的缺失，隔代抚养，家庭经济困难等因素产生压力。社工通过收集资料，全面了解服务对象的基本情况，在对服务对象进行预估过程中，运用了注意、解释和情感反应等技巧与服务对象沟通，明确了服务对象的主要问题在于认知偏差、人际障碍和学业方面的问题，采用了认知治疗、家庭治疗、掌握人际沟通技巧等方法，加强服务对象社会支持力量，帮助服务对象走出困境，让服务对象从不愿主动与人交流的内向女孩，变成了积极与家人沟通，主动与同学交往的活泼少女。（陈栩）

温馨小屋圆女孩公主梦

一、基本情况

1. 案例来源

庐山市未保中心通过外展服务获知服务对象的情况，社工主动介入该个案。

2. 服务对象基本信息

小英(化名)，女，接案时 12 岁，小学六年级，独生子女，身体健康，性格内向。父母离异且均患有精神疾病，爷爷奶奶无能力抚养，面临监护缺失的困境。

3. 服务对象家庭情况及成长情况

服务对象家庭贫困，家庭四人享受国家低保等救助政策。服务对象父亲患有精神残疾，偶尔在外打零工，在外地打工回家不会乘交通工具，无人带领，独自步行好几个月，得好心人指引帮助才回到家乡。母亲患有精神疾病，无法正常沟通，不能给服务对象母爱，现已住进了精神病院。爷爷 83 岁高龄，双腿萎缩，靠拄拐杖行走。奶奶体弱多病，家庭的监护和照顾起居的重任全由奶奶一人担当。

小学一年级到四年级，服务对象在庐山市第三小学读书，成绩在班上排名前三名。早晚由本村郭老师接送，后因郭老师工作调动，无人接送不得不转回乡下村小就读。服务对象换了新环境，短时无法适应，成绩下降快，在班上排名后段。

二、干预过程

(一) 多角度困境分析

1. 心理困境

因父母的精神残疾，服务对象从小没有感受到正常的父爱和母爱，非常自卑敏感。因为家庭的困境，爷爷奶奶没有能力为服务对象提供一间独立房间，12 周岁的女孩子与爷爷奶奶同住，非常不方便。疫情期间因为要上网课，爷爷给服务对象买了手机，因监管不力，导致服务对象对手机有一定的依赖。

2. 家庭关系困境

母亲因精神病住院，父亲常年在外打工，喜欢抽烟喝酒，无监护能力。爷爷奶奶年事已高，精神状态不好，监护能力不足。

3. 学业困境

服务对象无独立生活空间，学习、写作业和睡眠均受影响。转回乡下小学就读后，融入不了新环境，学习成绩下降较快。

4. 人际关系困境

转回乡下小学就读后，服务对象没有交到知心朋友，因为家庭困境而自卑，不愿意带同学和朋友回家，同辈群体支持系统没有建立。

（二）干预思路与目标

1. 干预思路

本案介入采用心理社会治疗模式中的"人在情境中"理论。该理论指出，人不是完全独立存在的个体，研究一个人，必须将其放到他所处的环境中进行，即他的家庭、学校、工作场所等。人类是在一定的环境之中生活的，受到环境压力和人们彼此冲突的影响和困扰。在本案中，社工主要通过对服务对象本身的系统和生存环境的帮扶，帮助服务对象摆脱困境。

首先，社工以不带批评的态度倾听服务对象及家人的描述，以接纳、同理心、探索—描述—宣泄等方式，为服务对象提供必要的情绪宣泄机会，以减轻服务对象内心的冲突，做好心理建设；其次，社工链接社会资源，为服务对象改造一间独立的房间，集卧室和书房功能于一体，装饰搭配上符合少女特征，给服务对象创造良好的学习生活环境，并通过寻求学校班主任的支持，共同帮扶服务对象；最后，采用反思性直接治疗，社工与服务对象及家人相互沟通交流，引导服务对象及家人对现实情况做出反思，引导服务对象及家人重新认识和评价自己，营造良好的家庭氛围。

2. 干预目标

① 帮助服务对象打造一间独立的"公主房"，创造良好的学习环境，减少家庭因素带给她的负能量。

② 减少对手机的依赖，引导服务对象养成良好的学习习惯，提升学习成绩。

③ 开展亲职教育，提高监护人的监护能力。

④ 协助服务对象重建人际关系网络，结识新朋友，建立积极向上的朋辈关系网。

⑤ 发动社会力量，让服务对象感受到来自社会和学校的关爱。

(三) 保护与服务过程

1. 第一阶段：建立专业关系，了解服务对象内心的想法

社会工作者与服务对象进行初次会谈，运用同感、尊重和接纳等技巧获得了服务对象的信任，建立了良好的关系。社工充分尊重服务对象自己的意见，遵守专业伦理，保护未成年人的隐私，深入了解服务对象的内心想法，并运用认知调整的方式激发服务对象的潜能，促进服务对象正向的自我改变，达到社会再融入的目的。

社工在对服务对象生活和学习环境了解的过程中，服务对象的书桌引起了社工的注意，服务对象的书桌由两个凳子，一块木板组成，床就是椅子。社工真诚地俯下身和服务对象进行沟通交流，在交流的过程中，服务对象表达了跟爷爷奶奶共处一室的难处，流露出希望有间单独卧室的愿望。

2. 第二阶段：链接资源，制订改造计划

社会工作者从自身能做的开始，链接资源，扮演联系人的角色，推动服务对象及其家人感受到公益的力量，并发生积极的改变。

社工通过走访、面谈、整理材料，发布爱心募集信息，鼓励大家奉献爱心，促进社会团结。共青团庐山市委决定启动庐山市希望工程“温馨小屋”项目。该项目旨在为庐山市无独立居住和学习环境的 8—14 岁孤贫儿童，打造一间属于自己的房间，让他们生活有尊严、学习有信心、未来有希望。

2 月 24 日上午，团市委和社工实地查看居住环境，与服务对象共同制订改造计划。

在房屋施工的同时，社工与服务对象保持着密切的联系，协助她制定学习计划表和使用手机的时间表，以积分换取礼物的方式来鼓励她养成良好的学习习惯，并且肯定她的每一点进步。

社工与服务对象的家人深入交流，肯定他们对孩子的爱，也提醒爷爷奶奶不要过度溺爱和过度保护孩子，传授了服务对象家人一些和孩子沟通的技巧，鼓励家人与孩子多沟通，多带孩子参加集体活动。

3. 第三阶段：房屋改造，输入希望

在施工过程中，社工与服务对象及其家人保持沟通，尊重服务对象的喜好来粉刷墙面和挑选家具等。经过半个多月的施工(粉刷墙面、安装顶灯及开关、铺地板纸等)，“公主房”改造项目基本准备就绪。3 月 4 日，“温馨小屋”焕然一新，变成了一间粉色系的“公主房”。

放学回家的服务对象，看着焕然一新的房间，惊喜不已。激动地表示一定要好好学习，用好成绩来报答大家，报答社会。

在社工的监督下，服务对象坚持按照学习计划和手机使用计划表执行，学习兴趣提高了，使用手机的时间大大减少，下一步社工要协助服务对象养成自主学习的习惯。

4. 第四阶段：寻求学校支持，鼓励服务对象积极参与活动

社会工作者与服务对象的班主任进行沟通，寻求班主任对服务对象的支持，班主任积极联合班干的力量，主动关注服务对象，创造良好的班级氛围。

同时，社工邀请服务对象参加小组活动和研学活动，鼓励服务对象多与同辈群体接触。在活动中，社工通过观察发现服务对象的优势和进步，鼓励服务对象，提升服务对象的自信心。服务对象由最初的不自信和自卑，慢慢开始主动与组员交流和沟通，在良好的互动中，逐渐变得积极与自信。

5. 第五阶段：协助服务对象适应新环境，发生积极正向改变

在后期的探访中，社工观察到服务对象将房间收拾得干净整洁，物品分门别类放置整齐。服务对象表示每天在自己的房间看书、写作业、睡觉，没有人打扰，晚上也能睡得很踏实，并且爷爷奶奶要经过服务对象的同意才能进房间，感觉有了自己的秘密小天地。

爷爷奶奶表示孩子虽然不再跟他们睡在同一个房间，但是却更愿意和家人分享，关系更加亲密，周末的时候不再是光玩手机，奶奶会带着孩子去镇上玩，他们非常感谢社工在服务过程中的付出。

服务对象的班主任反映，服务对象能按时上学，学习劲头足，课余时间更愿意和同学交往，上课发言积极，精神状态良好，有了自己的好朋友，常常邀请同学到她的“公主房”玩耍、聊天。服务对象的朋辈群体适应在改善，非正式支持网络得到加强，情境改变人的目标正在发挥作用。

三、干预成效

通过社工的介入，服务目标基本达到，在社会各界的共同帮助下，为服务对象实现了拥有独立房间的愿望，圆了服务对象的“公主梦”；服务对象变得快乐和自信，服务对象同辈群体支持网络得到加强，人际交往能力获得提升，对未来充满信心；服务对象及其家庭与外界环境的互动良好，家庭监护能力有所提升，不再是一味地溺爱，出现问题能及时和社工联系和请教；纠正了服务对象手机依赖的不良行为，养成了良好的学习习惯，提升了自我管理能力。

四、社工反思

① 社会工作者在对儿童开展个案服务时，不仅需要了解服务对象自身情况，更需要了解服务对象的家庭情况和学校情况，通过改变服务对象所处的学习生活环境，促进服务对象的改变。

② 服务方案的制定，应充分听取服务对象及家人的意见，尽可能地做到目标清晰而且现实，目标是可观察的、可测量的并且积极向上的。

③ 充分发动社会力量参与援助，构建社会支持系统。本案例中，社工充分发动社会力量，努力为服务对象链接社会资源，促成了庐山市希望工程“温馨小屋”项目的启动，为服务对象打造了属于自己的房间。

庐山市民政局　黄慧

温馨小屋圆女孩公主梦

专业点评： 在本案例中，社会工作者聚焦服务对象的需求，以解决实际问题为出发点，链接政府及社会各界力量，为服务对象打造一间属于自己的温馨小屋，圆了她的“公主梦”。社工通过改变服务对象的家庭、社会和学校环境，改善了服务对象的学习成长环境，提升了服务对象的自信心，促成了服务对象的改变，使之获得了自我成长与发展。（陈栩）

第六章

监护无力

我和我"不正经"的朋友

——人本治疗模式介入困境儿童保护服务案例

一、基本情况

1. 案例来源

社工通过查阅余江区困境儿童调查数据,了解到服务对象的基本情况,该个案由社工主动介入。

2. 服务对象基本信息

小虹(化名),女,接案时 15 岁,父母病残,家庭贫困,享受低保。

3. 服务对象家庭情况及成长经历

服务对象的父亲患重度支气管炎,只能做一些简单的轻体力劳动,服务对象的母亲言语一级残疾,存在沟通障碍。父母对服务对象的日常学习监督较严。

服务对象比较喜欢语文,语文成绩不错。小学时成绩在班上靠前,对初中阶段的学习不适应,退步了很多,常因为学习的事和父母发生冲突。

乡里有一个乡贤组织的基金会,专门负责资助困难家庭小孩上学,服务对象受到乡贤的资助,村干部经常慰问和关心她,服务对象对乡贤和村干部心存感激。服务对象日常生活中比较节俭,也会分担家务,能够主动承担一定的家庭责任。

平时为了上学,服务对象周一至周五借住在三爷爷家,因为住在一起,服务对象与三爷爷之间越来越亲近,但矛盾也随之而来:服务对象在学校有几个玩得不错的同学,三爷爷发现和服务对象走得很近的是不务正业的女孩,还发现服务对象可能和一伙混混男孩勾勾搭搭。于是,服务对象三爷爷开始制止服务对象与他们来往,将此事传到了服务对象父母和村里人耳中,服务对象虽为此事做出解释,但仍旧遭受大家的质疑。

接案时,服务对象已经陷入自我怀疑状态,有自残行为。

二、干预过程

(一) 多角度困境分析

1. 心理困境

服务对象三爷爷认为服务对象在和“不正经”的人交朋友,和不良少年勾勾搭搭,而服务对象认为自己的朋友并不是三爷爷口中所说的“不正经”的人,她们和她一样也是学生,服务对象为此陷入自我怀疑。

2. 家庭关系困境

服务对象周一至周五在三爷爷家吃饭、居住,因为交朋友、学习的事和三爷爷、父母关系紧张。

3. 学业困境

进入初中之后,服务对象保持之前的学习方式,上课听讲,下课后做一些练习题,但学习中碰到问题不会主动向同学老师寻求帮助,课堂上不做课堂笔记,成绩退步严重。

4. 人际关系困境

服务对象有较好的沟通能力,与社工第一次接触便能够很好地进行交流,朋友较多。但在三爷爷的干涉下,服务对象在和朋友交往过程中有意无意地和三爷爷口中“不三不四”的朋友保持一定的距离,但也发现自己越来越孤独。

(二) 干预思路与目标

1. 干预思路

马斯洛提出人有五个层次的需求,其中包括归属与爱的需求、尊重需求和自我实现需求。服务对象在学习、交友方面受到父母、三爷爷否定,归属与爱的需求和尊重需求得不到满足,行为表现上为了迎合家人做出了相应的改变,如减少与自己的朋友接触等,但真实的心理与行为发生冲突,使得服务对象十分困扰。人本治疗模式以服务对象为中心,强调非指导性治疗的技巧,强调动员服务对象内部的自我实现潜力。社工从两方面切入,一是为服务对象人际支持网络增能,走进服务对象的人际支持网络,了解服务对象三爷爷和其父母的行为逻辑,帮助分析行为动机,在伦理维度注重人与人之间的关怀;二是相信服务对象能够依靠理性思考,在面临环境挑战时,有克服困难、实现自我成长的潜能。社工需要为服务对象创造和谐、信任、宽松的辅导环境。

2. 干预目标

帮助服务对象敞开心扉，修复其与家庭成员的关系；协助服务对象建立信心，认识到自己的优点，如懂得感恩帮助过她的人，节俭、懂得替父母分担家务，能够按时完成老师布置的作业、有较好的交际能力等；学习方式、方法得到改进，如掌握做课堂笔记的方法，养成有问题问同学、问老师的意识，与同学之间形成互助的学习环境。

（三）保护与服务过程

1. 第一阶段：非指导性治疗阶段

社工通过运用注意、解释和情感反应技巧等和服务对象建立一种宽容、接纳和融洽的关系。在与服务对象的第一次面谈中，首先运用关注、倾听、同理等会谈技巧来收集服务对象的详细资料，以便对其问题进行准确评估。期间表现出对服务对象的尊重、接纳和关心，争取服务对象的积极配合。下面是服务对象的一段自述。

服务对象：有几次几个男生骑自行车吹口哨路过家门口，三爷爷就说我喜欢招惹男生、不检点，还说我和不三不四的女生混在一起，迟早会废掉。我的那些朋友是正经上学的学生，不是不三不四的人，男孩子路过家门口吹口哨也不是我惹的，不仅如此，三爷爷在我爸妈和邻居那里说我这事，现在村里人认为我叛逆、在学坏。

社工认真倾听服务对象说的话，并接纳服务对象的一切想法。

2. 第二阶段：当事人中心治疗阶段

以服务对象的情绪状况为主要感受对象，敏锐反映服务对象的内心变化，了解服务对象真实自我和理想自我的矛盾，消除服务对象内心冲突，使服务对象形成协调统一的自我概念。

社工有一次去服务对象家，刚好服务对象和父母都在，于是展开一段谈话。

在谈到服务对象学习时，服务对象父亲恨铁不成钢，说："小虹退步大，不用心学，就爱玩了，真不该给她买手机。"

服务对象立刻反驳她父亲："我干活、写作业的时候你一下都看不见，写完作业玩一会刚好被你撞见，你就不相信我是写了作业的。"

服务对象感到委屈："三爷爷跟你说了我和我朋友的坏话，你什么都不知道就来教训我！"

谈话间，服务对象渐渐红了眼眶。社工对其进行语言和肢体抚慰，让服务对象从激动情绪中缓过来。

通过言语碰撞，社工推断，服务对象父母对服务对象的学习非常关心，但是忽略了服务对象内心被认同的需要，彼此之间慢慢地失去了信任。

社工观察到，服务对象最在意的并不是来自三爷爷对她交友的约束，而是父母的鼓励和支持。社工运用肯定、澄清、聚焦等技巧与服务对象进行交谈，以下是交谈片段。

社工：你是很棒的女孩子，会做家务，也会主动完成作业，你心里希望父母多了解你，成为父母喜欢的孩子，得到他们的认可，是吗？

服务对象：（点头）但是他们不理解我，我们经常吵架。

社工：朋友是人生的财富，你认为你朋友最吸引你的地方是什么？

服务对象：和她们在一起玩放松也开心，而且她们也就是普通的初中生，没有大人们说的多坏。

社工：嗯，我相信是的。

3. 第三阶段：治疗的条件阶段

服务对象正处于埃里克森心理社会发展八阶段的第五阶段，会思考自己是怎样一个人，会质疑长辈的要求是否合理，会将自己对自己的评价，以及他人对自己的评价进行比较，逐渐剖析自己，形成对世界的认知。社工的本阶段目标为创造一些可以促使服务对象发生改变的条件。

社工和服务对象、服务对象父母和三爷爷做了一个小游戏"闭上眼睛和嘴巴做剪纸"，游戏是根据社工指示，做出相应的动作，如将纸对折，旋转一百八十度，然后剪去右上角，再旋转一百八十度，再剪去下方两个角，对折，再剪去右上角，最后打开剪纸看形状。游戏结束后，三个人的剪纸形状都不同。

社工让四人对剪纸成果各不相同说说各自的看法。

服务对象：剪纸形状几乎不可能相同，因为要多次对折、旋转，而且在剪纸的时候四个人彼此看不见，也不能说话，几乎不可能剪出一样的形状出来。

社工抛出自己的观点：获得同一个信息时，每个人有自己独特的理解，游戏中虽然获得同样的信息，但是由于看不见彼此的动作，也听不见彼此的声音，最后导致剪纸的形状各不相同，我们想想不同的人交往的时候是不是也需要多一点包容。

谈到关于服务对象交朋友的事，服务对象三爷爷说：看到小虹和不正经的女生和男生一起玩，怕她学坏，我说她交不三不四的朋友，口气重了点，不过我还是希望她多花点心思在学习上，而不是花太多心思在其他方面，希望她能够跟好学生学。

社工从服务对象三爷爷话语中了解到，他反对服务对象交不爱学习的朋友，但支持服务对象和性格、品行好的人交朋友。社工肯定了三爷爷对服务对象的好意，同时指出人是一个整体，应该多方面而非单方面来评价一个人是否值得做朋友。

4. 第四阶段：以人为中心治疗的阶段

社工通过影响性的治疗技术，发展服务对象学习、助人、交际等能力，使服务对象体会到被接纳的感受。

社工与服务对象的任课老师进行了交流和探讨后了解到，服务对象在课堂上认真听讲，作业也会按时完成，但数学、英语成绩还是跟不上，服务对象的语文不错，背书比较快。在与社工思想碰撞中，班主任老师计划实施学习帮助小组，选出有学科优势的学生，作为帮助小组成员，帮助其他学科薄弱的学生，服务对象成为语文帮助小组的组员。

一段时间后，社工问服务对象近期的学习情况。

服务对象：我成为了语文帮助小组的组员，语文帮助小组包括我共有四个人。

社工：那很棒啊！成为语文帮助小组的一员给你的最大的收获是什么呢？

服务对象：我给其他同学帮助的同时，自己也获得了其他同学的帮助。我不认识音标嘛，英语帮助小组的一个同学帮助我认识音标。我觉得做老师挺不容易，教人知识太难了。

社工：（有感而发）我现在最好的朋友是我的初中同学，你让我想起我初中得那段时光，距离现在已经快十年了，初中的情谊单纯又宝贵，学习不容易，有伴也能互相扶助！

随后，社工赠送一本初中英语单词本给服务对象，上面扫码就能听单词音频。

接触到现在，社工认为服务对象的语言表达能力和交际能力不错，和同学的关系也能够处理得比较好。

5. 第五阶段：持续跟踪，巩固社会支持网络阶段

定期与服务对象、服务对象家人，以及服务对象老师进行沟通，了解服务对象的生活和学习状况，不断为服务对象及其父母、三爷爷增能，提升服务对象父母及其三爷爷的亲职教育能力。

三、干预成效

经过五个多月的努力，服务对象的家庭关系得到改善，自我认同感增强，在班级的表现得到老师和同学的认可，在家里和父母、三爷爷的关系得到改善；服务对象社会支持网络逐渐巩固的同时，她学习、助人、语言表达能力得到发展，学习方法得到改进，如会做课堂笔记，对做错的题目进行订正，有问题主动问老师和同学。

四、社工反思

社工在该个案中主要运用人本治疗模式，过程中运用埃里克森人格发展八阶段理论、社会支持理论，游戏治疗理论。辅导过程中，向服务对象提供无条件支持和关怀，为其创造了一个和谐、信任、宽松的辅导环境，社工完全接纳服务对象，适时地采用自我披露等方式，用平等、接纳、同理心，给予服务对象强有力的专业支持和情感支持，服务对象交际、感恩、反思等能力得到发展。

本案例服务的目标基本达到，但每个人的改变都不是一蹴而就的，习惯的养成需要长时间的沉淀，改变服务对象，尤其是改变服务对象父母和三爷爷的思维模式还需很长的一段时间，这些需要后续服务的跟进，才能巩固良好的服务效果。

鹰潭市余江区未成年人保护中心　杨艳

我和我"不正经"的朋友

专业点评：社会工作"助人自助"和"以人为本"的独特价值理念在困境儿童救助和保护工作中具有独特的专业优势。本案例中社工综合运用社会工作的专业理论，如埃里克森人生八阶段理论、认知行为主义理论、理性情绪治疗理论等，通过社会工作的视角，在为服务对象进行心理疏导和能力提升等方面提供了必要的社会支持，满足了服务对象的多样化需求。在具体服务落实上，做到以儿童为中心，根据服务对象的生理、年龄等特点，提供专业性和人性化的关爱服务，循序渐进地保障服务对象的权益，逐步建立以政府承担责任为主体，以家庭为核心纽带，社会力量为补充的多元福利体系。（詹凤兰）

失学少女重返校园

——理性情绪疗法助多重困境失学儿童重返校园

一、基本情况

1. 案例来源

社工进村入户走访，从村委会干部那里了解到，村子里有一名女孩，父母离婚两年多，父母离婚没多久女孩便辍学。

2. 服务对象基本信息

小意(化名)，女，接案时 14 岁，在 12 岁时辍学，辍学后大部分时间待在房间，熬夜、沉迷手机，缺乏生活目标。

3. 服务对象家庭情况及成长经历

服务对象父母在她 12 岁的时候离婚，父母离异给服务对象的打击较大，这是造成服务对象辍学的直接原因。辍学后服务对象开始沉迷手机、长期熬夜，其学习能力、社交能力急剧下降。

服务对象在辍学期间曾在民办小学上过一个月的课，但受到老师批评后，再次辍学。

服务对象在父母离婚后由父亲抚养，一直是跟爷爷奶奶住，家中有一个亲哥哥和两个堂弟，哥哥和堂弟们的学习成绩不错，有一定的学习氛围。

二、干预过程

(一) 多角度困境分析

1. 生理困境

服务对象养成熬夜的生活习惯，基本不吃早饭，身型消瘦、脸色苍白，长期处在亚健康状态。

2. 家庭关系困境

服务对象父母的关系非常糟糕，离婚后双方关系更加恶化，服务对象父亲试图阻止她与母亲进行联络。

3. 学业困境

服务对象辍学两年后，有重返学校学习的想法，但学习能力严重下降。服务对象爷爷奶奶的观念与现有义务教育制度存在冲突，服务对象家人因其复学之事曾多次与学校交涉，均无果。

（二）干预思路与目标

1. 干预思路

本案例主要采用理性情绪疗法，该治疗方法认为，人的情绪和行为障碍不是由某一激发事件直接引起，而是由于经受这一事件的个体对它不正确的认知和评价所引起的信念，导致个体在特定情境下产生情绪和行为后果。该治疗方法认为，人不合理信念的几个特征是：绝对化的要求、过分概括化、糟糕至极。

服务对象认为父母离婚这个事实是糟糕至极的，随之陷入焦虑、悲观的情绪之中，并引发之后沉迷手机、熬夜、辍学等行为问题。服务对象父亲认为前妻没有履行对孩子的抚养义务，不应该再和服务对象联络感情，行为表现上阻止服务对象与其母亲联系。服务对象爷爷奶奶将孙女至今辍学的原因归结为学校的不作为，心理上表现为对教育部门和学校不信任，产生愤怒的情绪。社工运用“与不合理信念辩论”“合理的情绪想象”等技术，帮助服务对象及其父亲和爷爷奶奶认识他们目前非理性的情绪和行为症状，认识合理信念，帮助服务对象顺利复学、改善当前困难处境。

2. 干预目标

① 短期目标：解决服务对象爷爷奶奶与学校之间的分歧，促成服务对象复学；发动学习成绩好的哥哥、弟弟，监督和辅导服务对象课业，为服务对象营造支持网络。

② 长期目标：调节服务对象家人之间的相处方式，为服务对象创造良好的亲子互动环境；增强服务对象自主能力和社交能力；与服务对象及其实际监护人和老师长期联系，为服务对象提供长期的情感支持和帮助。

③ 工作愿景：帮助服务对象复学，改善服务对象家庭环境，帮助其身心健康发展；探索跨部门协作，为其搭建义务教育环境。

（三）保护与服务过程

1. 第一阶段：与爷爷面谈——了解服务对象辍学的原因

接案后，社工即刻与服务对象爷爷进行面谈。以下是面谈内容。

社工：能告诉我们小意当年为什么突然辍学吗？辍学那天具体发生了什么？

服务对象爷爷：我不清楚，不过我觉得和她爸妈离婚有关。

社工：辍学后有尝试再上学吗？

服务对象爷爷：之前小意在民办小学上过一个来月课，那个学校是全封闭式的，对学生管得严，我孙女被老师批评了，她一下心里接受不了，死活又不愿意去学校，有一次我逼她去上学，她那回直接离家出走了。

社工：近期还有为小意上学的事和学校联系吗？

服务对象爷爷：最近找了我们乡中心小学相关负责人，他说我孙女没有学籍，上学的话不符合学校规定。后面我又找了校长和区教育局相关工作人员，也没能给出确切的答复，我看他们就是不愿意帮我们做事。（语气埋怨）

社工对服务对象爷爷有关没有学籍上不了学的表述不是很明白，计划近期到学校进一步了解情况。

2. 第二阶段：亲子关系重构——尊重孩子的想法

社工与服务对象父母联络，了解其父母的想法。

服务对象父亲：离婚后我前妻不出小孩的生活费，最多也就偶尔买点吃的、穿的给孩子，我前妻既然不愿意拿钱出来，那凭什么还跟小孩这么来往。现在小意和我前妻联系得多，和我反倒越来越没话说。

服务对象母亲：我工作挣不到什么钱，偶尔会用存下的钱给小意从网上买点吃的、穿的，但前夫不乐意我和小孩接触。离婚后我去过婆家一次，婆家人没给什么好脸色，之后也就没去过婆家了。

社工了解到，服务对象父亲对前妻联系小孩的行为感到介意，甚至是埋怨。

社工希望从合理想象的视角，帮助服务对象父亲认识到自身不合理的想法。

以下是交谈内容。

社工：能告诉我，小意和她的母亲联系对你来说最糟糕的结果是什么吗？

服务对象父亲：也不是说有多糟糕，但很烦，我不想她和我女儿走得太近。

社工：很好，假如此刻，你的父亲要求你从此不再和你的母亲有接触，你会接受吗？

服务对象父亲：这怎么可能接受呢，那有点荒谬。

社工：您现在就是在这么做呢。

社工还告诉服务对象父亲民法典有关规定：父母与子女间的关系，不因父母离婚而消除，离婚后，子女无论由父或者母直接抚养，仍是父母双方的子女，父母对于子女仍有抚养、教育、保护的权利和义务。

反复交谈后，服务对象父亲态度渐渐有所变化，意识到服务对象有和母亲接触的需要和权利。

3. 第三阶段：与中小学工作人员进行面谈——进一步探寻无法入学的真相，"借读"解僵局

社工拜访小学代表，与小学代表进行交谈。小学代表对社工说，教育局、学校、村委会工作人员多次到访服务对象家做工作，服务对象反锁房门不见他们，最后服务对象及其监护人在自愿放弃接受义务教育书上签了字。社工与小学代表具体问答片段如下。

社工：小意爷爷说贵校说她没有学籍和档案，不能再上学？

校方代表：如今小意辍学已经长达两年，现在全国中小学学籍管理平台上显示小意的学籍和档案已经不在小学，如果读书则只能读初中，勉强读小学也不能参加小升初考试，所以，上初中是可以的，并且我认为小意直接上初中是最好的选择。

随后校方代表在平台上查找到了服务对象的学籍信息，上面显示她的学籍在初二。

社工将校方的意思传达给服务对象家人，服务对象爷爷担心服务对象学不会

中学知识,仍旧抗拒让服务对象上中学。社工运用澄清、聚焦等技巧驳斥其绝对化信念与其进行交谈。以下是交谈片段。

社工:您的诉求是让小意改善现在不良的生活习惯,回到学校,多与社会接触,是吗?……您想小意上几年级呢?

服务对象爷爷:五年级或者六年级吧,都可以。

社工:那小意上五年级或者六年级学习能跟得上吗?

服务对象爷爷:肯定跟不上啊,她现在估计九九乘法表都不记得了。

社工:那您是希望小意上三年级或者四年级吗?

服务对象爷爷:那肯定不行,等上完小学都十六七岁了。

社工:您坚持让小意上小学的话,也可以,只是后续会出现很多问题,比如,不能参加小升初考试以及之后学籍的问题。您得考虑小意的年纪,还有小意的学籍问题。学习跟不上可以补课,小意是14岁的智力,具备一定的学习能力,可以通过补课的方式将小学的知识补回来。

通过一番交谈,小意爷爷逐渐动摇先前的想法,于是,社工建议让服务对象在小学借读一段时间,然后再上初中,最后在该建议上达成一致。

之后,社工就服务对象借读一事与乡中心小学相关工作人员进行沟通,校方表示同意,近期便可借读。

4. 第四阶段:生活习惯改善,学习困境有待突破——发动家庭成员支持,社工、服务对象哥哥弟弟齐帮忙

服务对象现在作息规律,气色也好多了。考虑到服务对象处于青春期,社工与其谈论一些女性生理知识,得知服务对象月经周期比较规律。

在学习方面,服务对象特别吃力,“得”“变”等简单字写不来,服务对象感到沮丧。社工观察到,服务对象家里一楼墙上贴满了奖状,服务对象的兄弟们的成绩不错。可以利用这点优势,帮助服务对象学习。

社工与服务对象的兄弟们就帮助服务对象学习这个话题进行了一番谈话。最后达成了约定:一是每次他们写作业的时候,要叫上服务对象一起;二是对服务对象提出的问题要给出解答,并指定爷爷奶奶作为约定的监督人。

5. 第五阶段:现状改善——各界慰问,传递社会温情

一段时间后,《江西日报》记者、区民政局工作人员、余江融媒体工作人员、村儿童主任以及社工对服务对象及其家人进行看望和采访,区救助站人员送上食用油、

牛奶、水果和零食。服务对象将报名通知单拿给社工看，村儿童主任、社工与服务对象对未来学习、生活提出一些假设和希望。

到了 9 月 1 日开学的日子，服务对象父亲称服务对象已经顺利到中学报到，且服务对象主动选择住校，有了独立面对学校生活的勇气。

三、干预成效

通过政府和社会力量的参与以及多重资源的介入，服务对象的困境得到比较全面的解决：一是服务对象成功复学，并在复学后形成了良好的生活习惯，解决了服务对象成长过程中的主要问题；二是服务对象父亲对待服务对象与前妻的态度明显缓和，有效改善了服务对象的重要人际关系，增强了服务对象的社会支持网络；三是服务对象兄弟们的学习行为带动了服务对象的学习，激发了服务对象学习的兴趣，提高了服务对象自我发展的能力。

四、社工反思

① 专业上的思考。从理性情绪治疗视角来看，本个案家庭成员的非理性信念是造成服务对象辍学和复学困难的重要原因。社工从理性情绪理论角度介入，主要以服务对象父亲和爷爷作为介入客体，运用“与不合理信念辩论技术”“合理的情绪想象技术”，使用澄清、具体化、同理等沟通技巧，帮助服务对象父亲及其爷爷意识到自身的认知障碍，反思不合理的情绪，建立新的认知。

② 困境儿童个案要有专项的综合性枢纽平台。余江区以未成年人保护中心为枢纽，统筹协调村(居)委会、社工机构、学校等单位资源，在村(居)干部第一时间了解区域内儿童的情况下，将特殊的无法处理的儿童个案进行上报，对及时、有效地保护儿童成长具有重要意义。

③ 为辍学多年，想要重新回到学校的儿童的处置提供了一个参考和示范。该个案为长时间辍学儿童复学提供了一个示范。此外，该案例全面地关注其他的家庭成员，建立了社会支持网络。

鹰潭市余江区未成年人保护中心　杨艳

失学少女重返校园

专业点评：该案例中的困境儿童由于家庭生产力发展水平和生活水平低下，服务对象贫困的家庭没有足够的经济能力负担家庭的各项支出，书本费、学杂费等更是无力顾及，爷爷奶奶保守落后的教育观念等因素阻碍了服务对象的教育发展进程。社会工作者通过“助人自助”的助人技巧与服务对象建立平等的专业关系，向家庭成员普及义务教育常识，改变家庭成员的非理性信念，纠正他们的错误认知，同时发挥政策倡导者的角色，积极倡导政府加大对失学儿童的教育投入。国家需要努力让困境儿童拥有平等接受教育的机会，促进他们在品德、智力、体质等方面全面发展。（詹凤兰）

陪你慢慢长大

——个案管理视角下的儿童成长支持案例

一、基本情况

1. 案例来源

社会工作者在村小驻校服务中认识服务对象，了解了基本情况，经与服务对象沟通后，介入个案。

2. 服务对象基本信息

小芳(化名)，女，接案时12岁，五年级，和弟弟都在村小上学。与家人、同伴、老师等关系紧张，社会工作者从不同人口中及与小芳交流，大致了解小芳的情况。小芳成绩中等，时常和同学起冲突，不少同学都不喜欢和小芳玩；遇到矛盾，小芳经常对弟弟大吼大叫，甚至动手打人；小芳还有偷东西的习惯；在家里不愿意分担家务，做事三分钟热情，效率低。

3. 服务对象家庭情况及成长经历

服务对象哥哥，23岁，在深圳的饭店做厨师。服务对象爸爸十多年前因为矿难去世。服务对象和妈妈及弟弟一起生活，服务对象家曾是建档立卡贫困户，服务对象和弟弟有低保，且享受国有煤矿对未成年儿童的生活、学习补助，妈妈务农兼照顾姐弟俩的生活。

服务对象妈妈和服务对象奶奶不合，奶奶对服务对象和弟弟关照较少，因此服务对象一家和爸爸这边的亲戚来往少，主要是服务对象妈妈家亲戚给予家庭支持多，舅舅、表哥等在节日会给家里一些物质上的帮助，给孩子买吃的、学习用品、衣物等，同时有出息的表哥也成为妈妈激励服务对象和弟弟努力学习的榜样。

妈妈只上到小学二年级，外出打工和服务对象爸爸自由恋爱。妈妈性子比较急，一人拉扯三个孩子，教育孩子的方式主要是说教，言语打压式教育为主。这在一定程度上影响了服务对象，使她内心积压了不少情绪，说话大嗓门、口无遮拦，要在言语上超过别人。服务对象弟弟则表现出比实际年龄更小的行为,受委屈要撒娇,不表达,甚至大半夜跑出家门,让家人着急。

每一次妈妈念叨的时候,服务对象和弟弟内心感觉很烦,不想听,有时妈妈会和他们讲大人之间的事情,两个孩子听不懂。妈妈经常拿姐弟俩和别的孩子作比较,服务对象甚至对妈妈说:别人家的孩子好,那你就去做别人的妈妈吧,你自己没做好,还要怪我们。

妈妈经常说自己吃了没文化的苦,希望两个孩子能好好念书,将来有出息,自己即使再苦再累也值得,但两个孩子不懂事,家里乱糟糟也没人收拾,说他们还顶嘴,服务对象带坏了弟弟。服务对象和妈妈吵架,甚至把妈妈气哭。

妈妈不希望服务对象和弟弟到村里其他人家里玩,省得招人烦。因为服务对象爸爸早逝,妈妈成为寡妇,村里人背地里说服务对象家不吉利。

服务对象所在的村小是2003年撤点并校背景下,将四五个村小迁到此新建而成的,老师为之前各村小的老师。随着城镇化发展,学生数量经历了由多到少的变化,老师对学生个性化关注、支持较少,服务对象因为比较“高调”,且成绩不拔尖,不被老师喜欢,甚至因为“口无遮拦”让老师“讨厌”。

二、干预过程

(一)多角度困境分析

1. 心理困境

妈妈打压式的教育,让服务对象自信不足,有些眼高手低,做事效率不高,达不到目标则容易放弃。

2. 家庭关系困境

服务对象与妈妈沟通不畅,妈妈认为服务对象不懂事,服务对象觉得妈妈太唠叨,矛盾较多;与弟弟出现矛盾主要通过武力解决,各自都认为妈妈偏袒对方,姐弟关系紧张;妈妈与哥哥在先成家还是先立业上无法达成一致意见,哥哥也认为弟弟妹妹不体谅妈妈,不为妈妈分担。

3. 学业困境

服务对象学习成绩中等,各门科目基础不佳,学习习惯不良,效率不高。

4. 人际关系困境

服务对象与同伴关系比较紧张,同伴认为服务对象说话揭人短,不经过同意动别人的东西。

（二）干预思路与目标

1. 干预思路

布朗芬布伦纳认为，发展的个体处在从直接环境（像家庭）到间接环境（像宽泛的文化）的几个环境系统的中间或嵌套于其中。每一系统都与其他系统以及个体交互作用，影响着发展的许多重要方面，即生态系统理论。

本个案关注案主的微观、中观、外层、宏观系统，综合介入，为案主营造更具支持性的环境，支持其成长。

2. 干预目标

协助案主调整自己的认知偏差，改善案主与家人、同伴的关系，养成良好的学习、行为习惯。

（三）保护与服务过程

1. 陪伴天使

社会工作者培育“陪伴天使”志愿服务团队，与有需要的儿童一对一结对帮扶。一名志愿者与服务对象结对，提供学业辅导、成长引导。志愿者每月 2 次到服务对象家里，陪伴服务对象，和服务对象一起制订学习计划，帮助服务对象攻克数学的难点、薄弱点，学习之余，志愿者陪服务对象聊天、玩游戏，让服务对象习得良性的人际互动模式。

2. 团体拓展

妈妈忙于生计没有时间带服务对象外出，服务对象非常期待能走出去。社工为服务对象链接资源，让其参与“陪伴天使”团体活动，与其他 30 余对结对的志愿者、儿童一起到公园参观、游玩。在团体拓展活动中，服务对象非常兴奋，主动和不认识的孩子打招呼，在分组任务挑战中，主动承担，对于他人的反馈意见虚心接受。服务对象说，这是自己印象最深刻的活动，希望经常有这样的活动。

3. 自助图书馆

服务对象喜欢看书，经过和服务对象及其母亲沟通，江西协作者将自助图书馆建在服务对象家里，培育服务对象成为小馆长，自我服务，服务他人。课余时间，服务对象主要看书，不看电视。服务对象主动询问大家的需求，确定图书馆开放时间，邀请同村的伙伴到家里来看书、借书，并将书带到学校给同学们借阅。社会工作者及时和其母亲沟通，反馈服务对象的成长变化，争取妈妈的支持。妈妈帮助服务对象擦书柜，还会和服务对象一起讨论如何管理好图书馆。

4. 社会实践

2021 年初，江西协作者举办线上新年联谊会，向社会公众汇报工作。服务对象作为服务儿童代表受邀参与,分享自己参与服务的经历、感受和收获。直播前,服务对象和社会工作者多次沟通要分享的内容。当天,服务对象说自己很紧张,甚至想放弃。社会工作者分享自己克服紧张情绪的办法。直播时,服务对象还是有点紧张,却能慢慢调整自己,将自己想说的话勇敢地说出来。

5. 乡村公益夏令营

服务对象主动报名江西协作者第四届"快乐童年·幸福家园"乡村公益夏令营所有主题活动,并在不同活动中担当示范带领者角色,得到营员们的认可和信任。服务对象认为参加夏令营很有意义,不要待在家里浪费时间,可以学到很多新东西,做一些有意义的事情。服务对象成为儿童社区安全行动的志愿者,参与改造社区安全的行动,服务对象还被评为优秀小营员。

三、干预成效

经过3年多的干预,服务对象和其母亲的关系得到改善,妈妈对服务对象的肯定增加了,认为服务对象更懂事了,自己的事情能做好,还希望服务对象能多带动弟弟,一起进步。服务对象也感受到妈妈的变化,在家里会主动承担家务,关照弟弟。

升入初中,服务对象较快适应了学校生活,和同学们熟悉起来,在新环境里交到了很多新朋友。服务对象说希望通过努力,变得情商更高。

服务对象成绩前进了8名,制定了新的学习目标并充满信心。老师眼中服务对象比较独立,有自己的想法,服务对象成为舞蹈队成员,代表学校参加比赛。

服务对象积极参与社区活动,不断尝试和努力,成为骨干志愿者,发挥带头作用。

四、社工反思

本案例根据服务对象需求和问题的多元性,协调和运用多种服务资源,回应服务对象的需求,即个案管理,也被认为是一种综合性的社会工作。社会工作者运用个案面谈、志愿者结对帮扶、团体拓展、社会实践等服务形式,支持服务对象更好地自我认知,练习良性的人际互动模式,发掘自身潜能。

儿童享有生命权、生存权、参与权、发展权。社会工作者搭建平台,保障儿童的参与权和发展权。服务对象成为自助图书馆小馆长,成为儿童安全行动小组的成员,在参与中,服务对象得到正向反馈,自信心得到提升,愿意进行更多的尝试,习得良好的行为模式,进入正向循环。

“人在情境中”理论认为，人不是完全独立的个体，而是需要将他置于家庭、学校、社区等场域。服务对象的问题，不能看作是服务对象个人的问题，而是受学校、家庭、同伴等环境因素影响及互动所导致的，因此，社会工作者不仅关注服务对象自我认知与行为改变，也关注家庭、学校、同伴在这个过程中的支持，影响环境的改变。

新余市高新区社会管理局　刘玉方

陪你慢慢长大

专业点评：社会工作作为一项专业的综合性助人活动，既是一类专业又是一种职业。社会工作者在政府购买困境儿童关爱保护项目的背景下，秉持助人自助、利他主义和平等公正的价值观，运用科学的专业知识和方法，分析当下困境儿童在关爱保护中存在的问题，从而使社会工作更好地介入困境儿童的关爱保护工作。在该案例中，社会工作者熟练运用个案管理的工作方法，为服务对象开展团体辅导、社会实践等各类服务，在政府政策的大力倡导下，逐渐形成由国家、社会组织和家庭三方共同构建的困境儿童关爱保护网络体系。（詹凤兰）

拨开云雾见阳光

——心理社会治疗模式介入离异重组家庭未成年人保护案例

一、基本情况

1. 案例来源

服务对象由其所在高中班主任转介至向心社会工作服务中心。服务对象长期情绪低迷,上课总是趴在桌子上睡觉,主动向老师反馈内心抑郁难以释怀,长期失眠导致无法专心上课,希望得到老师的帮助。服务对象在市级医院诊断为双相情感障碍,一直在配合医院药物治疗,但自身希望同时辅助心理疏导。

2. 服务对象基本信息

小宛(化名),女,16 岁,高二学生,成绩在班级中等偏上,父母离异,跟着再婚的母亲与继父生活在一起。在医院诊断为双相情感障碍。

3. 服务对象家庭情况及成长经历

服务对象父母在其 4 岁时离婚,11 岁时母亲再嫁,重组家庭后继父及其三个子女对服务对象不肯接纳。母亲再婚后又生育弟弟妹妹,服务对象的母亲在家全职带孩子,个人没有收入来源,生父不给生活费,继父也不愿意抚养她,日常生活难以保障。服务对象从初中开始,在家基本关在房间里,不与家中的其他姐妹说话接触。母亲性情不稳,悲观消极,母亲与继父关系不太和谐,争吵不断甚至大打出手。服务对象从小察言观色,担心母亲在重组家庭难做人,处处讨好家人,不敢表露自己情绪。常常为了维护母亲与继父的其他子女关系忍气吞声,但依然得不到接纳,每天很害怕回到家里与家人接触,回家后尽可能地躲在自己房间里。

服务对象表示在校与老师、同辈群体相处看似愉快,但实则遇到任何问题都是她退让与讨好,很少有人关心她的心情,家庭关系中长期的压抑与悲伤积压在心头,难以与人诉说。

今年服务对象的母亲与继父发生激烈争吵,继父家暴母亲,服务对象为了母亲与继父发生肢体冲突，关系进一步恶化，两个人住在一个屋子里不说话，继父的三个孩子进而冷暴力她。而母亲为了家庭和谐又与继父站在了同一阵线，指责服务对象不懂事，希望服务对象向继父道歉。服务对象心有不满，对母亲又爱又恨。此时服务对象在 QQ 上接触了一个北京大叔，对方称自己是北京有名的相声演员，有家室。服务对象每天都守着手机渴望与之聊天，进而对北京大叔产生情感依赖，想要去北京见面，每天晚上下了晚自习就与北京大叔谈心聊天到深夜，白天犯困无心学习。

二、干预过程

（一）多角度困境分析

1. 心理困境

服务对象自己表述说内心非常自卑、敏感、多疑，别人一个眼神都会让自己心情起伏不定；内心觉得对不起母亲，常常自责，常常自我怀疑，认为自己不够好；现在看到家里人和同学，会自觉地认为他们在议论自己，不喜欢自己，心里很焦虑，假装不在乎，不与人来往。服务对象目前的心理问题较为严重，影响到其正常学习和与他人的社会交往，甚至致其产生自我伤害的想法，需要在接受药物干预的同时进行心理辅导。

2. 家庭关系困境

服务对象父母离异，生父不愿意承担抚养费，只偶尔在服务对象的追讨下给点钱。随母亲再嫁后，母亲全职照顾孩子，无工作，无收入来源，继父表示孩子过多（与前妻有 3 个孩子，与服务对象母亲再婚后又生育 2 个孩子），养不起，不愿意承担服务对象抚养费。服务对象在家里得不到继父与他的 3 个儿女的接纳，常年在家里受到排斥，母亲为了家庭和谐，希望服务对象可以忍气吞声。服务对象目前的基本生活保障遇到困难。

3. 学业困境

服务对象的成绩一直在班上中等偏上，今年老师发现服务对象常常趴在桌子上睡觉，她把老师对她的关心与关注理解为批评。母亲则严厉批评她，一段时间后她自暴自弃，几次考试成绩在班上倒数第一，在年级排名也倒数。但她自己则表示无所谓。

4. 人际关系困境

服务对象自己表述说自以为有些好朋友，自己遇到心理困扰与好朋友们倾诉后无人关心与理解她,她进而开始语言攻击朋友,被朋友们排挤。她长期形成的讨好型人格使其在与他人的社会交往上也产生了较大的障碍,在现实生活中得不到朋友的关心,转而向互联网寻求情感慰藉,开始网恋。

(二) 干预思路与目标

1. 干预思路

本案例采用心理社会治疗模式理论,此理论始终围绕一个核心:心理因素和社会因素之间的关联,包括内部的心理、外部的环境以及两者之间的相互影响三个方面。心理社会治疗模式将个人与环境之间的这种关系概括为"人在情境中",要求社会工作者既要深入个人的内心,了解其感受、想法和需求,还要仔细观察周围环境对个人施加的影响,分析个人适应环境的具体过程。

心理社会治疗模式主要遵循以下三个特点来开展服务工作:

① 注重从人际交往的场景中了解服务对象。在收集服务对象资料的过程中,只有把服务对象放回到具体的人际交往的场景中,并把服务对象目前的内心冲突与以往的经历联系起来,才能准确揭示服务对象困扰产生的真实原因。

② 运用综合的诊断方式确定服务对象问题的原因。诊断阶段是指对服务对象的有关资料进行整理和分析,寻找服务对象问题产生、变化的原因和过程。诊断包括 3 个方面:心理动态诊断、缘由诊断和分类诊断。

③ 采用多层面的服务介入方式帮助服务对象。治疗阶段是指对服务对象的心理困扰和人际关系失调的各方面因素进行调整和修补,采用多层面的服务介入方式帮助服务对象,主要用于 5 个方面的治疗工作:减轻服务对象的不安;减轻服务对象系统功能的失调;增强服务对象的适应能力;开发服务对象的潜在能力;改善服务对象的人际交往关系。

2. 干预目标

① 短期目标:对服务对象目前自我伤害的心理问题进行危机干预,降低其自我伤害的风险,并适时调整好服务对象状态,助其积极应对目前面临的困境。同时协助服务对象争取到应当享有的抚养费及生活费,保障其日常基本生活。

② 长期目标:缓解服务对象目前面对的家庭关系,让服务对象更好地融入家庭,建立家庭支持系统。同时提升其社会交往能力,改善其社会支持系统。引导树立正确交友观念,减少与网络的情感链接,尽量更多面对现实问题。在有效的条件下,尽量为服务对象争取心理咨询资源的长期介入,跟进服务对象的心理问题。

③ 工作愿景:针对本案例中的家庭社会工作干预以及工作手法,形成可参考

的经验，为离异家庭青少年的未成年人保护工作提供借鉴和参考。

（三）保护与服务过程

1. 第一阶段：心理动态诊断——建立关系，进行心理评估

鉴于班主任反映服务对象目前有自残行为，社会工作者从“危机干预理论”出发，与服务对象的母亲通话，要求她随时看护好服务对象，保证其生命安全。来到社会工作服务中心后，社会工作者安排服务对象坐在一个安全舒适的咨询室里，先与服务对象及其母亲进行简单的服务介绍，彼此相互认识。社会工作者观察到服务对象对社工非常信任，愿意袒露心扉。社会工作者随即对服务对象目前的心理、社会等各方面进行评估，评估其自我伤害想法的程度。社工积极回应服务对象，运用同理心让服务对象感受到自己被共情，前期关系建立较好。初次见面的时间较长，社工运用冰山理论，对服务对象意识及潜意识的情绪感受进行探索，带领她发现与思索内心深处的需求与目标，正确处理自身的困扰及情绪，与其一起制定并确定初步介入方案，建立初步关系。与服务对象母亲面谈，评估母女之间的互动情况，同时结合服务对象的描述，进一步明确服务对象的家庭情况及面临的基本生活保障问题。

2. 第二阶段：缘由诊断——进行家庭关系的协调干预

服务对象的困扰主要来自家庭关系长期不协调，服务对象长期压抑自己的情感需求并找不到支持。针对服务对象与母亲及其他家庭成员的关系方面，社工运用萨提亚的雕塑工具、冰山图及外化的技术，对服务对象目前与母亲关系的僵化、对家庭成员关系的逃避进行了演示与处理，引导服务对象与自己的内在进行对话，梳理其情绪的来源，引导她学习如何面对情绪，表达冰山图下自己的真实需求。通过多种评估工具，包括内在冰山图、沟通姿态以及原生家庭图，在多次面谈过程中协助服务对象面对与家庭成员及他人的关系，识别自身及其他家庭成员的沟通姿态，让服务对象意识到问题的来源，也意识到自己是有能力去改变的，为其赋能增权，学会自身从家庭中寻求资源进行相互支持，改善其目前的家庭互动关系。

3. 第三阶段：分类诊断

(1) 协调服务对象的基本生活保障问题，开发服务对象的潜力

服务对象目前遇到的困扰还有每月需要定期去医院进行评估与开药，但是费用问题得不到家人支持，服务对象甚至觉得生病对不起母亲，让其承受了家庭关系与经济上的压力。围绕其基本生活保障与服务对象母亲进行探讨，提升和改善服务对象母亲日常与继父、生父在商谈服务对象抚养费事情上的沟通协调能力，尽量

在他人介入前能够更合理地协调抚养费问题。实在无法协调，在征得服务对象同意后，通过第三方组织协助进行抚养费用的协调，同时时刻准备从法律层面争取资源给予服务对象母亲支持。做好最坏打算，一旦事情不可协调，征得服务对象同意后，支持服务对象通过法律手段争取基本保障。但为了尽量保护服务对象长远生活，尽量避免第三方或通过法律手段介入。

(2) 减轻服务对象系统功能的失调，对母亲进行家庭教育辅导

服务对象多次向社会工作者反映母亲的教育方式让她窒息，母亲的牺牲主义与唠叨让她的情绪反复波动，但是又不敢表露，压抑到曾经对着母亲割过手腕。成绩不理想时母亲的崩溃让服务对象难以忍受，母亲也会阶段性地控制她的情绪不骂人。母亲作为服务对象最重要的支持力量，让服务对象母亲意识到服务对象的情况产生的原因以及母亲能够给予的支持，同时引导母亲觉察到自身不足，能够意识到自己内心的不合理信念，以及意识到自己在沟通方式上的问题。

(3) 增强服务对象的支持系统，改善人际关系

一是定期每月与服务对象进行面谈，布置家庭情绪日记来帮助服务对象察觉自己情绪问题；及时疏导当事人母亲的情绪，希望母亲积极运用在咨询中学习到的知识来应对服务对象情绪的反反复复。一个双相的孩子在情绪上需要长期持续的关心与支持，给予其信心，相信在当事人积极的配合与家人的支持下会慢慢好转起来。二是增强学校支持，引导服务对象与学校老师主动联系，在有情绪危机的情况下及时向信任的老师求助，社会工作者也与学校老师取得联系并跟进服务对象的心理状态。三是学习向同龄的同学朋友表达自己的脆弱，不是一味地讨好别人，而是建立平等的朋辈关系。四是引导服务对象从网络世界中回归现实，明确自身与网络对象产生情感连接的深层次原因，增强与现实世界的联系进而降低对网络世界的依赖。

三、干预成效

经过长达 6 个月的跟进，其中前两个月服务对象每半个月来中心接受咨询服务，后因学业时间紧张，每个月定期来中心咨询，遇到紧急情况时与社会工作者通电话。在此期间服务对象的母亲不定期地来中心或者通过电话与社工保持联络，进行家庭婚姻关系与教育的咨询辅导。在这半年中社会工作者通过自身的专业知识、链接心理咨询师、配合医院的心理治疗师共同关注服务对象的双相情感障碍，服务对象主动积极配合药物治疗，情绪状态较为稳定，其自我伤害的风险大为降低。服务对象目前正常就学,睡眠质量得到了提高,学习状态更加稳定,学习成绩更加平稳且有较为明确的学习目标。

服务对象的家庭功能及学校、朋辈功能得到一定程度的增强。一是母亲对服务对象的关心更能深入她的内心,服务对象开始感受到母亲的关怀。二是服务对象社会支持系统初步搭建,服务对象的班主任私下会与服务对象谈心,服务对象开始学会主动地敞开心扉,与同辈群体的互动交往也有所改善。从网络世界中回归现实,降低对网络世界的依赖,理性思考网恋的问题,放弃独自前往北京的想法。

服务对象与母亲关系有进一步的提升。服务对象母亲意识到自身在家庭中的调节作用,积极为服务对象争取家人的理解与支持,家庭整体氛围有所改善,服务对象与其他家庭成员关系有所缓解,开始主动与继父打招呼,继父对服务对象的病情也开始关注。

四、社工反思

社会工作者在本案例中采用心理社会治疗模式进行治疗工作,旨在减轻服务对象的不安,减轻服务对象系统功能的失调,增强服务对象的适应能力,开发服务对象的潜在能力,改善服务对象的人际交往关系。在跟进了 6 个月后 5 个层面的目标基本达成。但人生活在特定的社会环境中,生理、心理和社会 3 个层面的因素相互作用,个人的成长和发展仍然需要一个长期适应与改善的过程。我们愿用静待花开的姿态来陪伴一个青少年的成长。

在跟进 6 个月后,社会工作者做出了以下 3 点反思:

① 面对有自我伤害行为的青少年,社会工作者无论运用何种理论,首先要以"生命安全第一"为危机干预的首要原则。当社工承接到有自残行为的服务对象时,首先需要对服务对象自我伤害的可能性以及程度进行危机识别与评估,以生命安全为首要原则,优先处理与生命安全相关的问题,保护服务对象的生命安全。

② 服务工作以"最有利于未成年人"为原则和指导。社会工作者意识到无人愿意承担抚养费在法律层面肯定是违法的,但没有建议服务对象直接采取法律手段来争取;从服务对象立场来说,抚养费不仅是一笔金钱,承载的更多是与家庭成员的关系以及今后长期在重组家庭生活和依靠。改善和提升家庭氛围,在一个家庭完整、关系和谐的家庭环境中成长对服务对象最有利。所以在介入过程中采取最保守的方式,先从服务对象母亲着手,尽量降低第三方的介入对服务对象长期生活产生的影响。目前只是解决了近期的基本生活,从长远来看,要保证服务对象的良性发展

还需长期跟进，故社会工作者保留了协助服务对象从法律层面获取资源的支持。

③ 针对离异家庭的未成年的支持与关爱应该进一步加强。此次介入服务的社会工作者曾经在婚姻登记处从事婚姻调解工作，经过与 300 多对离异父母的沟通了解到，父母离异对未成年成长的不利影响超乎其他不利因素，几乎所有的青少年都存在较大心理冲击，特别是处于青春期的孩子，在父母离异前后，青少年的性格、学习成绩、社会交往、与父母关系都有非常大的变化。暂时没有哪一个部门或者机构有针对离异家庭未成年人的专业的关注及干预。而在学校，部分老师能够关注到部分离异青少年的状态，但只有部分青少年愿意让他人察觉，还有部分青少年潜伏期较长。本案例中还涉及再婚以及抚养问题都需要专业社工的支持，这就要求学校能够及时获取专业力量的支持和资源并及时进行转介。离异家庭的青少年是困境儿童当中需要重点关注的对象，希望有更多的部门能够携手专业机构，在父母离异早期及时进行适当的评估，并给予支持和介入。

赣州市南康区民政局　蔡迪

拨开云雾见阳光

专业点评：在本案例中心理社会治疗模式贯穿于整项服务过程中，注重服务对象的内部心理调整和外在环境的互动关系，从而减轻多重困境带来的干扰。离异家庭的儿童在成长过程中通常都有心理或行为偏差，心理比较脆弱，抗压能力和自控能力比较差。在做离异家庭的未成年人保护工作时，需要根据服务对象的具体情况制定个性化的服务计划，注重服务对象的心理建设和隐私保护。相信在各级政府部门的大力支持和相关部门积极协调资源下，未成年人的关爱保护机制将会越来越完善，未成年人将享有有利于他们健康发展的无拘无束的成长环境，未成年人的发展也将会迎来更加美好的明天。（詹凤兰）

为折翼天使插上逐梦的翅膀

——个案管理模式介入多重困境儿童保护服务

一、基本情况

1. 案例来源

2015 年,志愿者联合会在一次下乡开展儿童关爱活动中,发现麻双中学一名儿童虽患脑瘫,家庭贫困,但学习刻苦,引起了大家的关注。在志愿者主动上门走访了解情况后,转介至区民政局慈善社工股,由慈善社工股安排社工进行长期跟进服务。

2. 服务对象基本信息

小强(化名),男,2002 年 9 月出生,自小罹患脑性瘫痪导致运动神经受损,四肢萎缩,无法站立行走。其家庭贫困,属于建档立卡贫困户。虽然面临身残和家庭贫困双重困境,但他非常努力,学习成绩一直名列前茅。2020 年初中升高中,他以优异成绩考入高中。

3. 服务对象家庭情况及成长经历

服务对象家庭成员生理上各有残障和缺陷,基本丧失劳动能力,家庭经济状况极差。父亲因小儿麻痹症无法行走,无劳动能力;妹妹也患有脑瘫,无法站立,因心脏病导致器官衰竭已于 2020 年 9 月去世;母亲一只手残疾,劳动能力较差;奶奶年老,劳动能力弱。家里是村里的建档立卡贫困户,主要收入是母亲农闲时节打零工的收入。

二、干预过程

(一)多角度困境分析

1. 生理困境

服务对象患有脑瘫,无法站立,为避免病情加重,有康复护理需求。

2. 经济困境

服务对象家庭成员患病、残疾人口多，全靠母亲务农、打零工及奶奶从事村公益岗位获得微薄收入。家庭的经济状况目前是服务对象面临的主要困境。

3. 家庭关系困境

服务对象家庭属于典型的残疾贫困家庭，地处偏远山区，闭塞、残疾、贫困的状况，家庭成员的身体状况、妹妹的重病以及早逝对案主的影响都非常大，案主能获得的来自家庭的情感支持非常有限。

4. 学业困境

服务对象因自身生理因素，在学习上要比其他同龄人付出更多的努力，需要心理老师和班主任定期地进行关注和压力疏导。

5. 人际关系困境

处在服务对象这一年龄阶段，朋辈的支持对其心理健康成长非常重要。而其因自身残疾，心理难免产生自卑，因此沉默寡言，与他人交流存在抗拒心理。而进入新学校，要融入新的环境，对于服务对象而言比普通人需要更长的适应期。

（二）干预思路及目标

1. 干预思路

由于服务对象面临生理健康、家庭经济、学校适应、学业压力等多重困境，社工运用“个案管理”服务模式，建立了一个个案管理系统，整合和协调各类正式、非正式的组织及个人资源，并运用多种助人方法，为服务对象提供服务。

社工此时介入的角色除了服务提供者外，更重要的角色是整合者、倡导者、促进者以及联系人，以助力残疾困境儿童成长为首要原则和指导，通过志愿帮扶、压力疏导、心理支持、社会关爱、政府救助、家庭帮扶等多重措施帮助儿童获得更好的成长环境、学习环境，激发内生动力。在后期服务对象情况稳定后，个案管理系统自动产生作用，社工角色可以逐步弱化。

2. 干预目标

（1）短期目标

解决服务对象正常生活、学习所面临的困境；协助服务对象母亲解决工作问题，增加家庭收入；资源链接医疗资源，满足服务对象的康复护理需求；帮助服务对象适应新环境和人际交往。

（2）长期目标

建立社会支持网络，为服务对象提供长期支持；通过个案管理模式，协调和整合多方介入提供团队服务并提升其家庭发展的内驱力。

(三) 保护与服务过程

1. 第一阶段

在此阶段,社工与服务对象建立专业关系,引导其接纳外部的支持与介入。

一是针对服务对象个人层面的介入。服务对象初期不愿接受志愿组织的帮扶,也不太愿意与人交流(在学校也是如此),内心较为封闭。志愿者先试着接触,后发展到定期陪伴,并提供上、下学接送和课业辅导等关爱服务。通过这一方式,与服务对象逐渐建立关系,并引导其逐步打开心扉,接纳志愿组织,也更好地接纳自己。

二是针对服务对象家庭层面的介入。因为服务对象父母的自我放弃,其家庭早期卫生环境非常恶劣。社工链接志愿者联合会安排 5 名志愿者示范,鼓励服务对象主动协助其家庭打扫环境卫生并协助从事力所能及的农活。借此让服务对象了解到良好的卫生习惯对于改善家庭的重要性,同时给予其家庭希望,引导他们树立通过自身努力来改变家庭状况的信心。

2. 第二阶段

在此阶段,社工梳理服务对象的社会资源,为其搭建长效的支持网络。

村委层面:早前服务对象家庭经济仅靠低保以及母亲打零工的微薄收入。社工介入后通过联系村委、儿童主任、乡镇扶贫部门,给其奶奶提供公益性岗位,从事村保洁员工作,每月收入 800 元。

学校层面:加强服务对象所在学校提供的支持。之前班主任、任课老师、同学主要关注服务对象的学习与生活情况,而心理以及社会交往方面关注得较少,对此社工建立常规帮扶小组,有针对性地开展社会融入性活动,让服务对象更好地融入班集体中。

残联:社工链接当地残联有关资源,残联知悉情况后安排康复师上门为服务对象提供康复训练指导,同时为其办理残疾证,给予相应的政策支持。

外部资源:链接新华书店每年为服务对象提供 1 000 元购书卡用于购买课外辅导书以减轻其经济负担。链接志愿者在寒暑假、国庆节等假期接送母子往返家和学校。

3. 第三阶段

社工建立的个案管理系统的各个资源发挥长效机制,可应对服务对象家庭的突发或变动情况。

个案管理系统搭建后，各系统自动发生作用，社工角色逐步弱化，但是一旦服务对象面临新的困境和挑战时，社工能够及时提供新的介入服务。

2020 年 9 月，服务对象妹妹病逝，整个家庭陷入悲伤并再次陷入无望，社工联合各系统协助其家庭处理后事，安排专人进行哀伤辅导并给予支持和鼓励，社工针对服务对象个人进行心理疏导，尽量减少对其生活和学习造成的影响。

同月，服务对象考入高中，面临适应新环境、与新学校老师同学相处和后期在校的安排以及经济负担增加等诸多问题。社工事先与校方沟通联系，及时反馈服务对象情况。根据相关政策，学校相应地减免了学费并安排师生关注服务对象的学习和生活情况。在征得对方同意后，安排初中同学小朱与他同班进行照顾；安排心理辅导老师对其开展心理辅导，定期疏导情绪；同时安排朋辈交流活动，建立朋辈关系网络，逐步改变其内向、自卑等心理，满足其朋辈交往需求。

同时，整合多方资源，个案管理系统发挥长效作用。社工会同区残联链接医疗资源，为服务对象提供体检和康复知识辅导；争取民政部门支持，将其家庭列入低保常补。升入高中后，社工为其争取慈善会和企业支持，为其提供贫困家庭学生助学金；争取学校支持，在校区内安排了一套单间供母子俩居住以便照护；争取同学支持，打造伙伴式亲情服务，为服务对象提供上、下课的行动辅助。针对服务对象肌肉萎缩，写字速度慢，可能会造成高考时间不够用的问题，校方安排专门的训练以提高其写字速度，并让其提前适应高考。

三、干预成效

① 缓解了服务对象家庭经济压力，改善了家庭经济情况。

② 服务对象封闭、自卑的心理在多方介入下得到改善。

③ 各方给予的稳定支持以及后续支持，让服务对象很快就适应了新环境，为其安心学习提供了有利条件。

④ 学校为服务对象营造了一个更加温馨的校园氛围，而服务对象自身努力学习的形象以及同学小朱的友爱帮扶事迹，也为校园营造了一个坚韧不拔、积极上进、互助友爱的集体氛围。

⑤ 围绕服务对象的个案管理系统中的各类资源在不同角度共同发挥长效作用。服务对象面临多重困境，不是短期内就可以完全解决的，而服务对象的家庭也是扶贫的重点对象和需要长期跟进的对象，单纯靠某个系统、某个单位、某个人都不能独自解决服务对象发展的问题和满足其需求，只有不同系统共同作用，相互联

动，才能为服务对象的长期跟进服务提供良好的基础，才能为服务对象发展中的问题提供后续支持。

四、社工反思

① 困难家庭帮扶要把扶贫与扶志相结合，扶志重于扶贫。本案中，在不同系统的共同作用下，服务对象的自立自强和家人的努力参与，改善了家庭的生活状况。

② 服务对象升入高中后，学习压力相对较大，各支持系统在其入学后给予的支持发挥了较大的作用，在新的问题以及需求产生之前，各方对于服务对象的支持进一步下沉，更多的支持可以放在日常及其家庭。

③ 残疾困境儿童关爱需要多方协作和持续跟进。6 年来通过个案管理模式，本案联动了多个部门和社会力量，引导不同系统的资源介入，为面临多重困境的儿童的保护介入提供了可行操作，取得了服务对象认可、社会点赞的效果，为今后类似案例提供了可借鉴的模式和路径。

赣州市南康区民政局　任友亭　刘少祯

为折翼天使插上逐梦的翅膀

专业点评：此个案中，服务对象存在患有重疾、家庭情况复杂、缺乏社会支持网络、无物质资源和有自卑心理等多重问题。社工运用了个案管理服务模式，本着整合性、灵活性的服务原则，充分发挥链接资源者的角色，组织协调民政局、残联、乡镇、村委、学校、企业、志愿者等资源组成行动系统承担职权，共同为个人和家庭提供服务。同时，社工不断地跟进服务的传输质量与效率，包括民政补助的申请进度、机构资源的链接情况、服务对象的满意度、家庭经济情况的改变、服务对象的情绪和心理的变化等内容，根据情况灵活地调整服务计划，真正做到高效率的精准救助。在资源链接的过程中，社工能够兼顾关注服务对象自助能力的建设，不断反思开展的服务行动是否有效提升了服务对象的能力。（刘郁）

为孩子撑起求学路

一、基本情况

1. 案例来源

吉水县某中学收到一名初二女孩的求助信，女孩表示由于家庭条件困难，自己即将面临辍学，希望得到学校的帮助。学校将女孩转介到吉水县同心社会工作服务中心（以下简称“中心”），中心的社工了解了服务对象的基本情况后，对其进行个案介入。

2. 服务对象基本信息

小燕（化名），女，2002 年出生，接案时 13 岁，非农业户口，在读初二，身体健康，性格内向。

3. 服务对象家庭情况及成长经历

2006 年，小燕的父亲在建筑工地受重伤，后抢救无效去世。父亲出事后，受重男轻女思想的影响（小燕母亲生了三个女儿，小燕和她的姐妹不受爷爷奶奶欢迎），小燕的爷爷奶奶和姑姑们同母女四人断绝联系并拒绝来往。小燕的外公在小燕未出生的时候就已去世，外婆 87 岁高龄，生活难以自理。小燕的姐姐出嫁后，嫌弃家里穷，从不回家。小燕的母亲独自抚养小燕和妹妹，一家三口租住在一栋破旧房子里面。

二、干预过程

（一）多角度困境分析

1. 生活困境

① 经济压力大。服务对象的母亲独自抚养两个孩子，因为要供孩子上学经常身兼数职，导致身体状况极差，几乎失去谋生能力，家中的经济情况愈来愈差，服务对象面临辍学的窘境。

② 居住条件差。为了省钱,母女三人租住在一栋破旧房子里面,下雨天房屋四处漏水,甚至床上也需要用盆接水。

2. 家庭关系困境

① 缺少关爱。父亲早逝,母亲忙于赚钱,无时间陪伴服务对象,而爷爷奶奶有重男轻女思想,拒绝同服务对象亲近,服务对象长期缺少家庭关爱。

② 遭受家庭暴力。母亲独自养家压力过大,情绪波动大,经常不能控制自己的情绪,从而做出伤害服务对象的行为。社工在走访过程中发现,服务对象及其妹妹手臂和肩膀有多处伤痕。

3. 学业困境

服务对象窘迫的家庭经济情况难以支撑其完成学业,因此服务对象和妹妹几近辍学。

(二) 干预思路与目标

1. 干预思路

“优势视角”理论以优势为核心,着重强调个体的内在潜力和可能性,认为每个人都有着特定的优势和与生俱来的能力,能够利用自身的资源和特质来进行自我帮助和自我发展。在本案例中,社工评估服务对象自身的潜力和优势,着力于协助他们发掘和认识自身的内在潜能,链接资源改善服务对象周围环境,促进服务对象长远的发展,将介入的过程变为协助服务对象成长的过程。

2. 干预目标

(1) 短期目标

① 帮助服务对象家庭缓解经济问题,解决其生活困境。

② 对服务对象母亲进行偏激行为干预矫治,避免服务对象再次受到家庭暴力伤害同时减少造成心理创伤风险。

(2) 长期目标

① 给予服务对象及其家庭更多支持,助其顺利完成学业。

② 提升服务对象母亲的亲职教育能力,营造适宜青少年成长的家庭环境。

③ 改善服务对象与亲属的关系。

(三) 保护与服务过程

1. 第一阶段:链接资源,缓解服务对象的生活困境

社工协助服务对象家庭向政府申请最低生活保障;社工机构与学校取得联系,

申请学校减免部分费用。社工链接社会资源,发起社会募捐,邀请爱心人士走访,给予服务对象物质及经济上的帮助。社工与社区合作,帮助服务对象寻找环境较好的住处,为服务对象的健康成长和安心学习提供保障。

2. 第二阶段:发掘优势,提升服务对象的抗逆力

在事先研读服务对象的资料后,社工依据接案时所拟的提纲进行会谈。在个案会谈中,社工用鼓励性的语言,启发服务对象看到目前自己的优点、长处,以及自己付出努力后改善和提高的方面,鼓励服务对象讲述自己生活中努力、抗争和成功的故事,帮助服务对象看到积极的一面,改变对自己消极的认知和常有的负面性话语。比如,服务对象常常说"我不能……""我没有……",社工会引导服务对象多谈谈她拥有什么,能做什么。社工通过挖掘服务对象的潜能,引导其发现自身优势、提升信心,协助其从挫折和不幸的逆境中挣脱出来,从而增强服务对象的抗逆力。

3. 第三阶段:改善亲属关系

服务对象对家庭的需求包括:价值感、安全感、亲密感以及精神上的寄托。基于此,社工积极联系服务对象的爷爷、奶奶、姑姑等亲属,缓和服务对象和他们之间的冷淡关系。同时对服务对象的母亲进行亲职辅导,采取线上沟通交流和线下面谈的方式来改善服务对象母亲的教育方式,加强亲子沟通,从而满足服务对象对家庭亲密感和安全感的需求。

4. 第四阶段:消除亲子隔阂

服务对象的母亲独自抚养孩子,精神压力过大,情绪消极,时常哭泣,情绪难以自控时甚至做出打骂服务对象及其妹妹的行为。这些消极情绪和错误行为影响家庭环境,不利于服务对象的健康成长。社工通过线下与服务对象母亲会谈交流(前期每个星期一次)和线上电话交流,使服务对象母亲的行为能得到正确的指引,从而减少伤害服务对象的行为,改善亲子关系,给服务对象营造一个良好的家庭环境和成长环境。

5. 第五阶段:持续跟踪

2017 年,服务对象通过中考顺利考入重点高中。2018 年,其妹妹考取初中万里班。考虑到服务对象学习压力和服务对象母亲的身体情况,社工持续开展跟踪服务,定期与服务对象及其母亲进行沟通,了解其家庭状况及学习生活情况,及时帮助服务对象解决成长过程中面临的困难。2020 年,服务对象成功考上理想的大学。为了缓解服务对象上大学的经济压力,社工向县民政局反映情况,协助服务对象申请到了恒耀慈善助学金从而保证其顺利地进入大学学习。

三、干预成效

通过社工的干预,小燕的母亲改善了对待孩子的态度及方式,缓解了小燕和爷爷、奶奶、姑姑们的关系,小燕得到了更多来自家庭的关爱;通过链接民政、社区、公安、学校、社会等资源,小燕的生活保障、就学问题等得到妥善解决;小燕顺利考入理想的大学,并且在大学期间获得国家励志奖学金,成为一个热爱学习,热爱生活,积极上进的大学生。小燕的妹妹也顺利升入当地一所学校初中部的万里班,小燕家庭的抗逆力变得越来越强。

四、社工反思

抗逆力的形成是一个过程,在本案例中,社工通过优势视角理论,增强服务对象的自我认知能力、解决问题的能力、改变自我的能力,最终使服务取得了良好的成效,实现了助人自助。

本案例服务的目标基本达到,但是困境儿童的保护问题不是一蹴而就的,需要更完善的制度和社会多方面的关注。须指出,当前儿童保护工作更多关注于“助人”而忽视“自助”,儿童社会工作“重物质,轻精神”,在社工介入困境儿童保护服务的实务中,应更多注重“助人自助”,关注儿童的心理健康。

吉安市吉水县民政局　罗晓东　李燕

为孩子撑起求学路

专业点评：社工能够关注服务对象不同层面的需求，运用优势视角理论发掘服务对象的能力，引导其发现自身优势，提升自信。在整个案例中，问题分析、服务计划和介入过程这三个部分基本上能够做到相对应，就是在有了对问题的分析之后，能根据分析制定目标和策略，并能够切实执行，达到一定的成效。这也反映了社工除了掌握理论外，也具备了相当的预估、计划和执行能力。在处理困境儿童案例时，只有利用专业资源对困境儿童遇到的个性化困境进行深度干预，才能提升困境儿童保障工作的精细性和针对性。（刘郁）

爱助成长，打通政策“最后一公里”

一、基本情况

1. 案例来源

社工在对辖区内困境儿童摸排走访时，了解到服务对象家庭经济困难，且满足事实无人抚养儿童相关政策，社工主动介入该个案。

2. 服务对象基本信息

乐乐(化名)，男，9 岁，智力三级残疾，发育迟缓，在读小学三年级，学习情况一般。

3. 服务对象家庭情况及成长经历

服务对象母亲，38 岁，肢体二级残疾，丧失劳动能力；外婆，69 岁，患有冠心病，是服务对象的主要照顾者。与服务对象共同居住的还有 90 岁的曾外婆。家庭每月主要经济来源是 2 000 余元低保保障金和外婆 1 000 余元的退休金。

服务对象出生时早产，发育不良，有心脏、呼吸窘迫综合征，四肢屈曲等情况，一出生就携氧送入 NICD 室。父亲在面对大额医疗费用时，曾经失联。服务对象 2 岁时，因脑积水引起的并发症导致智力残疾，服务对象父亲也因孩子残疾和经济原因，选择放弃抚养服务对象，自此下落不明。

二、干预过程

(一) 多角度困境分析

1. 经济困境

该家庭没有劳动力，主要依靠低保金和外婆微薄的退休工资生活，且兼顾母亲、外婆治病吃药开销，经济压力较大。

2. 家庭关系困境

由于服务对象外婆年近 70，祖孙交流存在代沟，且外婆缺乏与智力障碍儿童沟通的经验，更因迫切希望服务对象更好地适应社会环境，在生活上会对服务对象要求严格，在教育方式上会采取严厉指责的方式，导致服务对象情绪低落和出现抵抗情绪。

3. 人际关系困境

服务对象发育缓慢，智力残疾三级，因先天性的身体残障，其表达和理解能力较差，平时在学校很少有同学和他一起玩耍和学习，缺乏同辈群体以及社会环境的情感支持与帮助。

（二）干预思路与目标

1. 干预思路

以“儿童利益最大化”原则，启动困境儿童安全保护机制，厘清事件，积极协调各方资源落实干预方案。该案例中，社工首先把握的是“儿童利益最大化”原则，更多地从孩子的角度和立场思考问题，在充分听取孩子个人意愿的前提下，审慎思考处理意见，尽量为孩子的健康成长创造有利环境和条件。

在此次个案服务中，经过前期的走访、调研及访谈，收集基本信息后，因服务对象情况复杂，社工需要从实际情况出发考虑从多方面介入，达到服务目标。首先，服务对象呈现出的核心问题是须改善其家庭经济，落实事实无人抚养相关政策支持。其次，社工须对该家庭普及对于智力障碍儿童的科学教育方式，以及提供儿童保护预防服务。最后，引导服务对象发掘自身优点，增强自信并鼓励参与社会活动，扩大人际交往。

2. 干预目标

① 帮助服务对象申请事实无人抚养儿童生活补助，缓解其家庭经济困难。

② 帮助服务对象外婆掌握正确科学的育儿知识和方法，开展家庭辅导，改善其成长过程中的家庭环境，提供家庭情感支持。

③ 为服务对象提供个案管理服务，发掘服务对象自身优点，帮助服务对象建立自信心，扩大人际交往，促进环境融入。

（三）保护与服务过程

1. 第一阶段：了解基本信息，建立专业关系

社工初次到服务对象家时，实地观察到其居住的房屋年久失修，属于老旧毛坯房，墙面脱落，地面斑驳，屋顶有一张彩色遮雨棚，室内家具陈旧，房屋面积约 50 平方米。服务对象一家四口就是居住在这样简陋的环境里。

会谈过程中，社工了解到服务对象的成长经历和生活困境，为其提供了情绪支持。在社工的说明下，社工和服务对象及其监护人建立了良好的专业关系。在完成服务对象资料的收集流程后，社工引导服务对象积极主动地表达自己，和服务对象一同探讨，进行精准"把脉"，确定服务对象目前急需解决的问题，制定服务计划，建议服务对象外婆首先申请事实无人抚养儿童政策补助。

2. 第二阶段：协调各方资源，落实政策支持

社工在协助服务对象认定事实无人抚养儿童时，最大的阻碍是证实服务对象父亲失联。当社工和青云谱区民政干部、儿童督导员、服务对象及服务对象外婆一同前往街道派出所开《儿童失联父母查找情况回执单》时，工作人员告知服务对象父亲的情况属于拒绝履行监护义务，故意逃避责任，经公安部门查找后可以找到，无法出具失联证明。

在充分听取孩子的个人意愿的前提下，由青云谱区民政局牵头，社工联系相关部门和律师开展了专题法律咨询会议，考虑撤销服务对象父亲的监护权。因为通过法律起诉存在困难，最终青云谱区民政部门召集儿童督导员、儿童主任召开个案会商，决定采取"个人承诺＋邻里证明＋村(居)证实＋乡镇人民政府(街道办事处)查验＋县级民政部门确认"的方式，形成《儿童父母失联情况认定表》。

接下来社工将收集到的信息向服务对象及监护人外婆进行全面沟通(申请流程、材料、需要配合的工作)，共同确定需要链接的资源。然后社工协助服务对象外婆按照政策规定提交了申请材料，并协调各方资源落实 2021 年 5 月开始发放服务对象的事实无人抚养儿童生活补助金。

3. 第三阶段：转变教育观念，提供家庭辅导

服务对象外婆对服务对象要求较为严格，有时会严厉指责服务对象，导致其情绪低落。为帮助服务对象外婆正确表达内心感受，社工与其进行了单独会谈。社工让服务对象外婆讲述在养育时经历的某个具体情景，通过角色扮演的方式体会人物感受，共同寻找多种解决问题的方法，通过以身示教帮助服务对象外婆掌握非暴力沟通四要素，引导其通过说事实、讲感受、谈需要、表达请求这四步骤来教育服务对象。

社工在和服务对象外婆探讨完教育方法后，鼓励其在实际生活中多尝试使用，以此增进亲属关系，提供情感支持，帮助服务对象健康快乐地成长。

4. 第四阶段：提供个案辅导，助力儿童成长

在跟进过程中，社工观察到服务对象有些拘谨，表达和理解能力欠佳，服务对象表示在校很少与同学交流，有时会感到孤单。针对服务对象的问题与需求，社工

为其制订了个别化服务计划进行个案辅导。社工设计了卡通图片益智游戏让服务对象参与，在游戏过程中，社工采取表扬和鼓励服务对象的方式，与其积极互动，让他勇于表达自己的想法。服务对象对社工定制的游戏非常感兴趣，脸上经常露出欢乐的笑容。这种寓教于乐的方式，不仅锻炼了服务对象的思考和表达能力，同时给予了服务对象情感支持。

为改善服务对象的学习环境，社工为服务对象提供了一套学习桌椅，并让服务对象自己动手参与组装，以锻炼服务对象的动手能力。成功组装桌椅后，服务对象体会到成就感，提升了自信心。

5. **第五阶段：回顾服务经历，巩固改变成效**

在结束个案时，社工、服务对象和服务对象外婆共同回顾自接案以来服务过程中发生过的重要片段，如寻求法律援助、落实政策、开展卡通图片益智游戏和动手组装桌椅等。在回溯服务的过程中，服务对象说自己在这段时间感到很开心，服务对象外婆则感叹过程的艰辛，会珍惜现在的生活，她相信服务对象会在各种支持下生活得更好。社工积极肯定了服务对象的成长和变化，鼓励其继续保持，并告知会继续跟进服务。在尊重服务对象意愿的前提下，社工邀请服务对象参与周末兴趣活动，促使其融入朋辈群体，培养其人际交往技巧。

三、干预成效

① 在青云谱区民政干部、街道儿童督导员、社区儿童主任和律师等多方支持下，落实了服务对象的事实无人抚养儿童生活补助。

② 服务对象外婆正在从说教模式转向非暴力沟通的描述事实和表述情感的方式来与服务对象沟通，家庭气氛趋于缓和。

③ 服务对象变得更加自信，愿意主动与周围的人打招呼。

四、社工反思

① 充分发挥服务对象的自主能动性。社工要明确自己的角色，认识到服务对象虽然是一位智力障碍未成年人，但仍有无限潜力。社工应该在与服务对象建立关系后，引导服务对象积极主动地表达自己，协助服务对象分析和认识问题，和服务对象共同商讨服务目标。

② 关注服务对象社会支持网络。社工应注意在保障服务对象物质需求的同

时,关注服务对象的社会支持网络需求,可进一步处理服务对象在校人际关系冲突和融入同辈群体的需求,多方位助力服务对象成长。

南昌市青云谱区民政局 吴雪琴

爱助成长,打通政策“最后一公里”

专业点评: 社工介入的个案是一个认定困难的事实无人抚养儿童案例。在介入过程中,社工注意从保护儿童权益的角度出发,多角度地分析服务对象面临的困境和需求,全面并精准地评估儿童的需求、家庭经济与抚养能力,针对性地提出有益于儿童成长的建议。另外,本案例中区民政局充分践行区—街镇—居(村)三级网络工作职责,建立跨部门服务联动机制:通过民政局牵头协调公安、街办、财政以及法律援助中心等多个政府部门共同商议配合,为儿童在政策框架下尽量“开绿灯”,匹配一切有利政策,为处置困境儿童个案提供了有用参考。(刘郁)

风雨过后是彩虹

——结构式家庭治疗模式服务多重困境儿童

一、基本情况

1. 案例来源

本案例来自村儿童主任转介。村儿童主任了解到辖区内有一对孤儿由爷爷奶奶隔代抚养,其中妹妹哀伤情绪严重、哥哥叛逆,需要社工用专业方法进行干预,于是转介到社工站。

2. 服务对象基本信息

哥哥,14 岁,初中在读;沉默寡言,冲动易怒,身体健康。

妹妹,7 岁,小学一年级;沉默寡言、易怒,哀伤情绪重,身体健康。

服务对象目前享受政府孤儿保障政策,监护人是爷爷和奶奶。

3. 服务对象家庭情况及成长经历

服务对象兄妹俩的父母在 5 年内相继去世(父亲车祸去世、母亲因病去世),目前和爷爷、奶奶、叔叔及叔叔的两个儿子(高中在读)住在一起。

爷爷,80 岁,驼背,常年腰痛,身体不好,常无故发脾气;奶奶,73 岁,身体一般,但不时流露出哀伤情绪;叔叔重残(脑瘫)二级,常年卧病在床,需要护理,叔叔两个儿子已是高中生,也一起居住,婶婶离家出走后失联;有一姑姑外嫁抚州,偶尔也会回家帮衬。两位高龄老人日常照顾 4 个孩子和一个病人(重残二级的儿子)。

服务对象中的妹妹自母亲去世后不能接受现实变得沉默寡言,如提及母亲就会激动大吼,否认母亲去世,强调妈妈只是出远门并哭泣;哥哥变得冲动易怒,叛逆,与家里所有人都存在矛盾,目前除了必须出门上学,其余在家时间就是躺床上,玩手机或睡觉(吃饭由爷爷或奶奶送到床上)。

二、干预过程

（一）多角度困境分析

1. 心理困境

两个孩子都无法接受父母亲已去世的事实，导致两个孩子在提及父母亲时情绪就会出现崩溃、暴躁易怒的情况。

2. 家庭关系困境

家庭存在多重困难，服务对象兄妹两人都因心理问题与家人沟通不畅；爷爷重病缠身，常发脾气，祖孙沟通常以吵架、辱骂方式进行；不同困难的家庭成员居住在一起常因沟通产生矛盾；家庭经济困难。

3. 人际关系困境

在经历了父母相继离世后，原本外向开朗的两兄妹都变得沉默寡言、易怒，哀伤情绪重。哥哥的性格改变得最大，开始拒绝与外界沟通。

（二）干预思路与目标

1. 干预思路

针对服务对象的现状，由于父母去世，心理、情绪需要干预，服务对象与爷爷奶奶的关系处在对抗、疏离状态，与同住的亲人不沟通。这样的症状，只有在良好的家庭互动的背景中，才能得到最好的解决。所以社工决定采用结构式家庭治疗模式介入服务对象家庭，同时基于服务对象家庭困境，还需要多方协作，提供针对性的救助和服务。

结构式家庭治疗模式是将发生在个体身上的问题放在家庭的关系中来分析和理解，通过对家庭结构的重建使得家庭成员能够以自由、良性的模式进行沟通的一种治疗模式，帮助家庭成员重建平等宽容关爱和谐的家庭关系。

具体来说，干预介入计划：

① 评估两个孩子心理精神状况，排除潜在的风险，确保生命健康。

② 运用结构式家庭治疗模式为家庭进行沟通辅导及心理辅导。

③ 协调村委建立帮扶小组，对这个家庭的困境帮扶资助。

2. 干预目标

(1) 短期目标

疏导服务对象的心理和情绪，尽快走出父母去世的悲痛情绪；解决物质生活困难的问题。

(2) 长期目标

提升服务对象的沟通和交流能力,更好地融入社会群体。

(三) 保护与服务过程

1. 第一阶段

接案后,社工陪同专业心理咨询师入户探访,对服务对象哀伤情绪及叛逆与社交退缩状况进行总体评估,确认心理健康状况及风险等级,确认暂不需要进行危机干预。

由此社工介入服务对象家庭,观察家庭成员每一个人的喜怒哀乐,发现家里悲伤气氛很浓,沟通不良又导致家庭气氛紧张。要让服务对象改变和解决问题,关注的重点要放在家庭身上,缓和紧张气氛,改善不良沟通,给予服务对象情感关爱。同时针对家庭的经济困境,还要链接资源。

2. 第二阶段

社工首先对爷爷和奶奶进行哀伤辅导。目的是帮助服务对象营造更加积极的家庭环境,尽可能减少服务对象受到来自家庭的哀伤情绪的影响。社工扮演了积极的倾听者,倾听爷爷奶奶的述说,并引导爷爷奶奶尽情地表达对死去儿子的思念,充分表达自己的难过、痛苦;烧掉儿子生前的衣物,让他带到另一个世界去使用,以减轻爷爷奶奶内心的自责和痛苦;社工充分表达了对爷爷奶奶的敬佩,年迈丧子但很坚强,鼓励爷爷奶奶照顾好未成年的孙辈,过好以后的生活,让逝去的亲人安息。

服务对象的家庭结构中缺失了父母这一系统,服务对象直接面对了爷爷和奶奶,而爷爷年迈,身体不好,老年丧子,瘫痪的儿子和四个孙子女又要照顾,心理压力和经济压力很大,祖孙间的沟通以对骂和吵架的方式进行,导致了关系的紧张。社工先从爷爷与服务对象中哥哥的矛盾冲突入手,帮助家庭成员学习沟通技巧,包括如何聆听、尊重对方、目光接触、简明清晰地表达,换位思考而不是责备他人等,重构他们的沟通方式,让服务对象爷爷认识到责怪、贬损、放弃都不利于解决问题,只会让矛盾越演越烈,陷入僵局。家庭气氛的紧张不利于孩子的健康,何况两个孩子已失去了父母,要给予更多的亲情和温暖。社工和爷爷分享了青少年叛逆期心理和行为特点,协助爷爷理解孙子的“叛逆”,然后分享与青春期孩子相处、交流沟通的方法与技巧;还邀请两位已经高中的堂哥提供协助,主动在家里扮演更具建设性、更乐观积极的角色。

3. 第三阶段

社工对服务对象进行情感支持和心理疏导。

社工联合村儿童主任隔三岔五地看望服务对象中的妹妹，只有 7 岁，却失去了父母，这个时候特别需要关爱和陪伴，社工每次去看望，都陪她聊天。针对哥哥除上学在家就躺床上的做法，社工分析他同样没有从父母去世的阴影中走出来，但以优势视角的角度肯定了他对父母的怀念和真情，这是有责任和有孝心的表现，希望他认识到自己在爸爸妈妈去世的现状下，自己对妹妹、对爷爷奶奶的那份责任，从力所能及的小事做起，逐步承担起一个哥哥、一个小男子汉应有的责任，理解爷爷奶奶的不容易，告慰九泉之下的父母。

4. **第四阶段**

这一阶段的服务主要是持续跟踪。

① 心理咨询师在服务过程中及时对两个孩子进行心理健康测评，准确掌握服务对象的恢复情况。

② 儿童主任定期随访监督家庭监护状况，对于服务对象的零星困难、问题、需求及时响应解决，并着手在村里建立党员帮扶小组。

③ 社工持续跟进，提供家庭教育知识指导和监护养育状况评估及心理辅导，确保服务对象身心健康，生活稳定，家庭面貌持续改善。

三、干预成效

① 及时“解危”：经过专业社工与专业心理咨询师的协作，确认两个孩子出现的心理健康问题及风险的程度暂时还不需要送医治疗，解除了危机警报。

② 有效“济困”：通过社工、心理咨询师、儿童主任的通力合作，有效地帮助这个家庭及时缓和了家庭矛盾，化解了冲突。服务对象的心理得到抚慰，情感得到支持，哥哥回家就躺床上的现象已经很少了，作业少时还会帮着爷爷奶奶做点简单的家务，爷爷也不骂人了，妹妹脸上有了笑容，家庭沟通恢复正常，服务对象的生活环境和谐了，有利于身心健康成长。

③ 实现“助人自助”：让家庭成员在这场“危机”中获得了自我成长，爷爷学会了更多与孙子女相处、沟通的技巧；奶奶看到了未来的希望；服务对象中的哥哥和两位堂哥学会了有所担当。

四、社工反思

本案例服务的目标基本达到。以整个家庭为治疗单位，通过改变家庭沟通方式以发挥家庭的功能,使得服务对象能够在和谐的家庭氛围中成长,走出失去父母双亲的心理阴影。

南昌市青山湖区民政局　卢强　吴鑫伶

陷入多重困境儿童的多方协作保护服务工作

专业点评: 本案例在服务过程中,社工评估服务对象的需求后,随之开展专业服务工作,运用结构式家庭治疗模式改变家庭沟通方式,重新增强了家庭功能。并协调多方资源,为服务对象提供心理支持、情感支持、情绪疏导,积极建立社会支持网络。后续跟进时对服务对象的监护人年迈的爷爷与奶奶的沟通能力和亲职教育应予以更多关注,并与村儿童主任保持联系,了解服务对象健康成长状况。同时与学校、班主任保持联系,建立关爱支持系统。(徐国芬)

请保持距离

——帮助青春期少女学会自我保护

一、基本情况

1. 案例来源

社工通过与村儿童主任工作交谈，了解到小梦的基本情况，该个案由社工主动介入。

2. 服务对象基本信息

小梦（化名），女，接案时 13 岁，智力偏低，就读于某县城中学初一，是家中最大的孩子，有一个妹妹和一个弟弟。

3. 服务对象家庭情况及成长经历

服务对象家庭贫困，享受低保、残疾补贴和事实无人抚养儿童等国家救助政策。服务对象父亲智力三级残疾，无监护能力。母亲于 2020 年 3 月因病去世（智力和肢体多重残疾）。爷爷早年逝世。奶奶 77 岁，双脚无法直立行走。服务对象的妹妹智力残疾，患有癫痫病；弟弟智力残疾，身体瘦小。服务对象从小不仅要照顾妹妹弟弟的生活起居，还肩负着照顾行动不便的奶奶的重任。

服务对象父母均属于智力残疾，无法正常教育服务对象生活技能、卫生习惯、生理期知识和安全社交距离。处于青春期的服务对象不懂得男女有别的社交基本原则，经常当着爸爸、弟弟的面洗澡换衣服；不懂生理卫生知识，来月经时非常慌张，衣服经常弄脏。

二、干预过程

（一）多角度困境分析

1. 心理困境

服务对象没有接受过生理卫生知识的教育和引导，无法正确应对月经来临。

月经时慌慌张张，弄脏衣服，以为是自己做了错事，心情压抑。面对大伯的提醒“这么大的女孩了，不要当着爸爸和弟弟的面洗澡换衣服”时，一脸茫然，不能理解这是为什么。

2. 家庭关系困境

服务对象的父亲智力残疾，无监护能力。奶奶整天唠叨服务对象，以自己当童养媳的经历来教育服务对象。服务对象抵触、反感奶奶的说教。大伯经常教服务对象一些生活常识，但态度较严厉，导致服务对象害怕大伯。

3. 学业困境

服务对象家的家务活主要由服务对象一人承担。服务对象每天早上 5:30 起床，烧火，做早饭，叫弟弟妹妹起床，帮忙洗漱，照顾奶奶的日常生活；6:10 分步行到公交站点，乘坐公交车上学；傍晚放学乘坐公交车到家，煮饭，照顾家人；晚上基本没有多余的时间复习功课，学习成绩差。

4. 人际关系困境

服务对象性格内向，在学校与老师、同学关系一般，没有好朋友，平时大部分时候都是独来独往。

（二）干预思路与目标

1. 干预思路

(1) 家庭治疗模式

家庭成员要积极调整情绪，为服务对象提供一个充满爱的家庭氛围。服务对象处在一个与普通家庭完全不同的家庭环境中，很难得到健全的爱。服务对象和妹妹弟弟的行为、性格都受到了严重影响。特别是瘫痪后的奶奶，生活无法自理，将消极悲观的负面情绪传染给了服务对象。要让服务对象得到改变，首先要改变家庭系统，尤其是奶奶的亲职能力。

(2) 认知行为理论

认知行为理论认为，人在不断处理从本身内部和环境外部所获得的信息，并将其解读为如何适应社会环境和追求个人生存意义的行动依据。社工通过引导服务对象制定生活卫生习惯表，指导、督促完成表格内容，鼓励服务对象养成干净、整齐、卫生的生活习惯，实现改变服务对象认知及行为的目的。

2. 干预目标

① 给予服务对象正确的生理卫生知识教育，正确应对生理期。

② 引导服务对象建立健康的两性观念，学会保护好自己，与成年男性保持安全

社交距离。

③ 提高服务对象的社交能力,构建良好的同辈群体关系。

④ 优化监护方式,提高服务对象奶奶、大伯的亲职能力。

⑤ 培养服务对象良好的卫生习惯,掌握家务劳动技能。

(三)保护与服务过程

1. 第一阶段:建立专业关系,了解服务对象内心的想法

通过对现有资料的分析以及对服务对象所在村委会干部的充分走访,社工对服务对象的基本情况有了比较清晰的掌握,根据其特点制定了相应的计划开展工作。

在专业关系建立过程中,社工遵守社会工作专业伦理守则,保护未成年人的隐私,通过家访、面谈,社工深入了解服务对象:一是无两性观念,当着爸爸和弟弟的面洗澡换衣服;二是面对大伯和奶奶感到害怕和抗拒;三是想交有好朋友却又怕和同龄人交往。同时社工也观察到,服务对象个人卫生堪忧,床铺和书桌杂乱,无女性生理期意识。

2. 第二阶段:链接社会资源,讲解生理知识,制定生活计划表

社工为服务对象送去了温暖包、生活包各 1 箱(内含卫生巾等),以及学习用品和食品、衣服等。社工购买了第一次走访中服务对象特别想要的糖果、薯片等零食。

社工通过与服务对象的 2 次接触,与之建立了良好的信任关系,服务对象愿意和社工交流,社工通过引导、鼓励、陪伴和心理疏导,提高了服务对象的自信心。社工重点讲解了女性生理卫生知识和物品的使用,在生理期如何护理和保护自己。同时,社工教育服务对象正确认识月经的知识和卫生保健知识,提醒服务对象要特别注意经期个人卫生,做好经期自我防护工作。通过面对面、手把手教,服务对象对女性生理期有了比较充分的了解,从最开始的害羞到坦然接受的状态,并和社工聊起了自己以前错误的应对方法。

为了更好地帮助服务对象养成良好的生活卫生习惯,社工引导服务对象制作了生活卫生习惯表格,并粘在墙上。约定每完成一项就打"√",没有完成的就画"×"。鼓励她养成干净、整齐、卫生的生活习惯。

社工请村儿童主任提供支持,利用与服务对象家距离较近和了解农村实际的有利条件,不定期到服务对象家中进行指导、监督:一是检查服务对象是否按照社工教育的方法处理生理期,二是指导服务对象正确应对生理期,三是监督生活计划

表的执行情况,四是给予服务对象情感上的支持。社工与村儿童督导员保持密切的微信联系,及时反馈服务对象的改变情况。

3. 第三阶段:改变认知,与异性保持安全社交距离

社工以成年女性的生活经验,结合科学的理论指导,通过视频、动漫、文字、语音、书籍等方式,仔细讲解男女之间的生理差异,指导服务对象应对女性生理期。通过未成年女孩受到侵犯和家庭正确教育青春期少女的典型案例,教育服务对象、奶奶和大伯正确认识、对待、处理青春期。

进入青春期,男孩女孩可以一起说话、玩耍、吃饭、学习等,但要保持安全的社交距离。不能在包括父亲和弟弟等异性面前洗澡、换衣服、上厕所,需要关好门窗。在外与成年男性尽量不要单独交往,保持安全社交距离。

社工教育服务对象正确处理与异性的交往方式,如:一是不要轻易地跟任何异性走;二是不要让异性碰触身体,特别是敏感部位;三是避免一个人长时间与异性单独相处;四是衣着要整洁大方,同自己身体相符,避免过分修饰;五是言行举止要讲文明礼貌;六是穿衣、洗澡、上厕所等这些行为,要避免异性在场。

社工再次和大伯、奶奶进行沟通,鼓励他们改变与服务对象的交谈方式,以自己的行为引导服务对象改变日常的生活习惯和与异性的相处模式。

4. 第四阶段:鼓励服务对象坚持干净整齐的卫生习惯

社工鼓励服务对象坚持完成生活计划表,表扬了服务对象积极正向的改变。这一阶段,社工发现服务对象原来凌乱的房间变得干净整洁,物件摆放整齐,生活计划表每天都有认真完成。服务对象跟社工反映,现在遇到生理期不再紧张,也不会弄脏衣服和被子,特殊时期会多喝热水,不吃凉的东西。

奶奶和大伯反馈,改变教育方式后,服务对象乖巧懂事多了。不再害怕大伯,有事会说出来一起商量。更重要的是懂得了男女之别,不再单独和男生外出,在家洗澡、换衣服等都会避开爸爸和弟弟。

5. 第五阶段:持续跟踪,巩固社会支持网络阶段

社工通过 2 个月的跟踪回访,发现服务对象已经能正确处理生理期,个人卫生习惯持续保持,家务动手能力得到明显提升。能与成年男性保持着安全社交距离。根据村里的小伙伴反馈,服务对象改变非常明显,新交到了三个知心好朋友,有了可以倾述和交流的对象。

社工拜访了服务对象的班主任老师,向他简单介绍了服务对象的主要情况,并恳请学校加大生理卫生知识的教育力度,多教一些实践上的知识。

班主任老师表示:服务对象接受服务以来,改变非常明显,从一个不喜欢说话、

胆小、内向的女孩,变得开朗、活泼、自信,特别是个人卫生方面正向改变了很多。现在的她尊敬老师,团结同学。同时学校会尽教育之责,发挥学校正规教育的优势,与社会教育互补,为服务对象后续的巩固教育尽心尽力。

三、干预成效

经过 6 个多月的努力,服务对象的家庭关系得到改善,其自信心增强,心情开朗,笑容整天挂在脸上。服务对象已经养成了良好的生活、卫生习惯,能与成年男性保持安全社交距离。社会支持网络逐渐巩固的同时,服务对象在班级的表现也得到老师和同学的认可,学习热情增加,学习成绩稳中有升。同辈群体关系得到明显改善,结识了很多新的朋友,并有了可以倾诉的知心朋友。同时做家务的动手能力明显提升,能自已独立做饭炒菜。

四、社工反思

① 社会工作者在对儿童开展个案服务时,应该让服务对象多思考,并主动提出解决问题的办法,提高其自决的能力,达到助人自助的目标。

② 社会工作者要合理运用个案工作技巧,包括交流技巧,解决问题技巧,改变行为技巧,利用倾听、引导、反馈、总结等沟通技巧,理论和实践相结合,从而在个案的跟进中为服务对象提供更好的服务。

③ 充分运用社会资源,发动社会力量,构建社会支持系统。社工和学校、村委会及心理咨询工作者要给服务对象提供巩固教育支持和鼓励,并让服务对象坚信社工将会与其一路同行,真正成为服务对象可信赖的助力。

庐山市民政局　胡建华

请保持距离

专业点评： 该案例是典型的农村少女缺乏青春期生理卫生知识和自我保护意识的案例。服务对象因父母均为智力残疾，缺乏家庭教育中的生活常识、生理期知识和自我保护意识，导致无法正确应对生理期，也不知道与成年男子保持安全距离。社工通过和服务对象建立专业关系，讲解生理知识，制订生活计划表，培养服务对象良好生活习惯，改变服务对象与异性的相处模式，链接社会资源，和学校、村委会一起给服务对象提供巩固教育支持和鼓励，促进服务对象自立。(陈栩)

成长守护　义鹭童行

——生态系统理论下事实无人抚养儿童社会融入服务案例

一、基本情况

1. 案例来源

2021年2月,社工收到服务对象所在社区儿童主任提交的关于事实无人抚养儿童申请材料。民政部门对申请材料进行初步审核后,社工第一时间联系服务对象监护人进行上门探访,结合探访情况及服务对象监护人请求,社工确定为其开展个案服务。

2. 服务对象基本信息

小曲(化名),女,11岁,小学三年级,身体瘦小,学习成绩较差,自控力较差,性格敏感,自卑且缺乏自信心。

服务对象对自身家庭情况比较了解,日常行为及言语表现得都比较照顾弟弟(6岁,性格外向,成绩优异),同时体谅爷爷、奶奶的辛苦,在家庭总是承担着"小大人"的身份。在学校及社区基本没有与其交好的同辈朋友。

3. 服务对象家庭情况及成长经历

服务对象一家6口人,包括爷爷奶奶、爸爸妈妈、服务对象和6岁的弟弟。目前全家6口居住在大伯提供的二居室里。爷爷奶奶属于近亲结婚,为服务对象父亲患先天性精神障碍的直接影响因素,经医院鉴定父亲为二级智力残疾,现由社区安排从事环卫工作。服务对象母亲也有家庭精神障碍遗传史,母亲原本症状较轻,在服务对象弟弟出生之前可简单自理生活,但自生下弟弟后,病情加重导致常年卧病在床,基本无法自理,常年由奶奶照顾,由医院鉴定为二级智力残疾。目前整个家庭经济负担较大。

由于服务对象父母均为智力残疾,服务对象基本无法享受基本的亲子关爱,服务对象及其弟弟日常生活由其爷爷奶奶照顾,隔辈教育对服务对象的心理健康也较为忽视。

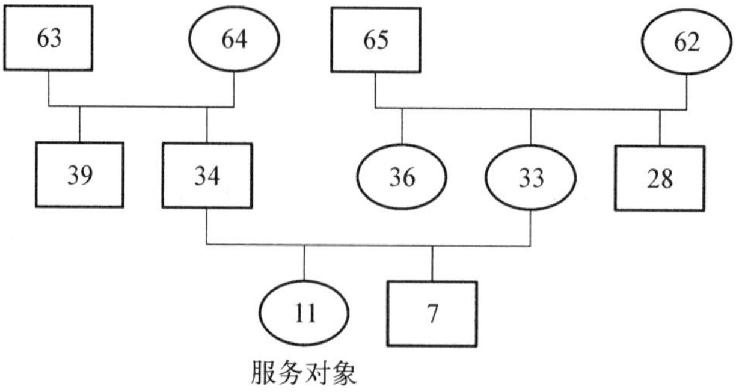

图 1　家庭结构图

二、干预过程

（一）多角度困境分析

1. 心理困境

亲子关系上的缺失，爷爷奶奶重男轻女，并且奉行“棍棒式”家庭教育方式，导致服务对象性格较为敏感、胆小、内向。

2. 家庭关系困境

服务对象家没有正确的家庭沟通方式，有效家庭沟通较少。

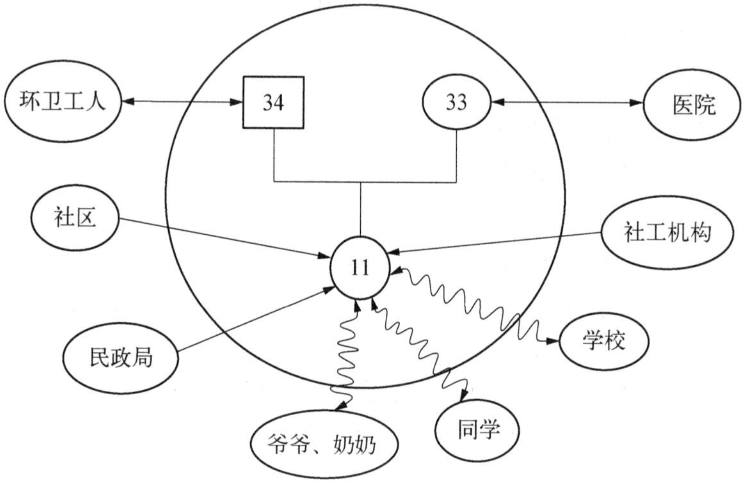

图 2　家庭生态系统图

3. 学业困境

服务对象学习成绩较差,严重缺乏自信心。

4. 人际关系困境

服务对象在学校及社区都缺乏朋辈群体交往。

(二) 干预思路与目标

1. 干预思路

生态系统理论把人类生存成长于其中的社会环境(如家庭、机构、团体、社区等)看作是一种社会性的生态系统,强调生态环境(人的生存系统)对于分析和理解人类行为的重要性,注重人与环境间各系统的相互作用及其对人类行为的重大影响。该理论的主要观点是人与环境的互动关系决定了个体生活状态,服务对象的问题来源于系统而不是单纯的个人问题。对于本案例而言,服务对象父亲本身有精神障碍,在亲子关爱方面存在严重缺失。爷爷奶奶的长年不认可,偏爱弟弟,升学课业压力,朋辈交往关系重新建立等外部因素对服务对象的成长都有着极大的影响。社会工作者从微观系统、中观系统、宏观系统三个层面分析评估服务对象问题及需求并展开个案介入工作。具体来说:

① 微观层面:社会工作者针对服务对象个人生理、心理状况进行疏导,增强其自我学习能力以及敢于表达的自信心。

② 中观层面:社会工作者围绕服务对象的家庭、朋辈群体等非正式社会支持系统进行分析,通过与服务对象监护人沟通,协助他们建立正确的家庭管教模式,鼓励服务对象主动与学校、社区同辈群体沟通交友互动。

③ 宏观层面:社会工作者通过了解服务对象所在社区、家庭情况及生活环境,为其建立正式社会网络支持系统。结合服务对象及其家庭实际情况,在政策上,协助其申请并享受事实无人抚养补贴;在社会上,鼓励服务对象参加社区活动,加强社会融入。

2. 干预目标

(1) 长期目标

协助服务对象建立社会支持网络系统,树立自信心,能够积极应对生活中发生的意外。

(2) 短期目标

① 辅导服务对象找到适合自己的学习方法,建立学习自信心。

② 加强服务对象与爷爷、奶奶之间的交流沟通,传达正确的家庭管教理念,协

助家庭建立良好的支持系统。

③ 联合民政部门，协助服务对象申请办理事实无人抚养儿童申报工作。

④ 鼓励引导服务对象参与同辈群体小组活动，丰富其社交及社会实践经历。

（三）保护与服务过程

1. 第一阶段：了解基本需求，建立专业服务关系

社工通过了解、接纳、积极倾听、同理、鼓励和积极帮助等支持技巧的运用，了解服务对象的详细家庭情况，针对其是否符合事实无人抚养儿童条件，进行审核。同时，社工主动向服务对象及其监护人介绍社工服务，并澄清社工角色和所能提供的服务内容，在确定意愿的前提下，与其建立服务关系。

2. 第二阶段：学习提升为基础，增强服务对象自信心

社工通过与服务对象及其监护人沟通，了解到服务对象有学业辅导及提升的需求。社工结合服务对象学龄情况，准备学习能力测试，通过测试发现服务对象学习基础较差，且极其不自信，在做测试题的过程中习惯性地“观察”社工的表情及反馈，由此明确在提升服务对象学习成绩的同时更需要提升其自信心。社工与服务对象沟通后，明确其想要提升学习的意愿，针对部分学科薄弱的情况，社工与服务对象共同制定个人学习成长计划，将作业完成成效“可量化”，通过趣味讲解，“积分”鼓励等方式，增强服务对象学习动力，提升服务对象的自信心。

3. 第三阶段：建立家庭沟通桥梁，改善家庭教育模式

社工在与服务对象及其爷爷奶奶的沟通中发现，爷爷奶奶总会习惯性地将“懒散、脑袋转得慢”等否定的词语用在服务对象的身上，同时多次将服务对象与弟弟进行对比，在对服务对象及其弟弟的照料之间，明显对其的关注与关爱较少。同时社工通过辅导服务对象写作业发现，服务对象在写作业期间表现出过于关注社工表情及心情的情况，与爷爷对其学习的照顾有很大的关系。根据服务对象及其奶奶的描述，针对服务对象不会写的、写错的题目，爷爷总会对其进行语言或者行为上的敲打，因此写作业期间，服务对象常常表现出注意力不集中，错误率较高，写不完等情况。社工通过与服务对象爷爷奶奶沟通，澄清爷爷奶奶对其的既定认识，纠正以往的打骂式教育方式，日常生活中减少批判否定的用语，以有利于服务对象学习及增强自信心，并对每次服务过程中服务对象的进步表现予以告知。

4. 第四阶段：加强同辈交流互动，参与志愿服务实践

社工多次前往服务对象家中时发现，小区内常有小朋友找服务对象弟弟玩，但

是基本上没有找服务对象的同龄小孩。社工问服务对象的学习、交友情况，服务对象表述只有一两个好朋友。在前几次的服务中，服务对象多表现“被动性”回应，直到后面第四、第五次上门服务，服务对象开始主动向社工提问。为加强服务对象社交互动及朋辈群体交流，社工结合所在社区困境儿童情况，组织开展“义起成长，一鹭童行”志愿服务成长小组并邀请服务对象参加，服务对象基本上持续参加了6节小组活动。

小组活动第一节，社工开展破冰游戏“大风吹”游戏。作为游戏的参与者，每位组员都需要进行自我介绍，服务对象表现出声音小、害怕、紧张，基本上与组员没有太多交流互动。随着小组活动内容的开展及有关团队合作、沟通等的游戏的开展，服务对象在自我表达及组员交流之间有了明显的变化。第四节地铁志愿行小组实践活动中，服务对象敢于主动说出地铁安全乘坐用语并进行文明礼仪指引，活动当天得到了乘客的鼓励与赞扬。在送小组成员回家的过程中，服务对象与住在一个社区的组员自行约定周末一起玩。第五节小组活动开展后，服务对象找到社工并问道，小组是否快要结束了，并提出后面继续参加小组活动的需求。

表1　“义起成长，一鹭童行”志愿服务成长小组组员成长量表

服务对象：小曲	小组主题	表现情况 1. 几乎没有　2. 有时　3. 总是		
		自主表达	组员交流	建立正式“朋友”关系
第一节	大手牵小手，我们是朋友	1	1	1
第二节	我眼中的“志愿者”	1	1	1
第三节	学雷锋故事参展	2	2	1
第四节	秋水广场地铁志愿行	2	3	2
第五节	志愿服务体验分享会	2	3	3
第六节	回首成长，一鹭童行	3	3	3

5. 第五阶段：回顾突破式成长，树立生活自信心

经过第五阶段的会谈，社工发现服务对象自信心增强，人际交往能力提高，家庭关系、朋辈关系、学习成绩均取得了很大的进步，且状况稳定。社工与服务对象

一起梳理学习成长的过程,对服务对象不同阶段的具体表现给予鼓励和赞赏,并且共同完成“积分”计算,实时兑换“奖励”,针对未完成的部分鼓励其继续坚持,相信努力会有进步。结合服务对象的变化,社工与服务对象一起探讨结案事宜,在告知服务时间即将结束的同时,表示以后还以继续联系。社工促进服务对象的自我认识,增强其自信心,同时帮助服务对象巩固她在服务过程中所取得的良性进步,处理因结案带来的一系列情绪。

三、干预成效

经过 2 个月的服务,服务目标基本都得以达成。一是学习上,服务对象的作业完成情况及正确率明显提高,学习兴趣明显增强;二是生活上,爷爷、奶奶的教育方式有了改善,服务期间以及社工后期的跟进中,并未发现监护人再有“棍棒式”教育行为,且服务对象与爷爷奶奶之间关系进一步加深;三是服务对象通过参与小组活动,有了好朋友,因为同在一个小区,所以小组活动结束后,也会相互“串门”交往;四是结合服务对象个人及其家庭情况,针对其符合事实无人抚养儿童条件,协助引导监护人申办并享受事实无人抚养儿童补贴。

四、社工反思

社工在该个案服务中主要运用生态系统理论,该理论认为人与环境的互动关系决定了个体生活状态,服务对象的问题来源于系统而不是单纯的个人问题。社工在制作服务计划的过程中,从服务对象的微观系统、中观系统、宏观系统等三个方面进行介入,为其重新建立一个良好的生活环境。社工完全接纳服务对象,积极引导服务对象,鼓励服务对象自我表达,为其建立家庭、同辈群体以及社会支持系统,给予服务对象充分的专业支持及情感支持,提升服务对象自信心,促进其重新融入家庭、同辈群体及社区。尽管目前已经完成基本服务目标并结案,但是对于服务对象仍需要进一步关注,如服务对象随着年龄的变化,即将面临青春期知识学习。爷爷奶奶隔辈教育的观念不是一朝一夕就能改变的,这需要持续的引导。社工在个案服务的过程中,也需要做好结案后的持续性跟进,更好地巩固服务成效。

南昌市红谷滩区民政局　童声成　徐云女

成长守护 义鹭童行

专业点评： 此案例属于监管缺失类，可以对同类服务案例发挥积极的启示和示范作用。案例最大的特点是对服务对象前期的预估使用了家庭结构图，并运用生态系统理论绘制了生态系统图。通过从服务对象微观系统、中观系统、宏观系统等三个方面进行介入，为其重新建立一个良好的生活环境。同时，服务过程运用个案工作和小组工作相结合，针对服务对象的困境基本完成服务目标，是一个较好的典型案例。（况文静）

给孩子一个温暖的家

——事实无人抚养儿童帮扶个案

一、基本信息

1. 案例来源

服务对象是某镇困境儿童。奶奶年事已高,照顾能力逐渐不足,希望寻求帮助,使其孙女得到更好的照顾。当地儿童主任了解情况后,上报县民政局将服务对象转介给社工。

2. 服务对象基本信息

小花(化名),2015 年 8 月出生,女,接案时 5 周岁,父亲因病死亡,母亲走失,家庭贫困,享受低保,没有上幼儿园。

3. 服务对象家庭情况及成长经历

服务对象父亲于 2016 年 8 月因病去世,母亲于 2016 年 10 月离家出走,至今未联系上。服务对象与奶奶和叔叔生活在一起,平常衣食起居全靠 67 岁奶奶照料。奶奶年纪较大,身体欠佳,劳动能力有限,没有精力照顾好孩子。服务对象的叔叔是一位残疾人士,基本无劳动能力。他们家之前属于精准扶贫户,主要依靠低保金维持生活。

二、干预过程

(一) 多角度困境分析

1. 心理困境

缺乏安全感。服务对象家生活困顿、资源匮乏。奶奶、叔叔、孙女的三口之家,家庭成员之间不善沟通,两位成年人还经常因为家庭琐事产生冲突口角。奶奶身体状况不好、叔叔残疾,因此他们家经常受到排挤、歧视。服务对象受到现实家庭环境影响,一直缺乏积极正向引导,逐渐形成孤僻、不善言辞的性格特点,对周围人与事较敏感,有很强的自我保护意识,由于生活在相对封闭环境中,缺少与外界沟通基本技能。

2. 家庭关系困境

缺少关爱和关注。服务对象父亲去世、母亲走失,从小就由奶奶进行照看,没有感受过父母关爱。叔叔因为残疾、沟通能力不足,也很少关心服务对象。奶奶年纪较大,照顾残疾的叔叔,同时兼顾一些农活,无精力照顾好服务对象,也无法给予服务对象良好学习和生活环境。随着长大,服务对象更强烈地感觉到自己缺乏关注、关爱。

3. 学业困境

缺乏学前教育。因家庭贫困等原因,服务对象没有接受完整学前教育,也没有获得必要的其他教育。

4. 人际关系困境

缺乏正常人际交往。服务对象只跟奶奶和叔叔一起生活,对外人际交往几乎为零,缺少与同辈之间的互动和联系。

(二) 干预思路与目标

1. 干预思路

以"马斯洛需求层次理论"作为理论支撑,马斯洛认为,人的需求满足都是从低到高的,从而将需求划分为五级:生理、安全、归属和爱、尊重、自我实现的需求。据此分析服务对象的情况,当前的家庭状况虽然满足了其最基本的生理需求,但奶奶和叔叔照料能力差,使得服务对象的安全需求难以得到保障,服务对象从小没有得到过父母关爱,且服务对象的叔叔和奶奶经常发生冲突,没有稳定的家庭环境状态,导致情感支持不足,归属和爱的需求难以全面满足。

对于服务对象存在缺乏安全感、缺少正常人际交往和未接受学前教育问题,通过构建社会支持网络,链接各种资源的方式为服务对象提供帮助。

2. 干预目标

① 帮助服务对象提升自信心,学会表达自己,并引导家庭成员良性沟通,营造健康成长环境。

② 链接社会及政策保障资源,为其提供生活保障。

③ 链接机构资源,采用家庭代养为服务对象安排妥善的生存环境。

在本案中,干预计划具体来说:

① 资源链接——社会保障。一是链接资源评估服务对象的家庭状况，在其奶奶同意下，协助为服务对象寻找代养机构。二是链接资源解决学前教育问题。

② 个案服务——帮助服务对象身心发展。心理方面，进行心理疏导，引导服务对象发现自身优势，提升自信心。家庭方面，帮助家人与服务对象改善家庭关系，建立亲密关系，拉近彼此之间的距离。

（三）保护与服务过程

1. 第一阶段

（1）第一次：2021 年 4 月 7 日，服务对象家

社工接案之后，工作的第一步是建立专业关系，和服务对象一起确立服务目标和计划。

社工在儿童督导员、儿童主任及村委工作人员陪同下，来到服务对象家中。社工主动走过去和她打招呼，她不说话，像是没有听见似的。社工试着进一步跟她沟通，发现她眼神躲闪，社工蹲下来表示想参与玩耍来吸引注意，增加与她的互动，可始终都没能进入正常沟通交流环节。

直到村委会干部喊来她叔叔，我们向其叔叔了解情况；叔叔因为小时候摔跤，头部受伤，无法正常表达家里情况。我们再次尝试跟服务对象沟通，但是她仍旧不开口。

由此看来，她不与陌生人讲话，自我防范意识较强。服务对象是个比较敏感，缺乏与人沟通的技巧，自我戒备心很强的孩子。

（2）第二次：2021 年 4 月 9 日，服务对象家

社工在儿童主任等同志陪同下，再次来到服务对象家中，奶奶出门做事还未回来，服务对象的叔叔不能正常表达，就让我们在家中等待奶奶。在等待期间，社工尝试通过尊重、热情、真诚、共情、积极关注等技巧来与服务对象沟通，服务对象仍然不与社工互动，只是一个劲跑进厨房躲起来。奶奶回来后，通过奶奶了解服务对象的性格、兴趣、爱好，以及以前上幼儿园与同学相处的一些情况。社工发现服务对象很喜欢拍照，便告诉她可以帮她多拍一些照片给奶奶、叔叔以及她的朋友看，并让她给我们拍照，在用手机拍照的过程中，服务对象很专注，会跟社工讨论用哪些滤镜和贴纸来装饰照片，服务对象的言语表达声音很小且不清楚。

通过拍照拉进了距离，服务对象会主动跟社工说话互动。

（3）第三次：2021 年 4 月 16 日，服务对象家

社工向村委了解了更多情况，与儿童主任来到服务对象家。据奶奶介绍，服务对象的母亲在服务对象的父亲去世之后，离家出走，至今联系不上。服务对象从小一直由她带在身边，之前在村口的幼儿园上学，但服务对象的叔叔身体时好时坏，奶奶一人照顾两人，精力不够，就让服务对象在家方便监管照料。家里除低保金和事实无人抚养儿童生活保障外无其他经济来源，难以顾及服务对象的上学问题。随着奶奶年龄增长，身体状况日下，害怕孙女得不到好的照料，不能给她健康的成长环境。

社工尝试跟服务对象沟通换个环境生活及上学，服务对象没有语言表达，只是要社工及同去人员跟她一起玩。

经过多次接触，服务对象逐渐对社工产生信任，但对换个环境生活服务对象有所逃避。

(4) 第四次：2021 年 4 月 23 日，服务对象家

社工链接了南昌市 SOS 儿童村(下简称“儿童村”)的资源，同儿童主任一起向服务对象奶奶介绍儿童村大致情况，服务对象奶奶对儿童村家庭方式的抚育表示非常认可。社工再次跟服务对象谈到要离开奶奶和叔叔去别的地方，这次服务对象没有逃避，只是问奶奶和叔叔能不能跟着一起去。社工回答说不可以，如条件允许，可以安排奶奶和叔叔去看望她，服务对象又陷入沉默。随后，偷偷地跟社工说千万不要忘记让奶奶和叔叔去看她，社工跟服务对象做好约定，并鼓励服务对象要有信心面对新环境和新生活。

(5) 第五次：2021 年 4 月 30 日，服务对象家、乡政府

社工陪同儿童村工作人员来服务对象家中全面了解情况，详细了解服务对象健康和心理状况，社工与服务对象奶奶沟通入村事宜，告知奶奶要准备哪些东西。与服务对象交流心情感受和畅想未来。

(6) 第六次：2021 年 5 月 10 日，乡政府

社工联系当地民政办工作人员，为服务对象准备好入儿童村资料；帮助服务对象奶奶对接儿童村协商代养事宜；跟儿童村工作人员对接，协调双方签订代养协议；确定服务对象进入儿童村的日期。

(7) 第七次：2021 年 6 月 2 日

社工与当地民政局协商好服务对象进入机构代养的后续资金保障，同时对接儿童村了解服务对象进入代养家庭情况，并及时将服务对象在儿童村的情况告知服务对象奶奶和叔叔，做好送养儿童家庭的信息反馈工作。

2. 第二阶段

(1) 资源链接——社会保障

社工多次与当地民政局、镇民政办、儿童主任和服务对象奶奶访谈、调查和评估家庭情况。在其奶奶同意下，协助为服务对象寻找家庭代养机构；协助对接儿童村协商代养事宜；协商双方签订代养协议。

在明确服务对象奶奶和叔叔没有劳动能力且无经济来源，并在服务对象及奶奶的同意下，社工与县民政局、乡政府、民政办协商决定将服务对象送往儿童村代养。

(2) 协助服务对象从原生家庭环境获得支持，增加对生活的信心

社工与服务对象多次接触发现其缺乏安全感，内向自卑、不善言辞、性格孤僻。为此，社工从服务对象熟悉的家庭环境入手，帮助服务对象及其家人了解不同亲人之间的交流互动方法，促进服务对象与家人有效互动和相互支持，与奶奶、叔叔建立起安全依恋。同时运用服务对象周围的资源、联系村委、乡镇工作人员、儿童主任上门服务，社工与志愿者进行家访，根据服务对象兴趣和爱好，安排游戏互动、心理疏导，协助服务对象排解不良情绪，正面表达自己积极性格。进一步链接资源，为服务对象提供物质和精神支持，让其能充满希望地面对未来。

(3) 后续跟进

叔叔虽有残疾，病情时好时坏，内心一直关心服务对象入住儿童村的情况，时常会跟社工联系，询问服务对象的近况。乡政府、村委工作人员也尝试带着叔叔和奶奶去儿童村看望服务对象，但因防疫要求，暂时未能如愿。社工鼓励叔叔多关注服务对象，成为服务对象与奶奶之间的纽带，给予服务对象亲人关怀。共同为服务对象营造良好成长环境，让其在新环境中健康成长。

三、干预成效

经过 2 个多月的努力，社工链接多种资源，协助办理儿童村代养事宜。通过相关政策资源链接，为其生活提供相应经济保障。服务对象从一开始不善言辞，内心自卑，到能与社工坦诚沟通，表现自信，语言表达能力进一步发展。在儿童村的生活将有利于服务对象健康成长。

四、社工反思

社工在个案中担任服务提供者、资源链接者和政策倡导者，根据马斯洛需求层次理论和认知行为理论，运用专业方法，对服务对象提供支持与鼓励，为其创造和谐、信任、积极的辅导环境，给予她情绪疏导，用平等、接纳、同理心，给予服务对象强有力的专业支持和情感支持，在全家人同意的情形下对接专业机构，为服务对象转换至代养家庭。

本案例服务目标基本达到，随着服务对象进入儿童村，社工相信服务对象可以很好地适应新环境。社工仍会继续关注服务对象的情况，搭建服务对象与原生家庭间的桥梁，传递亲情的温暖。

南昌市进贤县民政局　谭阳　魏通

给孩子一个温暖的家

专业点评：童年是一个人的人生基础期，幼儿期的成长经历对一个人而言是非常关键的。本案例中，服务对象面对监护人缺失和监护能力不足问题，经过评估采用类家庭代养是一个可行的解决方法。代养协议签订是社工专业服务的结果，服务对象顺利进入儿童村，是本案的结束。能否健康成长，是下一个服务周期的开始。在新时代，一个都不能少，党和政府为困境儿童构建了强大的保护网。（张翔）

从“心”开始　心向阳光

——优势视角理论下农村困境儿童个案帮扶案例

一、基本情况

1. 案例来源

社工查阅困境儿童档案，了解服务对象基本信息后主动介入。

2. 服务对象基本信息

小影(化名)，女，接案时 10 岁，现为五年级学生，身形偏瘦，衣着朴素，性格内向，沉默寡言，鲜少与人交流。

3. 服务对象家庭情况及成长经历

服务对象 2 岁时做过心脏手术，手术情况良好。3 岁时父亲因病去世，母亲因家境贫寒，再婚再育，每半年联系一次服务对象及其弟弟。服务对象奶奶 77 岁，身体健康。该家庭主要经济来源是低保补助金，为了维持生计，服务对象奶奶还需捡拾废品挣钱。

二、干预过程

(一) 多角度困境分析

1. 经济困境

由于服务对象父亲早年离世，仅靠奶奶捡拾废品维持生活，家庭经济贫困。在生活上服务对象缺少照顾，个人生活自理能力较差。

2. 学业困境

服务对象学习成绩较差，缺乏学习兴趣，语言表达能力及理解能力较弱。奶奶因文化水平低、精力有限，无法为服务对象提供学习辅导。

3. 人际关系困境

服务对象沉默寡言，在校很少与同学沟通，在家和奶奶的交流也比较少，除了弟弟外没有其他玩伴。

（二）干预思路与目标

1. 干预思路

社工通过优势视角理论介入，关注服务对象自身优势和环境中的优势，充分利用，以此改善服务对象存在的问题。

2. 干预目标

① 提升服务对象的学习兴趣和积极性。

② 提高服务对象的生活自理能力，养成良好生活习惯。

③ 加强服务对象的沟通交流能力，能与重要他人建立良好的人际关系。

（三）保护与服务过程

1. 第一阶段：预估并建立合作关系

服务对象、服务对象弟弟和奶奶三人共同居住在 25 平方米左右的车库，环境非常简陋而且脏乱。社工第一次和服务对象见面时，服务对象很拘谨地坐着，眼神飘忽，社工耐心温和地与服务对象交谈时，服务对象许久才会给予回应，即使给予回应，声音也小到几乎听不见。通过前期访谈，社工了解到服务对象不但喜欢画画，还非常有耐心，并且对有兴趣的事情能够比较好地坚持。

2. 第二阶段：发现优势，培养学习兴趣

服务对象的语文成绩较差，在学习上有挫败感，因此阅读兴趣不高，感觉语文枯燥无味。为了让服务对象找到学习语文的乐趣，社工采取成语接龙、词语想象的方式和服务对象互动。与服务对象互动后，社工进行了自我披露，分享自己以前在学习语文时遇到的一些困难，因为家人的引导，加强了阅读，在书中发现了很多精彩的故事，认识了很多有趣的人物。通过长期的阅读积累，逐渐掌握了学习方法。

在社工的耐心引导和鼓励下，服务对象开始有所转变，主动翻看课外书，甚至找出了奶奶捡的书，看一些自己感兴趣的故事，如《伊索寓言》和《安徒生童话》。

3. 第三阶段：优势转移，培养自理能力

在培养服务对象学习兴趣的过程中，提升了服务对象的自信心。第一次服务中，结合服务对象的绘画兴趣培养其学习兴趣。服务中发现服务对象很有耐心也非常乖巧听话，因此社工希望进一步改善服务对象其他习惯。社工引导服务对象保持家庭环境的整洁,鼓励服务对象协助奶奶整理房间。社工教导服务对象正确摆放物品,在物品使用完后及时放回原来的位置,把生活用品、学习文具以及重要的物件放在随手可以拿到的桌面上,不重要的物件进行整理收纳。

4. 第四阶段:促进人际关系发展,建立朋辈支持网络

服务对象性格内向、缺乏自信、孤僻,与同龄人的交往偏少,除了弟弟外没有其余玩伴。为了让服务对象正确客观地评价自我,认识到自己的优点和长处,社工请服务对象将自己的优点写在自己画的五色花的花瓣和叶子上,然后和社工互相分享自己的优点花,帮助服务对象积极主动地表现自我。

社工鼓励服务对象说出和同学交往的故事,和服务对象讨论朋友的重要性,通过角色扮演和情景再现的方式来引导服务对象掌握和同学交往的要点。

5. 第五阶段:巩固成效,总结结案

在社工的培养和引导下,服务对象有了明显改变。在学习上,服务对象会主动阅读课外书,撰写日记;在生活自理上,服务对象会主动将家里收拾干净,把书包里的东西摆放整齐;在人际关系上,服务对象在学校会主动和身边的同学沟通。

社工和服务对象一起回顾了5次会谈,肯定了服务对象的改变和成长,社工鼓励服务对象坚持阅读,慢慢提升学习成绩,在学校主动与人交流,养成定期打扫卫生习惯,保持居住环境的整洁。

三、干预成效

通过2个月的服务,个案服务目标基本达成。

① 学习上的变化。服务对象会主动向社工分享学习成果,阅读题的正确率大幅提升,能够独立自主地学习,对学习产生了较浓厚的兴趣,逐渐喜欢阅读课外书籍。

② 自理能力上的变化。服务对象会主动关心奶奶,承担家务,每周定期打扫家庭卫生,把锅碗瓢盆摆放整齐,书桌收拾得干净,愿意尝试洗衣做饭。

③ 人际关系上的变化。服务对象会主动与周边的熟人打招呼、问好,在学校也有关系较为密切的伙伴。

四、社工反思

社工在该个案中主要运用优势视角理论,同时结合增能理论。在辅导过程中,社

工相信服务对象拥有自我改变的能力,注重挖掘和激发服务对象的潜能,让服务对象直面自己生活中的问题,并鼓励服务对象采取积极行动改善目前的状况。

在此理论指导下,社工与服务对象充分讨论,结合她自身的能力、意愿,共同制定了明确的介入目标,并督促、鼓励服务对象分阶段逐步完成各项任务。通过设计精密、可操作的学习任务和人际交往任务,服务对象养成了每日阅读、优先完成作业等良好学习习惯。服务对象每日会整理好书桌,每周打扫家庭卫生;服务对象还掌握了一些人际交往技巧,结识了一些新朋友,较好融入了朋辈群体,获得了归属感。整个服务介入周期较短,但一直聚焦在提供简要有效的服务上,因而取得了较好的服务效果。

虽然本案例的服务目标基本达成,但服务对象自身的改变是一个漫长且曲折的过程,还需要社工进行后续的跟进服务,以达到最终的“助人自助”。

南昌市新建区民政局　黄东玲　丁鑫

从“心”开始　心向阳光

专业点评:该案例中运用优势视角理论、增能理论等专业知识支撑,注重挖掘和激发服务对象的潜能,让服务对象直面自己生活中的问题,并鼓励服务对象采取积极行动改善目前的状况，达到“助人自助”效果。

该案例通过设定可操作的学习任务和人际交往任务，培养服务对象形成良好学习习惯和生活习惯。同时增强人际交往技巧，促进服务对象较好融入朋辈群体，获得安全感、归属感。

整体而言，该案例的成效体现出运用社工理念促进社会和谐、助人自助，帮助政府在群众中树立良好的正面形象。（刘宏涛）

第七章

社会化

走出困境　扬帆启航

——增能模式助力困境儿童成长案例

一、基本情况

1. 案例来源

服务对象在多年前接受过社工的服务,今年面临求学问题,再次主动找到社工,寻求帮助。

2. 服务对象基本信息

服务对象,女,接案时15岁,刚初三毕业,身体健康,性格内向。

3. 服务对象家庭情况及成长经历

服务对象父亲50多岁,小学文化,患有三高,且有糖尿病并发症,脚开始溃烂,影响行走。母亲患有精神疾病,妹妹读初一。家里经济来源主要依靠父亲做竹制品,打零工以及低保维持生活,服务对象的衣食起居全靠父亲照料,该家庭被纳入最低生活保障。

服务对象的生活环境比较单一,没有外出经历。偏远地区的教育与城市有差异,服务对象的学习成长无人引导,社会综合能力较差,给她的生活带来了困扰。

二、干预过程

(一) 多角度困境分析

1. 心理困境

服务对象因中考落榜受到较大打击,变得自卑。同时因家庭经济困难和个人认知能力有限,在升学选择中陷入迷茫,心情低落。

2. 家庭关系困境

服务对象家庭是低保家庭,如果继续求学,面临着经济的困境。

3. 学业困境

因为家庭贫困,也没有更多社会资源支持服务对象读公办学校,服务对象面临着学业终止的困境。

4. 社会生存困境

服务对象居住的地方相对落后,很多现代文明她都没有接触,因此社会适应能力相对较差,如果去外面求学,可能面临着社会融入和生存困境。

(二) 干预思路与目标

1. 干预思路

根据增能理论结合服务对象的具体情况,帮助服务对象提高自信和正确认识自己,激发自身潜能,更好地解决问题,适应社会生活。

服务对象是一个偏远乡村的孩子,家庭环境中因父亲低学历,母亲有精神疾病,父母在平时生活中没有能力对孩子进行一些行为的正向引导,如整理、维护家庭卫生情况的能力较低,家里比较凌乱。因为正式支持网络较少,导致服务对象对于选择什么样的学校无法做出正确判断,假使去外地读书,其生活能力也较低。因此,社工需要帮助服务对象提高其生活能力以及生存能力,增加其综合能力,适应社会发展。

2. 干预目标

帮助服务对象理性分析目前的困难和资源,建立客观的自我认知;改善服务对象目前的家庭困难问题;帮助服务对象解决求学中的选择困难。

通过与服务对象交流,确定服务计划如下:

① 帮助服务对象挖掘自身的优势,增强自信心;

② 链接社会资源,提供参与社会生活体验的平台,培养社会生存能力;

③ 正向引导,逐步培养客观分析问题、解决问题的能力。

(三) 保护与服务过程

1. 第一阶段:入户走访建立专业关系(2021 年 6 月 20 日,服务对象家)

社工来到服务对象家里,服务对象个头偏矮,性格内向,家里东西乱扔,凌乱不堪。见面后社工通过聊天的方式引入话题,逐渐获得了服务对象的信任,为建立专业关系做准备。交谈中社工了解到,服务对象主要是对目前自己家庭经济困境和升学之间的矛盾感到不知所措。希望就读一所好的学校,又担心家里经济窘迫,不能支持自己的学业。

社工与服务对象就目前的问题和问题产生的原因进行了分析，认为服务对象需要解决的问题包括：学会客观分析问题和理性解决问题，提高处理问题的能力；改善家庭的经济困难问题。社工还与服务对象共同制订了前文所述的服务计划。

2. **第二阶段：头脑风暴，改善自我认知**(2021 年 6 月 25 日，服务对象家)

社工主要针对服务对象缺乏客观的自我认知，导致在需要做出选择时，无法理性做出选择的问题进行服务。社工用头脑风暴的方法让服务对象说出自己的优点和缺点，发现服务对象有意放大了自己的缺点。社工趁机夸赞服务对象好学、上进、坚强等优点，试图增强服务对象的自信；同时帮助服务对象客观分析了她目前存在的问题：缺乏明确的自我认知、对自己没有明确定位、生活习惯有不足等。社工与服务对象探讨了这些不足产生的原因和解决办法，建议服务对象在接纳不完美的自己的同时静下心来，结合自己的优缺点好好思考自己对未来的规划，在生活中慢慢改掉邋遢的生活习惯。服务对象表示完全接受，自己会好好努力，实现改变。

3. **第三阶段：提升认识能力**(2021 年 6 月 30 日，服务对象家)

社工用对质的方式理清服务对象对未来学业的规划。从职业的需求、职业的未来、职业的价值观念等方面与服务对象一起讨论分析，试图通过讨论的方式增强其分析问题的能力。服务对象最后表示，自己在学业中最在乎的就是专业是否有发展前景，是否适合自己，是否能真正提升自己的社会生存能力，能学到东西，另外就是学费要自己能承担得起。服务对象请求社工为其推荐合适的学校，社工表示可以试一试，打听到合适的学校再跟服务对象讨论，由服务对象决定。

4. **第四阶段：自理能力提升**(2021 年 7 月 3 日，服务对象家)

由于服务对象入学的问题还没有实质性进展，社工稍微调整了下服务计划，着手帮助服务对象改掉其不良生活习惯。社工与服务对象从讨论家庭中的卫生标准入手引入话题，引导服务对象重视卫生和健康，养成良好的生活习惯，增强生活自理能力。服务对象表示自己正在努力改正。

5. **第五阶段：认知增能**(2021 年 7 月 8 日，服务对象家)

社工来到服务对象家里，卫生环境有了很大的改变，社工赞赏了她的行为，并鼓励她要坚持下去。接着与服务对象聊公益学校的事情，社工澄清了服务对象的不合理想法，简介了公益学校的性质、入学要求等，让服务对象自己决定。服务对象在与父亲商量后询问社工报名程序，社工引导服务对象一起了解学校要求以及如何应对，增加其社会综合能力。

6. **第六阶段：确定未来发展大方向**(2021 年 7 月 10 日，服务对象家)

社工通过多种渠道打听到几所比较符合服务对象要求的公益学校，并把相关信息提供给服务对象及其父亲。本次入户服务的主要目的就是协助服务对象做出选择。服务对象表示已经与父亲商量过，想进入上海一家公益学校就读，学习西点制作，并询问社工报名程序，社工与服务对象一起了解学校要求以及报名事项。社工与服务对象一起联系了那所公益学校，并根据学校要求，协助服务对象填写、提交相关材料。

7. **第七阶段：社会能力增能**(2021 年 8 月 10 日，服务对象家)

服务对象联系社工，已经收到公益学校的录取通知书，但是有些焦虑要出远门去上海该怎么办。社工入户开展服务主要针对服务对象害怕一个人外出求学，害怕不能适应环境等情绪，安抚服务对象焦虑情绪。通过与服务对象讨论可能遇到的问题和如何应对，让服务对象事先有所心理准备，提升其应对外地求学的适应能力。

8. **第八阶段：结案**(2021 年 9 月 2 日，上海)

由于服务对象父亲住院，服务对象父亲委托社工将她送去上海学校入学。与机构商量后，双方签署了安全委托书，由社工送服务对象去上海。出发前，社工为服务对象做了情绪疏导，服务对象表示虽然还有些紧张，但是通过之前的服务焦虑情绪大大缓解。前往上海的路上，社工抓住机会让服务对象尝试独自完成物品采购整理、购买火车票、乘坐地铁等，还教会服务对象遵守交通规则、社交礼仪等知识，增加她的社会适应能力。

由于服务对象到上海就学，经过与服务对象协商同意结案。通过观察服务对象到达学校后适应新环境的种种表现，服务对象的社会适应能力得到极大提升，相信她独自求学和面对未来生活中的一般困难已经不存在问题。

三、干预成效

服务对象越来越自信，适应新环境的能力不断提升，生活自理能力也有所提升。在后续的跟踪服务中，其学校和实习单位对服务对象学习、工作和生活的表现均给出了积极的反馈。

此个案的成功，在于以下四个方面：

一是社工与服务对象及其家庭的沟通交流顺利，把服务对象的问题放在家庭的全局观念考虑；二是对于服务对象的特长与优点，利用优势视角理论挖掘服务对象自身潜能，对其点滴改变给予肯定和鼓励；三是重视服务对象自决原则，通过头脑风暴的方式，充分给予服务对象自己思考的空间，让服务对象的综合能力得到提升；四是在个案工作过程中，始终坚持中立和非评判的原则，重视让服务对象自己积极主动寻找解决问题的方法，充分体现人本主义和助人自助的宗旨。

四、社工反思

社工认为：建立良好的专业关系，取得服务对象及其家人的信任，是顺利开展个案的基础。对于内向敏感的服务对象，要找到其谈话的切入点非常重要，切入点要根据服务对象的性格特点和他自己信任的人和事而定。服务对象的许多问题都是相互联系的，对于核心问题，最好通过增加其能力的方式促进服务对象自己去解决，如此才能真正实现“助人自助”。

后续：服务对象入学 3 个月后，学校老师发了一则短视频给社工，社工看到了一个自信的服务对象，她现在是西点班的班长，不仅独立组织了感恩晚会，还告诉同学们她以后步入社会要做公益去回馈大家的帮助。社工的用心服务种下了一颗有爱的种子，也期望这个爱的种子生根发芽，将来能帮助更多的人。

上饶市民政局　肖为清

走出困境　扬帆起航

专业点评：在本案例中，服务对象因家庭贫困缺乏社会生活的经验，在面临人生重大选择时不知所措，这也是很多青少年逐步开始独立生活时会面临的困惑。社工在服务过程中充分体现了尊重服务对象、促进、增能的原则，没有说教，而是尽可能给予服务对象自己探索的空间。通过讨论、协助实践等方式帮助服务对象努力提升适应能力，学会思考和独立解决问题，一路扶持和鼓励，帮助服务对象实现成长的蜕变。（刘融融）

找回平凡的快乐

一、基本情况

1. 案例来源

本案例中，社工从乡镇儿童主任、儿童督导员调查资料中发掘出横峰县某乡服务对象小平(化名)，存在性格和能力缺陷，社工主动介入。

2. 服务对象基本信息

小平(化名)，男，身体健康，接案时8岁，性格内向，情绪控制能力弱，服务对象环境中的支持资源非常少，在生活中遇到困难且缺乏解决的技能。

3. 服务对象家庭情况及成长经历

小平学习成绩较好，爸爸妈妈很早就出去打工，没有时间管教他，长期和小姨居住在一起，与小姨关系一般，渴望得到父母的关爱。

二、干预过程

(一) 多角度困境分析

1. 心理困境

服务对象因父母离婚或外出打工，对其疏于管教，而造成了一些心理和个性方面的问题。

2. 家庭关系困境

父母对孩子的关心程度低，打电话次数也不多，电话大多数也只是关心学习情况，对孩子心理方面的关注不够。

3. 学业困境

教学过程中没有给予服务对象过多的帮助，也不重视服务对象的心理问题，缺乏沟通，导致问题越来越多。

(二) 干预思路与目标

1. 干预思路

以“最有利于未成年人”为首要原则和指导。引导小平正确地认识自己,树立自信和乐观的态度;培养解决问题的能力,使其正确的面对困难和挫折;引导其发现自身优势,也学会发现别人的优势,增强人际交往的能力;帮助他重新审视自己的社会环境,在遇到困难时,学会利用自身环境资源解决问题,从而提高抗逆力,促进其健康成长。

2. 干预目标

① 能够让小平积极表达自己的感受。

② 可以控制和调节自己的情绪。

③ 遇到困难,会利用身边的资源帮助自己解决问题。

④ 发现自己的优点和长处,增强自信,降低自卑感。

(三) 保护与服务过程

社工发掘小平自身优势和潜能,让小平学会应对困难,从而提高自身抗逆力。从社会支持理论出发,个人的社会支持网络越大,获得的支持也越多,在面对各种困难时,就能够更好地面对。因此,提高小平抗逆力离不开家庭、学校、同辈关系等社会网络的支持。在小组活动中,以提升组员(小平是社工重点关注的组员)抗逆力为目标,通过社会工作者的参与,使得小组成员获得行为改变、社会功能得到恢复与发展。

1. 第一阶段:建立关系,了解抗逆力

社工以抛砖引玉的方式询问小平在生活中是否有遇到困难,鼓励小平向社工讲述自己的困难。倾听时,社工表情始终流露出接纳、尊重和真诚。

2. 第二阶段:认识情绪,学习如何处理情绪

社工使用 PPT 为小平讲解情绪,使其学会认识情绪,在日常生活中可以辨识自己的情绪,并通过合理的方式释放自己的情绪。

3. 第三阶段:学会沟通

服务对象性格内向,情绪控制能力差,很少与其他同学进行沟通与交流。社工便以授课的形式讲解了沟通的重要性,以及如何和别人沟通。社工告诉小平沟通在日常生活和人际交往中是很重要的环节,每个人都需要沟通。在遇到问题时,可以积极主动地与他人沟通,帮助顺利地解决问题。

4. 第四阶段:重新认识自我,认识环境资源,学会利用环境资源

本次活动社工主要运用社会支持理论,帮助服务对象梳理自己的社会环境资

源,目的是使服务对象小平认识到自己的资源,在遇到困难时学会利用资源解决困难。

社工在介入小平抗逆力提升时,运用社会支持理论使服务对象意识到自己的资源,提升服务对象遇到问题时解决问题的信心。在本次活动中,社工通过互动和讲授的方式,帮助小平增加解决问题的能力,同时,调动服务对象的内在动力,促使其有勇气去面对困境。

最后,社工总结了小平的社会支持网络。

第一,家庭支持。社工通过引导的方式,使小平理解父母外出打工的原因并且与组员一起回忆了他与父母的快乐时光,使他感恩是父母改变了家庭经济状况,为他提供了好的生活条件。同时,告诉小平父母永远是爱他的,当遇到困难时要学会与父母分享,学会从父母或其他家人那里得到帮助和支持。

第二,朋友支持。社工与小平一起回顾了在校的时光。这其中体现了朋友的重要性。

第三,学校支持。社工向小平分享了学校对其的支持作用。当父母不在身边,不能及时解决问题时,可以寻求老师的帮助,老师和学校也是可以利用的资源。

第四,政府支持。社工告诉小平除了家庭、学校和朋友支持外,也可以运用政府对小平的支持。由于社工干预的农村地区并没有社工机构,也没有儿童关爱之家等。所以,社工告诉小平,当遇到问题后,可以尝试去找村委会帮忙,当遇到危机事件时,可以选择报警,警察一定会及时提供帮助的。

三、干预成效

服务初期小平的互动积极性不高,也不愿意与社工沟通,说话小心翼翼。经过几次活动后小平说话自信了许多,情绪也较为稳定,与同学和老师之间的关系也变好了。之前对父母有误解,现在都能主动和父母分享自己的日常情况,脸上时常会洋溢着快乐的笑容。

四、社工反思

在小平与父母分开的过程中,其生活环境和社会位置都发生了重大的变化,需要小平主动地适应环境的改变。本来有着一个属于他们这个年龄段的美好童话世界,然而生活环境的改变导致他们性格上发生变化,他们中的大多数人会选择把自己固封在一个狭小的天地里，他们的内心世界不再符合他们原本的年龄段。社工通过平等面谈、互动沟通和真诚接纳的沟通技巧打动了小平，使得小平解决问题的能力和利用社会资源的能力得到提升，增强了自我效能感，提高抗逆力。

上饶市横峰县未成年人保护中心　刘海芸

找回平凡的快乐

专业点评：本案例服务对象的主要问题是自身抗逆力比较差，缺乏沟通技巧，不能很好适应身边环境的问题。本案社工在处理服务对象不敢直面挫折、不愿意与他人交往的问题时，不仅帮助服务对象直面自身的情绪问题，教授解决问题的方法与技巧，实现服务对象的增能，更注重链接了服务对象周边的正式资源和非正式资源，为服务对象构建了一张强大的社会支持网络。（刘融融）

“厌学少年”返校记

——理性情绪治疗模式介入困境儿童保护服务

一、基本情况

1. 案例来源

该个案由社工主动介入。社工与服务对象接触后，了解其基本情况，在服务对象及其监护人同意下开展个案服务。

2. 服务对象基本信息

小沈（化名），男，14岁，就读初二。服务对象厌学情绪严重，因身材矮小受到一些同学的轻视、欺凌，朋友很少，学习成绩中等，不主动完成作业，多次受到老师责骂、体罚。在寒假后抗拒回到学校读书，并在父母打骂后离家出走。

3. 服务对象家庭情况及成长经历

服务对象家庭结构完整，家庭经济条件一般，目前租住在县城的廉租房小区。父亲平时忙于工作，回到家中则沉溺手机，教育观念落后，不重视与孩子的沟通，管教方式以打骂为主。母亲和孩子交流较多，关系较为亲近。服务对象有一个哥哥、一个姐姐，和哥哥关系不好，经常因为小事情吵架。据母亲描述，服务对象在兄妹三人中是最懂事的，体贴父母，会帮忙做家务。

小时候，服务对象因父母务工地点多次变动，多次转学才完成小学学业；多次转学经历，削弱了服务对象对学校生活的归属感、认同感。此外，服务对象从小因好动、成绩差等遭受老师体罚，对学校、老师一直有偏见，存在抵触情绪。

二、干预过程

(一) 多角度困境分析

1. 心理困境

服务对象厌学情绪严重,因为小学时期频繁转学、老师体罚、同学排挤等,对学校、老师存在严重的负面观感。正处青春期的服务对象思想不成熟、叛逆,渴望摆脱学校的"束缚",追寻"自由",天真地将"逃学"等同于"自由"。本学期开学后,服务对象只上了一天学后便逃学,班主任和他沟通时,服务对象也只是倔强地低头不语。

2. 家庭关系困境

服务对象父亲平时忙于工作,回到家中便沉溺手机;其教养观念落后,性格暴躁,管教方式以打骂为主,缺乏与孩子的沟通与陪伴。母亲对服务对象的教育比较关注,期待很高;服务对象跟哥哥关系紧张,经常和哥哥打架。

3. 学业困境

服务对象厌学情绪严重,长时间逃学,落下了很多学习进度。在学校,服务对象因为多动症,注意力难以集中;学习成绩中下,语文、英语等学科偏科严重。

4. 人际关系困境

服务对象在学校和同学交流不多。曾因个子矮小,经常被一些大一点的同学欺侮。服务对象性格存在倔强、敏感的一面,与同学相处喜欢较真,与同学发生冲突会一直缠着对方不放。

(二) 干预思路与目标

1. 干预思路

本次个案介入主要在理性情绪治疗模式指导下进行。理性情绪治疗模式以人本主义为理论基础,认为人的存在是有价值的,这种价值不是由人的身份、能力或者才智等因素所决定的,也不会因为遭受挫折、能力欠佳或者他人的贬抑而降低,这是人天生的固有本性,使人不断追求成长和自我实现。理性情绪治疗模式认为,有效的帮助方式是对个体的非理性信念系统进行质疑,即对非理性信念进行识别和辩论。这样才能协助个体克服各种非理性信念,消除情绪和行为困扰,帮助个体形成一种积极的、理性的生活方式。

2. 干预目标

① 通过理性情绪治疗模式,帮助服务对象辨别自身在学习、生活过程中存在的

非理性信念,协助服务对象树立理性信念,排解焦虑情绪,消除心理失调。

② 增强沟通交流能力,消除家庭沟通障碍,促进家庭亲子沟通,让服务对象从家庭获取更多支持。

③ 与服务对象的学校、家庭沟通,尽快让其返校正常学习。

(三) 保护与服务过程

1. 第一阶段:收集资料,建立良好的专业关系

通过电话预约,社工和服务对象妈妈约定在儿童之家进行了会谈。服务对象父母对孩子的隐私有很强的保护意识,告诉社工尽量不要拍照。社工详细介绍了社工的角色、服务内容、保密制度,并承诺遵守保密原则。

之后,社工与服务对象进行了单独会谈。在会谈中,社工带领服务对象共同学习艾里斯的理性情绪治疗模式,并寻找到了服务对象对学校、老师存在的非理性信念:① 在学校受到拘束,不自由;② 老师会施加体罚。这两个不合理信念的背后,是由其过往经历促成的——服务对象在小学时期因好动,未完成作业等原因多次遭受过老师体罚;多次转学经历促成服务对象对学校产生疏离感。社工和服务对象回顾分析他小学以来的经历,运用同感表达对他的理解,同时注意疏导其负面情绪。经过倾诉和社工的分析、鼓励,服务对象情绪得到一定的疏解。

服务过程中,社工发现服务对象经常出现摩擦、耸肩等动作,注意力不集中。社工初步判断服务对象有多动症的可能,征得服务对象同意将他的这种状态告诉其父母。最终,社工通过澄清、聚焦等专业技巧和服务对象及他的父母达成共识:① 尽快让服务对象去医院进行诊断治疗;② 服务对象暂时不去学校,在姐姐的帮助下制定学习计划,在家自学;③ 在服务对象自愿的情况下回到学校去上学。

2. 第二阶段:强化支持网络,促进家庭亲子沟通

通过和服务对象班主任段老师会谈,社工了解到:服务对象开学后上了一天课,便因作业未完成一直没来学校。社工还找到服务对象之前的班主任,了解到服务对象的一些情况:服务对象成绩中等,语文、英语较差;性格有点固执,有时会因很小的事情和同学发生矛盾。社工为老师介绍了服务对象的特殊情况,告知了老师服务对象患有多动症的情况,同时也将服务对象及其父母的一些担忧与老师进行沟通。老师承诺会好好鼓励引导服务对象,不会施加体罚。也承诺会在服务对象复学后多加关注,并积极与社工、家长沟通,反馈服务对象在校情况。

社工与服务对象的父亲单独进行了一次沟通,说明孩子的情况和他的管教方法有直接关系。社工强调家庭沟通的重要性,社工建议服务对象的家长要和孩子进行理性的沟通,多关心孩子的日常生活,对于父亲因孩子辍学的担心,社工也表示理解。沟通过后,服务对象母亲开心地告知社工: 晚上服务对象爸爸陪服务对象吃了饭,很愉快地和他聊天。并且在 3 月 26 日,服务对象开始返校学习。

3. 第三阶段: 跟进服务对象生活学习状况,保持学习稳定性

社工通过电话了解到,服务对象 3 月 26 日上了几天课后,又不肯到学校去。社工提出和服务对象面谈,但他拒绝了。在和服务对象父母多次沟通后,我们达成共识先让服务对象按自己的想法在家待两天,并约定他每天在家自习不少于两小时。经服务对象自己要求,并得到孩子父母同意后,服务对象父亲每天带着服务对象在工地劳动半天,让他体会工作的辛苦,同时也能了解父母工作的艰辛和不容易。

同时社工了解到服务对象未按时吃药,对治疗有些抗拒。社工提醒服务对象的母亲多关注孩子的生活习惯,平时生活中多鼓励和赞赏,帮助其树立信心,以积极心态去面对学习和生活。

4. 第四阶段: 疏导情绪,制定学习规划,助其树立自信心

因服务对象抗拒回到学校学习,社工和服务对象母亲约定在儿童之家进行面谈,了解到服务对象近况: 月考全班 55 人服务对象成绩排第 42 名;服务对象再次逃学原因是物理作业未完成被老师责骂;因为逃学,服务对象再次被父亲打骂;这几天服务对象还迷上了电子游戏。社工和服务对象母亲进行充分沟通,建议她发掘孩子的优点,多陪伴孩子,并要求服务对象父亲不要再以打骂这种简单粗暴的方式教育孩子。针对服务对象目前沉溺游戏的做法,社工建议服务对象母亲控制游戏时间,并布置一些学习任务给服务对象。

随后,社工和服务对象面谈。社工先是肯定了服务对象的学习能力,鼓励他努力学习。察觉到服务对象情绪比较低落,社工运用同感和疏导等技巧,疏导服务对象的情绪,帮助他缓解来自家庭和学习的压力。同时社工和服务对象一起讨论服务对象的学习现状和未来人生规划的问题。社工鼓励服务对象与家长主动沟通,与家长一起达成良好的亲子关系。

通过这次会谈,服务对象的悲观、失望情绪得以疏导,同时对自己也有了新的认识。在服务对象母亲的见证下,最后服务对象和社工达成口头协议: ① 下周开始返校学习,有特殊情况应提前和老师请假;② 由服务对象的母亲和其父亲沟通,今后不得对服务对象进行体罚;③ 服务对象的父母在工作之余每天争取一小时陪伴服务对象。

5. 第五阶段：做好结案工作，处理离别情绪

面谈过后，服务对象开始正常在校学习。因为长时间逃课，落下了学习进度，老师建议服务对象办理休学，在下学期复读八年级。社工和服务对象及其父母和老师多次沟通后，协助其在学校及教育局办理了休学申请。经过一段时间的跟进，服务对象的不合理信念得以纠正，服务对象家庭内部沟通得到改善。社工对服务对象取得的进步及服务对象母亲的付出表示了肯定，并鼓励其继续努力。最后，因为服务对象的状况已经改善并且稳定，社工和服务对象探讨结案事宜。社工告知服务对象，结束个案辅导过程后仍然会保持联系，持续跟进。在服务对象同意后，个案顺利结束。

三、干预成效

本个案从 2021 年 3 月 9 日接案至 2021 年 5 月 7 日结案，历时近两个月，开展了 7 次个案服务。社工主要运用理性情绪治疗模式对服务对象进行了心理疏导、认知重塑。

经过这段时间服务，服务对象的多动症得到了及时诊断治疗；经过理性情绪治疗，服务对象厌学情绪较少，有一段时间能正常返校学习。但因为长时间缺课，充分考虑服务对象、监护人、班主任意见后，社工协助服务对象办理了休学手续，服务对象承诺在新学年好好学习。此外，社工引导服务对象及其家人正确对待处理亲子关系问题，促进了家庭内部的亲子沟通，并强化了服务对象的家庭、学校支持网络。

四、社工反思

此次服务目标清晰明确，理论方法运用合理，策略、技巧使用灵活，社会工作者按计划严密开展服务，达成了较好的服务效果，有力地促进了服务对象生活学习状况的改变。社工在本次介入中，主要运用理性情绪治疗模式对“厌学少年”进行了心理疏导，树立合理信念，针对性较强，取得了较好的服务效果。此外，社工还注意吸收萨提亚联合家庭治疗模式的观念、技巧等，协助服务对象家庭改善亲子关系、促进亲子沟通；而在社会支持网络理论的指导下，社工积极与服务对象身边群体沟通，帮助强化服务对象的家庭、学校支持网络。

九江市都昌县民政局　江立志

“厌学少年”返校记

专业点评：针对服务对象厌学情绪严重，遭受同学的轻视和欺凌，亲子关系紧张的现实状态，社工主要运用理性情绪治疗模式对“厌学少年”进行了心理疏导，取得了较好的服务效果。值得注意的是，“厌学少年”背后隐藏的绝不仅仅是孩子个人品质、能力问题，更是家庭、学校的教育问题，甚至是更宏观的社会结构问题。为从根源上解决类似的“厌学问题”，社会应当倡导为广大学子建立一个良好的环境。在这个环境中有社会的鼓励、家长的关怀、教师的重视、同学的友好，有一个乐学的氛围，让青少年对学习由厌恶感、恐惧感变为愉悦感、舒适感，积极主动地投入学习。（陈栩）

驱逐灰霾　我本骄阳

——“非暴力沟通”在亲子沟通个案中的运用

一、基本情况

1. 案例来源

该个案由社工主动介入，社工通过电话回访往年的困境儿童，了解到服务对象的基本情况。

2. 服务对象基本信息

丹丹(化名)，女，2006 年 2 月 22 日出生，母亲患有尿毒症，父亲为了生计常年在外打工，已办有低保，属于困境家庭儿童。

3. 服务对象家庭情况及成长经历

服务对象现在九江某学校读职业高中，学习成绩较差。服务对象家原有自建房已被拆除，现租房居住。服务对象家主要的经济来源为父亲每月给的生活费(2 000 元)和低保金(母女二人 1 060 元)，父亲在工地做事，较少回家，每月生活费 3 000 元，年底发总工资。

服务对象的父亲经常不在家，服务对象与其联系不多，很少有交流。服务对象母亲患有尿毒症，近期病情加重，无法独立出行，需要服务对象协助，母亲身体虚弱，需要较长时间卧床，无工作，看病费用大。

二、干预过程

(一) 多角度困境分析

1. 心理困境

服务对象认为母亲总是一味否认自己，常常说一些负面消极的话，服务对象对未来没有希望，逃避现实，不想做出改变。

2. 家庭关系困境

服务对象与母亲见面几乎不说话，有事则在电话与微信上联系，生活费用完了，周末回家也不告诉母亲，而是返校后与母亲电话沟通。

3. 学业困境

服务对象初中曾因照顾母亲有较长时间没有回到学校上学，导致中考成绩不理想。进入职业高中之后，由于大环境所影响，服务对象学习动力不足，学习成绩较差。母亲常常担心服务对象的学习，但服务对象表示自己不在乎。

4. 人际关系困境

服务对象性格较为文静，喜欢宅在家里，喜欢通过 QQ、微信等方式与他人沟通。知心朋友较少，在职高里没有朋友，仅和室友打交道。

（二）干预思路与目标

1. 干预思路

非暴力沟通是美国沟通专家马歇尔·卢森堡博士提出的一种沟通模式，它鼓励倾听，培育尊重与爱，依照这种沟通模式来谈话和聆听，能使人情意相同、乐于互助。

非暴力沟通的四个要素分别为观察、感受、需要、请求。社会工作者在与服务对象沟通时，通过引导服务对象观察正在发生的事情，清楚地表达观察结果；鼓励服务对象清晰地表达感受；引导服务对象正确地表达需要，直接清晰地说明而非委婉表达；引导服务对象用具体的描述提出具体的请求，而非抽象的语言来表达请求。同时，必须注意的是请求不是命令。

社会工作者在服务过程中，鼓励倾听，培育尊重与爱，与服务对象建立专业关系的同时也建立信任关系，走进服务对象心里，了解服务对象实际问题。

2. 干预目标

(1) 短期目标

协助服务对象掌握非暴力沟通技巧，学会正确的沟通方法，与母亲沟通交流；开展亲职教育，引导母亲学会考虑服务对象的感受，减少唠叨；营造良好的成长环境，提高服务对象的自信心，激发学习兴趣，确定学习目标，培养良好的生活、学习习惯，学会科学管理时间。

(2) 长期目标

让服务对象学会自我管理、学会包容；服务对象和母亲二人都要学会换位思考、互相体谅。

(3) 工作愿景

通过对本案例服务过程进行总结提炼,探索形成可固化、可借鉴、可推广的困境家庭中父母与未成年人子女学会沟通、未成年人学会成长的服务经验模式。

(三) 保护与服务过程

1. 第一阶段:收集资料,制定计划,建立专业关系

社工通过与服务对象母亲电话沟通,了解到服务对象在读职高之后,上学开销较高,但是每次回家都不与母亲交流,只自己玩手机,有事与母亲电话沟通。

6 月 13 日社工进行了第一次走访,服务对象有较明显的抵触心理,社工通过专注、倾听和鼓励的会谈技巧,逐渐打消服务对象的顾虑,开始与服务对象交流。服务对象表示职高的课程较少,作业也较少,老师管得较松,白天除了上课吃饭就是回寝室玩手机,晚上会较晚睡,跟母亲很少交流,存在沟通不畅的情况。

社工讲授了非暴力沟通理论知识,通过案例引导服务对象掌握非暴力沟通技巧,并要求服务对象有问题采用该方法和母亲沟通,同时,给服务对象布置作业,写下自己采用了什么非暴力沟通方法与母亲沟通,以及沟通后母亲的反应,服务对象承诺会努力去完成作业。

2. 第二阶段:重温非暴力沟通理论,进一步加强沟通

社工与服务对象对作业进行了梳理,服务对象表示采用非暴力沟通与母亲有过交流,但母亲不信任自己,还是很啰唆,服务对象表示很失望,觉得非暴力沟通方法无效。社工进一步澄清非暴力沟通的四个要素,并尝试用一个案例来实践。如孩子考试不理想,妈妈可以这样表达:你这次英语考 68 分,考得不理想(观察)。我感觉有点担心(感受),因为我对你的期待是进入班级前十名(需求),我希望你能每天早上七点起床背半小时单词,晚上做一小时练习,坚持下去(请求)。非暴力沟通的目的不是为了改变对方,使其做出符合我们利益的改变,而是在诚实沟通的基础上改善关系。

服务对象表示通过案例,感觉对非暴力沟通有了更深层次的理解,也期待自己可以采用非暴力沟通方法和母亲消除沟通障碍。社工分别和服务对象及其母亲进行了心理疏导,建议彼此多看到对方的优点,感恩对方的付出,服务对象和母亲均表示会改变过去的沟通方式,放下偏见,换位思考。最后,社工布置作业,一是坚持记下非暴力沟通的过程和母亲的反应;二是自我寻宝,写下自己的十个优点。

3. 第三阶段：巩固沟通技巧，寻找优点

社工和服务对象共同回顾上一阶段布置作业的完成情况，总结非暴力沟通原理，鼓励服务对象既要诚实、清晰地表达自己，又要尊重与倾听母亲的想法和意见。同时社工告诉服务对象母亲，家长的改变是孩子改变的关键，鼓励母亲先做出改变，主动与服务沟通，态度诚恳，表达清楚，少唠叨。社工引导服务对象母亲采用非暴力沟通的技巧与服务对象沟通，如："你答应本周日上午九点开始学习，可是现在十点了，你还在玩手机(观察)，我感到很失望(感受)，因为我很看重承诺，同时，我也希望我可以信任你(需要)。"

同时，社工指出要看到孩子的优点，在社工的引导下，母亲告诉社工，服务对象善良、孝顺，因为照顾自己花费了大量的时间，荒废了学习，加上家里条件不好，自己生病后脾气变得暴躁，经常无故朝孩子发火，孩子也变得越来越沉默，越来越不愿意跟自己沟通。

社工结合服务对象母亲对服务对象的评价和服务对象自我寻宝的作业，总结了服务对象的优点，进行学业生涯规划，制订了学习计划，并指导服务对象学会科学的管理时间，提高学习效率。

4. 第四阶段：观察服务对象和母亲的变化，走入彼此的世界

第四次跟进前，社工事先与服务对象母亲联系，建议母亲可以让服务对象邀请朋友来家里玩，并说明环境不同，看待问题角度也会不同，希望母亲能够去理解孩子的内心世界。

此次社工去服务对象家时，服务对象正和同学有说有笑在一起玩游戏，社工邀请母亲一起观看服务对象和同学玩游戏，告诉母亲游戏也是孩子与外界沟通的媒介，因为在现实的生活中，孩子的内心得不到满足，得不到自己想要的那种认同与认可，而游戏能让孩子最低成本地体验到快乐。随后社工引导服务对象与母亲坐下来面谈，一起分享彼此的变化，面对面地说出对彼此的期望。服务对象希望母亲少唠叨，不要说难听的话；母亲则希望服务对象多和自己交流，多陪陪自己，要按时吃饭睡觉，学会自我管理。此次谈话母女二人都真正地释放了自己的情绪，有哭有笑，最后拥抱在一起。

5. 第五阶段：链接社会支持资源，结束专业关系

为了加强服务对象的社会支持力量，第五次跟进前，社工联系了服务对象学校的班主任，告知服务对象的家庭情况和自身存在问题，希望班主任能对服务对象积极关注。同时社工与服务对象母亲进行了多次电话沟通，帮助服务对象母亲整合社会支持网络，加强和亲戚朋友的交流和交往，鼓励服务对象多结识新朋友，并欢

迎服务对象带朋友来家里玩，营造温馨的家庭气氛。

这一次社工来访，服务对象主动出来迎接社工的到来，服务对象母亲欣慰地表示，自从上一次会谈之后，服务对象回家后会主动跟母亲问好，承担家务，协助母亲一起去医院治疗，并利用假期时间进行学习。社工也观察到服务对象衣着得体大方，不再是之前那个穿着睡衣，头发不梳邋遢的女孩，房间也被整理得很整齐。社工与服务对象回顾了之前的目标与现在的成效，决定结案。并约定服务对象以后遇到任何问题都可以主动联系社工。

三、干预成效

服务对象和母亲掌握了非暴力沟通技巧，母女之间沟通的次数、语气、态度均得到改善，有效改善了亲子关系，提升了家庭幸福感；服务对象与母亲懂得了换位思考，互相体谅；服务对象学会了主动承担家务，提高了劳动技能；服务对象的人际关系更和谐，和亲戚的来往也更频繁，有效提升了自己的社会支持网络；服务对象的学习自觉性得到提高，学习成绩也有了一定的提升。

四、社工反思

① 社工与服务对象及家人沟通时，可以采用自我披露的形式帮助他们更好地获得经验；社工应尊重每个家庭的差异性，不应带有偏见与刻板印象去看待服务对象的家人与生活背景。

② 在帮助服务对象时，注重周围环境的改变，提升服务对象的社会支持网络，引导服务对象家长认识到自身的不足，自身的改变是促使孩子改变的关键因素，帮助服务对象家长掌握非暴力沟通技巧，利于采用非暴力沟通模式改善与服务对象的亲子关系。

③ 社工在跟进个案的过程中应坚持“助人自助”理念和方法，帮助服务对象发掘自身的潜能，认识到自己的优点，让服务对象有信心去改变。

九江市未成年人保护中心　黄家欣

驱逐灰霾　我本骄阳

专业点评：社工在个案中采用了非暴力沟通技巧，耐心倾听服务对象及服务对象母亲言语背后的感受与需要，引导服务对象母亲认识到孩子出现所谓的"问题"，都不是她一个人造成的，而是与整个家庭及其家庭成员互动、沟通模式所致，要想孩子做出改变，家长的改变是关键。非暴力沟通也许不能立刻解决问题，但可以缓解人与人之间的紧张关系，促进人与人之间的理解，增加人与人之间的联结，也能让社工在提供服务时，能够真正耐心倾听案主的内在需要，以协助案主发掘自身内在的力量，逐渐发展自我，走向成长。（陈栩）

后　　记

困境儿童救助保护是一项专业性较强的工作。单凭古道热肠，并不能解决孩子及其家庭面临的困难。对因家庭或个人自身原因等得不到家庭适当监护的儿童而言，其生存权、发展权、受保护权、参与权等各项合法权益都可能得不到保障。正如读者从本书提供的案例中可见，困境儿童所遇到的问题与困难多重交织、错综复杂。因此，儿童保护工作者往往需要接受系统的训练和专业的培训，需要具有社工学、心理学等方面的专业知识与临床技能。

本书所收录的典型案例，是由基层民政部门和其他部门、社会服务机构一起，在具体实践的过程中，通过未保热线及时发现并救助困境儿童，在跨部门联动中为困境儿童及其家庭提供有针对性的服务，通过适时的介入和帮助，帮助困境儿童改善了境遇。在这个过程中，儿童保护工作者积极运用专业的儿童保护工作理念、知识与技能，助人自助，探索性地、创造性地为服务对象提供了经济扶助、亲职指导、家庭辅导、心理辅导等社会服务。同时，我们的儿童保护工作者在实践中也变得更加专业，困境儿童救助保护的技术规范得到了实践检验和不断优化发展。

我们希望并相信，这样的安排有利于一线儿童保护工作者更好地学习如何专业地做好儿童保护工作。

江西省“护童成长”项目督导专家组

2022年7月

图书在版编目(CIP)数据

赣鄱护童成长记 ：江西省困境儿童救助保护案例汇编 / 詹凤兰，张翔主编 .— 上海 ：上海社会科学院出版社，2022

ISBN 978 - 7 - 5520 - 3948 - 1

Ⅰ.①赣… Ⅱ.①詹… ②张… Ⅲ.①儿童—社会救济—案例—江西 Ⅳ.①D632.1

中国版本图书馆 CIP 数据核字(2022)第 158610 号

赣鄱护童成长记

——江西省困境儿童救助保护案例汇编

主　　编：詹凤兰　张　翔
责任编辑：杜颖颖
封面设计：裘幼华
出版发行：上海社会科学院出版社
上海顺昌路 622 号　邮编 200025
电话总机 021 - 63315947　销售热线 021 - 53063735
http://www.sassp.cn　E-mail:sassp@sassp.cn
排　　版：南京展望文化发展有限公司
印　　刷：上海天地海设计印刷有限公司
开　　本：710 毫米×1010 毫米　1/16
印　　张：23.25
字　　数：426 千
版　　次：2022 年 10 月第 1 版　　2022 年 10 月第 1 次印刷

ISBN 978 - 7 - 5520 - 3948 - 1 / D・661　　定价：79.80 元
